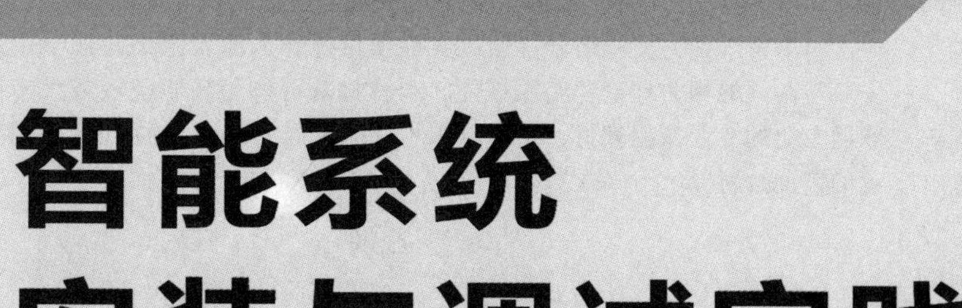

易 丹◎主编

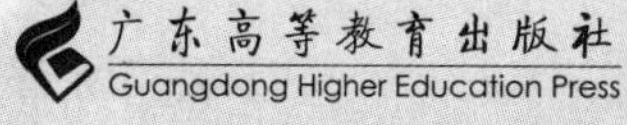
广东高等教育出版社
Guangdong Higher Education Press

·广州·

内容提要

本书以高职院校物联网应用技术专业或计算机应用技术专业（智能家居方向）的专业核心课程“智能系统安装与调试实践”的课程标准为依据，以物联网高级操作员证书（三级）考证要求为目的，系统介绍了智能家居安装与调试的基础知识和项目实践内容。

本书将理论与实践结合，通过实训项目操作，深入浅出，让学生系统掌握智能家居系统安装与调试的相关理论和实操技能。本教材既可作为高职院校或大专院校计算机类专业、物联网专业的专业课程教材，还可以作为智能家居系统和“物联网应用高级操作员”的技能考证的培训教材。

图书在版编目（CIP）数据

智能系统安装与调试实践/易丹主编. —广州：广东高等教育出版社，2021.6
ISBN 978-7-5361-6732-2

Ⅰ.①智… Ⅱ.①易… Ⅲ.①智能系统-高等职业教育-教材
Ⅳ.①TP18

中国版本图书馆 CIP 数据核字（2020）第 051268 号

ZHINENG XITONG ANZHUANG YU TIAOSHI SHIJIAN

出版发行	广东高等教育出版社 社址：广州市天河区林和西横路 邮编：510500　营销电话：（020）85250745 http:// www. gdgjs. com. cn
印　刷	虎彩印艺股份有限公司
开　本	787 毫米×1 092 毫米　1/ 16
印　张	18
字　数	420 千
版　次	2021 年 6 月第 1 版
印　次	2021 年 6 月第 1 次印刷
定　价	48.00 元

前　言

智能家居作为一个新生产业，处于一个导入期与成长期的临界点，市场消费观念还未形成，但随着智能家居市场推广普及的进一步落实，培养消费者的使用习惯，智能家居市场的消费潜力必然是巨大的，产业前景光明。智能家居通过物联网技术将家中的各种设备连接到一起，提供家电控制、照明控制、电话远程控制、室内外遥控、防盗报警、环境监测、暖通控制、红外转发以及可编程定时控制等多种功能和手段。

“智能系统安装与调试”课程是物联网专业、部分高职院校计算机类专业的核心专业课程，主要培养学生掌握智能家居安装和调试的相关基础知识，具备智能家居系统的安装与调试能力。课程的目标岗位是智能系统安装与调试现场工程师。

本教材由广州铁路职业技术学院与广东省物联网协会校企合作开发，由多年从事物联网应用技术教学工作、富有丰富教学经验的教师和具有多年项目工程经验的物联网企业工程师联合编写，作者多年致力于物联网应用技术专业的课程教学改革，先后参与了实训基地共建、现代学徒制培养、产学研合作等校企合作项目，并根据多年的教学经验、专业实践经验及学生的认知规律精心组织教材内容。

本教材由广州铁路职业技术学院的易丹担任主编，广东省物联网行业协会的何剑锋、陈晓彤担任副主编，广州铁路职业技术学院信息工程学院院长王金兰主审。第一部分基础知识由易丹编写；第二部分项目实训单元五至单元九由陈晓彤、易丹共同编写，单元十至单元十八由何剑锋、易丹共同编写。本教材需要与数字家庭系统集成实训平台结合使用，通过实训平台完成子项目的实训任务。教材配套开发了课程学习网站和云平台，可以通过网站和云平台完成知识点的阅读和实训视频的学习。

在编写过程中，广东省物联网行业协会给予了我们大力的技术支持，提供了企业的技术资源，安排厦门贝乐智能科技有限公司和广州合力正通科技有限公司为我们的专业教师提供KNX总线技术培训和数字家庭集成实训平台培训，并对本书的编写提出了宝贵的建议。在此向广东省物联网行业协会的工程师和企业的相关人员表示衷心的感谢！由于企业的参与，也使本教材成为“校企合作、工学结合”教学模式改革的又一成果。

鉴于智能家居技术的迅速发展，加上编者水平有限，书中难免存在疏漏和不妥之处，希望读者不吝指正。

编　者
2019 年 4 月

目　录

第1部分　基础知识

第2部分 项目实训

第 1 部分

基础知识

- 单元一　电工操作基本知识
- 单元二　综合布线
- 单元三　物联网系统
- 单元四　KNX 总线

基础知识部分为项目实训打下理论基础，让学生掌握智能家居安装与调试的相关理论基础知识，通过理论与实践结合，由浅入深，融会贯通。

单元一
电工操作基本知识

学习目标

- 了解直流电和交流电的定义和区别
- 了解零线和火线的定义和区别
- 了解接地的概念和分类
- 了解强电和弱电的定义和区别
- 掌握绝缘胶布和电笔的用法

学时建议

4 学时。

1.1 直流电和交流电

1.1.1 直流电

直流电（Direct Current，DC），又称“恒流电”，恒定电流是直流电的一种，是大小和方向都不变的直流电。直流电是电荷的单向移动，电流密度随着时间而变化，但是通常移动的方向是一样的。在直流电路中，电子从阴极、负极、负磁极形成，并向阳极、正极、正磁极移动。物理学定义直流电为从正极到负极运动。

从发电设备中输出的电流大多数是交流电。交流电可以通过转换器、整流器以及过滤器转换为直流电。

实际上，所有的电子设备和计算机硬件都需要用直流电提供的能量来工作。大多数的固态设备都需要 1.5V 到 13.5V 范围的电压，对电流量的需求范围从电子手表接近于 0，到无线通信能源放大器的超过 100A。使用真空管的设备，例如高能无线广播或者电视广播传输器或者阴极射线管（CRT），都需要大约 150V 到几千伏特的直流电。

直流电优点：①输送相同功率时，直流输电所用线材仅为交流输电的 2/3 ~ 1/2；②在电缆输电线路中，直流输电没有电容电流产生，而交流输电线路存在电容电流，引起损耗；③直流输电发生故障的损失比交流输电小；④稳定的直流电不产生电磁辐射。

直流电的方向则不随时间而变化，通常又分为脉动直流电和稳恒电流。脉动直流电中有交流成分，如彩电中的电源电路中大约 300V 左右的电压就是脉动直流电成分可通过电容去除。稳恒电流则是比较理想的，大小和方向都不变。

1.1.2 交流电

交流电（Alternating Current，AC）是指电流大小和方向随时间作周期性变化的电流。它的方向是会随着时间发生改变的，波形通常为正弦曲线，实际上还有其他的波形。生活中使用的市电就是具有正弦波形的交流电。

交流电是用交流发电机发出的，在发电过程中，多对磁极是按一定的角度均匀分布在一个圆周上，发电过程中各个线圈切割磁力线，每对磁极产生的磁力线被切割产生的电压、电流都是按正弦曲线的规律变化的。国内交流电的频率一般是 50 赫兹，即每秒变化 50 次。

1.2 零线与火线

我国民用电的供电线路，市电的交流供电电压为 220V。它包括一根零线（N）和一根火线（L）。我国一般用红色表示火线；用蓝色表示零线；用黄绿相间（俗称花线）表示地线（E）。

火线就是电路中输送电的电源线，零线主要应用于工作回路，如图 1－1 所示。

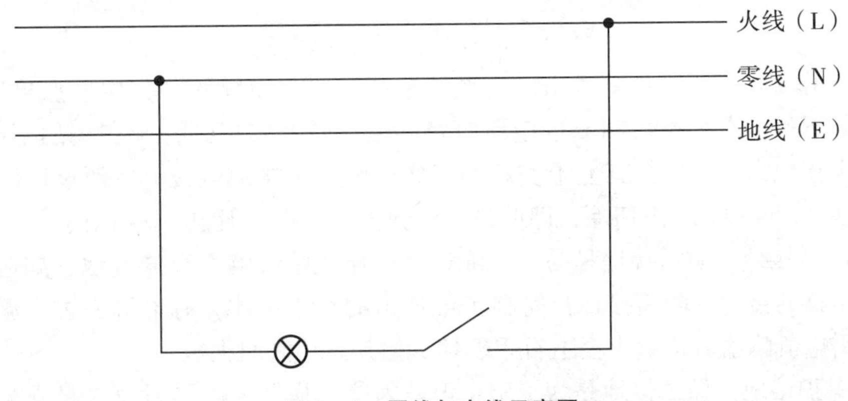

图 1－1 零线与火线示意图

为了使交流电有很方便的动力转换功能，通常电力传输是以三相四线的方式，三相电的三根头称为相线，三相电的三根尾连接在一起称中性线，也叫“零线”。之所以称为“零线”是三相平衡时，中性线中没有电流通过了，再就是它直接或间接地接到大地，大地电压也接近于零。

大地是良好的导体，地线通过深埋的电极与大地短路连接。市电的传输是以三相方式，并有一根中性线。三相平衡时中性线的电流为零，俗称“零线”。三相电的三根相线与零线有 220V 电压，会对人产生电击，俗称“火线”。

接入市电线路的交变电压为 220V，其中的一根导线接入大地，称其为“零线”，另一根导线即为火线。在电气工程中，入户的电路开关一般是将火线切断，并装有漏电保护器，以防触电事故发生。

一般情况下，设有两孔、三孔两种插座，在两孔的插座中，左孔连的是零线，右孔连的是火线；在三孔的插座中，上孔连的是地线，左孔连的是零线，右孔连的是火线。

1.3 接　地

接地指电力系统和电气装置的中性点中性线上的任一点、电气设备的外露导电部分和装置外导电部分经由导体与大地相连。可以分为工作接地、防雷接地和保护接地（见图1－2）。

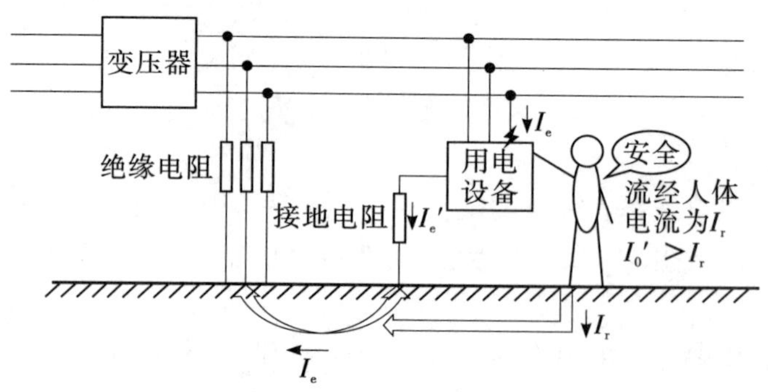

图1－2　有保护接地触电演示图

（1）工作接地。工作接地是由电力系统运行需要而设置的（如中性点接地），因此在正常情况下就会有电流长期流过接地电极，但只是几安培到几十安培的不平衡电流。在系统发生接地故障时，会有上千安培的工作电流流过接地电极，然而该电流会被继电保护装置在0.05s～0.1s内切除，即使是后备保护，动作一般也在1s以内。

（2）防雷接地。防雷接地是为了消除过高电压危险影响而设的接地，如避雷针、避雷线和避雷器的接地。防雷接地只是在雷电冲击的作用下才会有电流流过，流过防雷接地电极的雷电流幅值可达数十至上百千安培，但是持续时间很短。

（3）保护接地。保护接地是为了防止设备因绝缘损坏带电而危及人身安全所设的接地，如电力设备的金属外壳、钢筋混凝土杆和金属杆塔接地。保护接地只是在设备绝缘损坏的情况下才会有电流流过，其值可在较大范围内变动。

电流流经以上三种接地电极时都会引起接地电极电位的升高，影响人身和设备的安全。为此必须对接地电极的电位升高加以限制，或者采取相应的安全措施来保证设备和人身安全。

接地的作用主要是防止人身遭受电击、设备和线路遭受损坏、预防火灾和防止雷击、防止静电损害和保障电力系统正常运行。

1.4　强电与弱电

1.4.1　弱电

弱电一般是指直流电路，或音频、视频线路及网络线路、电话线路，交流电压一般在 36 V 以内。电话、电脑、电视机的信号输入（有线电视线路）、音响设备（输出端线路）等家用电器均为弱电电气设备。

1. 建筑中的弱电分类

（1）国家规定的安全电压等级及控制电压等低电压电能，有交流与直流之分。交流 36 V 以下，直流 24 V 以下，如 24 V 直流控制电源或应急照明灯备用电源。

（2）载有语音、图像、数据等信息的信息源，如电话、电视、计算机的信息。

2. 弱电系统

智能建筑的弱电系统，是智能建筑中智能化群体的基本成员，也是智能建筑的关键组成部分，并且是建筑电气专业人员日常工作的主要对象。20 世纪 70 年代以前的弱电设计，只有电话与广播，而到了 80 年代以后，在它的内容中增加了消防报警与联动控制、共用天线、保安监视、空调（DDC）控制等。弱电设计的内容在一步步扩展，技术越来越新，工作量也越来越大。

智能大厦弱电系统一般包括以下几个分系统：

①楼宇自动化管理分系统（BAS）。

②消防自动报警分系统（FAS）。

③安保监控分系统（CCTV）。

④卫星接收及有线电视分系统（CATV）。

⑤地下车库管理分系统（CPS）。

⑥公共广播及紧急广播分系统（PAS）。

⑦程控交换机分系统（PABX）。

⑧结构化综合布线系统（PDS）。

在楼宇自动化管理分系统中往往包含出入口控制分系统及防盗报警分系统。智能化大厦各个分系统为大厦提供了各类机电设备的监控管理，为大厦用户创造了安全、健康、舒适宜人并且能提高工作效率的办公环境，提供了现代化的通信手段与办公条件，满足了多种用户对不同环境与功能的要求。

1.4.2　强电

强电指电工领域的电力部分，特点是功率大、电流大、频率低，主要考虑损耗小、效率高的问题。它和弱电的关系很密切。

强电一般是指市电系统、照明系统等供配电系统，包括空调线、照明线、插座线、动力线、高压线等。图 1－3 所示为强电箱。

图 1-3 强电箱

在电力系统中，36 V 以下的电压称为安全电压，1 kV 以下的电压称为低压，1 kV 以上的电压称为高压，直接供电给用户的线路称为配电线路，如用户电压为 380/220 V，则称为低压配电线路，也就是家庭装修中所说的强电，它是家庭使用的最高电压，如家庭中的电灯、插座等，电压在 110 V ~ 220 V。家用电器中的照明灯具、电热水器、取暖器、冰箱、电视机、空调、音响设备等用电器均为强电电气设备。

1.4.3 弱电和强电的区别

强电与弱电是相对的概念。从概念上讲，主要区别是用途的不同，而不能单纯地以电压大小来界定两者关系。如果要指定用电压区分的话，36V（人体安全电压）以上划定为强电，36V（人体安全电压）以下划定为弱电。两者既有联系又有区别，一般区分原则是强电的处理对象是能源（电力），其特点是电压高、电流大、功率大、频率低，主要考虑的问题是减少损耗、提高效率；弱电的处理对象主要是信息，即信息的传送和控制，其特点是电压低、电流小、功率小、频率高，主要考虑的是信息传送的效果问题，如信息传送的保真度、速度、广度、可靠性。

1. 交流频率不同

强电的频率一般是 50Hz（赫），称“工频”，意即工业用电的频率；弱电的频率往往是高频或特高频，以 kHz（千赫）、MHz（兆赫）计。

2. 传输方式不同

强电以输电线路传输；弱电的传输分有线与无线，无线电则以电磁波传输。

3. 功率、电压及电流大小不同

强电功率以 kW（千瓦）、MW（兆瓦）计、电压以 V（伏）、kV（千伏）计，电流以 A（安）、kA（千安）计；弱电功率以 W（瓦）、mW（毫瓦）计，电压以 V（伏）、mV（毫伏）计，电流以 mA（毫安）、uA（微安）计，因而其电路可以用印刷电路或集成电路构成。

强电中也有高频（数百 kHz）与中频设备，但电压较高，电流也较大。由于现代技术的发展，弱电已渗透到强电领域，如电力电子器件、无线遥控等，但这些只能算作强电中的弱电控制部分，它与被控的强电还是不同的。

根据弱电传导信号，强电传导电能的根本原则，我们很容易就可以把强电与弱电区分开来了。比如，虽然电动剃须刀、手电筒等用电只是两节干电池（3 V），但我们不能因为用电器电压电流小，就认为是弱电类，因为它们传导的是电能而不是信号，所以应该属于强电类。

1.5　绝缘胶布与电笔

1.5.1　绝缘胶布

绝缘胶带（Insulated Rubber Tape）专指电工使用的用于防止漏电，起绝缘作用的胶带。又称绝缘胶布、胶布带，由基带和压敏胶层组成。基带一般采用棉布、合成纤维织物、塑料薄膜等，胶层由橡胶加增黏树脂等配合剂制成，黏性好，绝缘性能优良。绝缘胶带具有良好的绝缘耐压、阻燃、耐候等特性，适用于电线接驳、电气绝缘、隔热防护等。

图 1－4　绝缘胶带

绝缘胶带广泛用于在 380V 电压以下使用的导线的包扎、接头、绝缘密封等电工作业。

在用电过程中，人们虽注意到电源线材料截面积的大小对电气的安全使用有影响，但往往对接头使用绝缘胶带不够重视。电源线路敷设越来越复杂，走木地板下、墙中、隔板中及潮湿的地下或水中的均有。如果绝缘胶带使用不当，将会发生漏电，危及人身安全。所以我们要正确使用绝缘胶带，电源线接头分“＋”字接法、“－”字接法、“T”字接法等。接头应缠牢，光滑无毛刺，否则，在线头断开前，应先用钢丝钳轻压一下，再绕至压口处，然后左右摆，线头就会很服帖地在接头处断开。如果接头在干燥处，应先用绝缘黑胶布缠 2 层，再缠塑料胶带 2 层，再用绝缘自粘带拉长 200% 左右，缠 2 ~ 3 层，最后缠 2 层塑料胶带。

1.5.2　电笔

电笔，也称试电笔、测电笔，是一种电工工具，用来测试电线中是否带电。笔体中有一个氖泡，测试时如果氖泡发光，说明导线有电或为通路的火线。电笔的笔尖、笔尾为金属材料制成，笔杆为绝缘材料制成。使用电笔时，一定要用手触及试电笔尾端的金属部分。否则，带电体、试电笔、人体与大地无法形成回路，电笔中的氖泡不会发光，造成误判，认为带电体不带电。

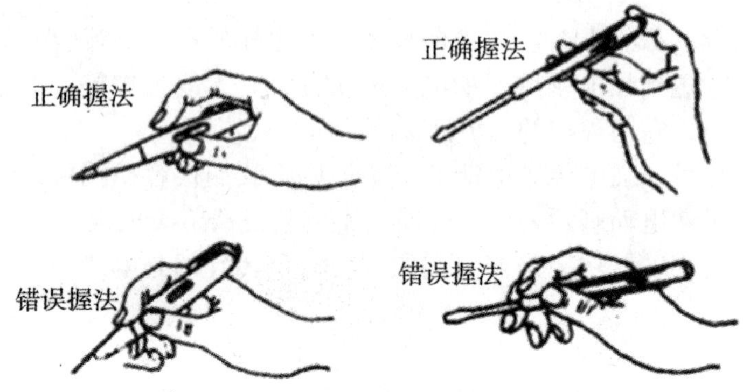

图1-5　电笔的握法

(1) 电笔的作用。

电笔除了可以判断物体是否带电外，还有以下几个用途。

①可以用来进行低压核相，测量线路中任何导线之间是否同相或异相。具体方法是，站在一个与大地绝缘的物体上，双手各执一支测电笔，然后在待测的两根导线上进行测试，如果两根测电笔发光很亮，则这两根导线为异相；反之，则为同相，它是根据氖泡的两极间电压差值与其发光强弱成正比的原理来进行判别的。

②可以用来判别交流电和直流电。在用测电笔进行测试时，如果测电笔氖泡中的两个极都发光，就是交流电；如果两个极中只有一个极发光，则是直流电。

③可以判断直流电的正、负极。将测电笔接在直流电路中测试，氖泡发亮的一极是负极，不发亮的一极是正极。

④可用来判断直流是否接地。在对地绝缘的直流系统中，可站在地上用测电笔接触直流系统中的正极或负极，如果测电笔氖泡不亮，则没有接地现象。如果氖泡发亮，则说明有接地现象，其发亮如在笔尖端，则说明为正极接地；如发亮在手指端，则为负极接地。但是必须指出的是在带有接地监察继电器的直流系统中，不可采用此方法判断直流系统是否发生接地。

(2) 电笔的使用方法及口诀。

①判定交流电和直流电口诀。

电笔判定交直流，交流明亮直流暗，交流氖管通身亮，直流氖管亮一端。

说明：首先告知读者一点，使用低压验电笔之前，必须在已确认的带电体上验测；在未确认验电笔正常之前，不得使用。判别交、直流电时，最好在“两电”之间做比较，这样就很明显。测交流电时氖管两端同时发亮，测直流电时氖管里只有一端极发亮。

②判定直流电正负极口诀。

电笔判定正负极，观察氖管要心细，前端明亮是负极，后端明亮为正极。

说明：氖管的前端指验电笔笔尖一端，氖管后端指手握的一端，前端明亮为负极，反之为正极。测试时要注重：电源电压为 110V 及以上；若人和大地绝缘，一只手摸电源任一极，另一只手持测电笔，电笔金属头触及被测电源另一极，氖管前端极发亮，所测触的电源是负极；若是氖管的后端极发亮，所测触的电源是正极，这是根据直流单向流动和电子由负极向正极流动的原理来判别的。

③判定直流电源有无接地和正负极接地的区别口诀。

变电所直流系数，电笔触及不发亮；若亮靠近笔尖端，正极有接地故障；若亮靠近手指端，接地故障在负极。

说明：发电厂和变电所的直流系数，是对地绝缘的，人站在地上，用验电笔去触及正极或负极，氖管不应当发亮，假如发亮，则说明直流系统有接地现象；假如发亮在靠近笔尖的一端，则是正极接地；假如发亮在靠近手指的一端，则是负极接地。

④判定同相和异相口诀。

判定两线相同异，两手各持一支笔，两脚和地相绝缘，两笔各触一要线，用眼观看一支笔，不亮同相亮为异。

说明：此项测试时，切记两脚和地必须绝缘。因为我国大部分是 380/220V 供电，且变压器普遍采用中性点直接接地，所以做测试时，人体和大地之间一定要绝缘，避免构成回路，以免误判定；测试时，两笔亮和不亮显示一样，故只看一支则可。

⑤判定 380/220 V 三相三线制供电线路相线接地故障口诀。

星形接法三相线，电笔触及两根亮，剩余一根亮度弱，该相导线已接地；若是几乎不见亮，金属接地有故障。

说明：电力变压器的二次侧一般都接成 Y 形，在中性点不接地的三相三线制系统中，用验电笔触及三根相线时，有两根比通常稍亮，而另一根上的亮度要弱一些，则表示这根亮度弱的相线有接地现象，但还不太严重；假如两根很亮，而剩余一根几乎看不见亮，则是这根相线有金属接地故障。

单元二
综合布线

学习目标

- 了解智能建筑的概念、组成和功能。
- 了解综合布线的定义及综合布线和传统布线的区别。
- 了解网络常见的传输介质和相关工具。

学时建议

6 学时。

2.1 智能建筑概述

智能建筑是信息时代的必然产物，以建筑物为平台，兼备信息设施系统、信息化应用系统、建筑设备管理系统、公共安全系统等，集结构、系统、服务、管理及其优化组合为一体，向人们提供安全、高效、便捷、节能、健康的建筑环境。

2.1.1 智能建筑的产生和发展

(1) 智能建筑起源于美国，世界上第一栋智能建筑是美国联合技术公司改建的“都市大厦（City Place Building）”。

(2) 20 世纪 80 年代后期，智能建筑开始引入国内。1986 年智能建筑被列为国家“七五”重点科技攻关项目，开始进行可行性研究。该项目于 1991 年通过鉴定。

(3) 1992 年，中国进入了智能大厦的高速发展阶段。

(4) 智能建筑已成为当代建筑业和电子信息业共同谋求的发展方向。

2.1.2 智能建筑的概念

美国智能化学会对智能建筑的定义是：智能建筑是将结构、系统、服务、管理进行优化组合，获得高效率、高功能与高舒适性的大楼，能为人们提供一个高效和具有经济效益的工作环境。

我国业内人士对智能建筑的定义是指利用系统集成方法，将计算机技术、通信技术、控制技术与建筑艺术有机结合，通过对设备的自动监控，对信息资源的管理和对使用者的信息服务及其与建筑的优化组合，所获得的投资合理、适合信息社会要求，并且具有安全、高效、舒适、便利和灵活特点的建筑物。

智能建筑的主要特征包括：楼宇自动化（Building Automation，BA）；通信自动化（Communication Automation，CA）；办公自动化（Office Automation，OA）；布线综合化（Cabling Integration，CI）。

2.1.3　智能建筑的组成和功能

智能建筑的组成及功能如图2－1所示。

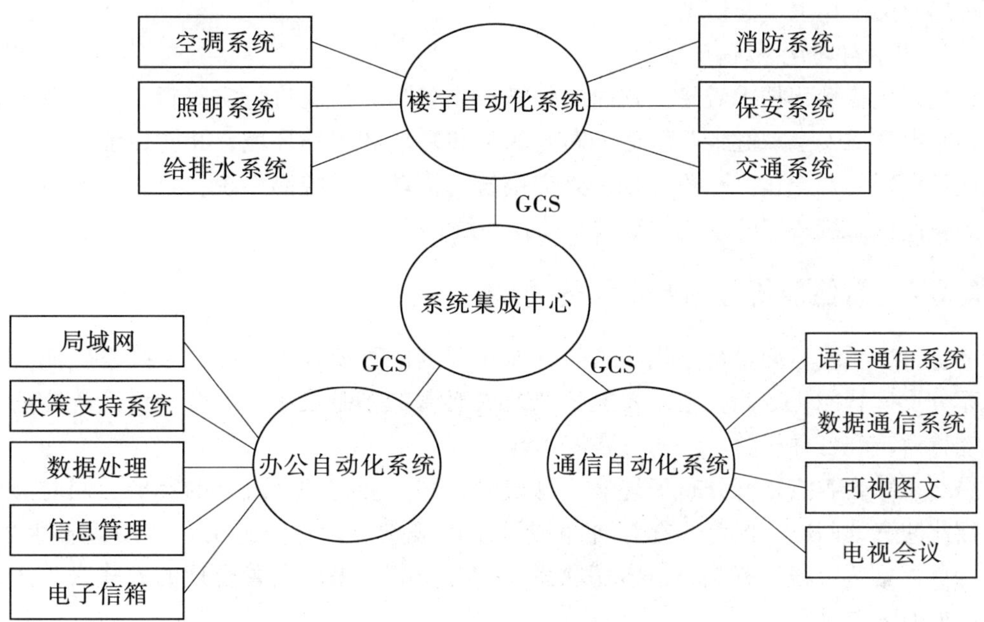

图2－1　智能建筑的组成及功能图

（1）系统集成中心（SIC）。

系统集成中心是以计算机为主体的智能大厦的最高层控制中心，它通过综合布线系统将各子系统连接为一体，对整个大厦实施统一管理和监控，同时为各子系统之间建立一个标准信息交换平台。

系统集成中心应满足下列要求：①接口界面要标准化、规范化，以实现各个子系统之间的信息交换及通信。②对整个建筑物系统实施统一管理和控制。③对建筑物内各个子系统的信息进行实时处理，并且要具有很强的信息处理及信息通信能力。

（2）综合布线系统（GCS）。

综合布线系统由线缆及相关连接硬件组成的信息传输通道，可以传输数据、语音、影像和图文等多种信息。它是智能建筑中连接“3A”系统各类信息设备的基础设施，采用积木式结构、模块化设计、统一的技术标准，完全能满足智能建筑信息的传输要求。

（3）办公自动化系统（OAS）。

办公自动化系统把计算机技术、通信技术、系统科学及行为科学，应用于传统的数据处理技术所难以处理的、数据庞大且结构不明确的业务上。它以计算机为中心，采用传真机、复印机、打印机、电子邮件等一系列现代办公及通信设施，全面而广泛地收集、整理、加工、使用信息，为科学管理和科学决策提供服务。

(4) 通信自动化系统（CAS）。

通信自动化系统实现智能建筑内各种图像、文字、语音及数据等的高速通信。而且它还可以同时与外部通信网相连，交流信息。一般包括：电话系统；传真系统；会议电视和会议电话系统；闭路电视系统；可视图文系统；电子邮件信箱系统；数据传输系统；计算机局域网络；卫星通信系统。

(5) 楼宇自动化系统（BAS）。

利用现代自动化技术对建筑物内的环境及设备运转情况进行实时行监控和管理，从而在楼宇内形成安全、健康、舒适、高效的生活环境和工作环境，并能保证系统运行的经济性和管理的智能化。一般包括：火灾报警与消防联动控制系统；空调及通风监控系统；照明监控系统；安防系统；给排水监控系统；交通监控系统。

2.1.4 智能建筑与综合布线的关系

综合布线系统是衡量智能化建筑的智能化程度的重要标志。综合布线系统使智能化建筑充分发挥智能化效能，它是智能化建筑中必备的基础设施。综合布线系统能适应今后智能化建筑和各种科学技术的发展需要。

总之，综合布线系统分布于智能化建筑中，必然会有相互融合的需要，同时又可能发生彼此冲突的问题。因此，在综合布线系统的规则、设计、施工和使用等各个环节，都应与负责建筑工程的有关单位密切联系、配合协调，采取妥善合理的方式来处理，以满足各方面的要求。

2.2 综合布线系统

2.2.1 综合布线系统概述

综合布线系统是由通信电缆、光缆、各种软电缆及有关连接硬件构成的通用布线系统，能支持多种应用系统。它既能使语音、数据、图像设备和交换设备与其他信息管理系统彼此相连，又能使这些设备与外部通信网相连接。

综合布线系统就是为了顺应发展需求而特别设计的一套布线系统。对于现代化的大楼来说，就如人体内的神经，它采用了一系列高质量的标准材料，以模块化的组合方式，把语音、数据、图像和部分控制信号系统用统一的传输媒介进行综合，经过统一的规划设计，综合在一套标准的布线系统中，将现代建筑的三大子系统有机地连接起来，为现代建筑的系统集成提供了物理介质。可以说，结构化布线系统的成功与否直接关系到现代化的大楼的成败，选择一套高品质的综合布线系统是至关重要的。

在商用建筑布线工程的实施上往往遵循的是结构化布线系统（Structured Cabling System，SCS）标准。结构化布线系统的代表产品称为建筑与建筑群综合布线系统，通常所说的综合布线系统是指结构化布线系统。建筑物与建筑群综合布线系统是建筑物或建筑群内的传输网络，是建筑物内的“信息高速路”。它既使话音和数据通信设备、交换设备和其他信息管理系统彼此相连，又使这些设备与外界通信网络相连接。它包括建筑物到外部网络或电话局线路上的连接点与工作区的话音和数据终端之间的所有电缆及相关联的布线部件。

2.2.2　综合布线与传统布线的比较

（1）兼容性。

综合布线系统的兼容性是指其设备或程序可以用于多种系统。延用传统的布线方式，会使各个系统的布线互不相容，管线拥挤不堪，规格不同，配线插接头型号各异，从而造成网络内的管线与插接件彼此不同而不能互相兼容。

（2）开放性。

对于传统布线而言，一旦选定了某种设备，也就选定了布线方式和传输介质。如果要更换一种设备，则原来所有的布线必须全部更换。如果对已完工的布线做上述更换，则既麻烦，又将增加大量资金的投入。而综合布线由于采用开放式体系结构，符合国际标准，因而对现有各著名厂商的品牌均是开放的，当然对通信协议也同样是开放的。

（3）灵活性。

由于综合布线系统中所有的信息系统都采用相同的传输介质和物理星型拓扑结构，因此可以适应各种不同的需求，使用起来非常灵活。一个标准的插座既可以接入电话，又可以用来连接计算机终端，实现语音点和数据点的转换。整个系统在组网时灵活多样，能够适应各种结构的局域网。

（4）可靠性。

由于传统布线各系统互不兼容，因此在一个建筑物内存在多种布线方式，各系统之间会形成交叉干扰，从而使各个系统可靠性降低，势必影响到整个建筑系统的可靠性。综合布线采用高品质的材料和组合压接方式构成一套高标准的信息网络，所有器件都通过 ISO（国际标准化组织）等组织的质量认证，保证综合布线的电气性能。而且在布线过程中，每条信息通道都要采用专门测试仪器测试线路阻抗、衰减率、串扰等电气性能，以保证传输质量。

（5）先进性。

综合布线系统通常采用光纤与双绞线相结合和星型结构的物理布线方式，这种方式十分合理地构成了一套完整的布线系统。系统各部分都采用高质量材料和标准化部件，并在安装施工过程中经过了严格的检查和测试，从而保证了整个系统在技术性能上优良可靠，完全可以满足目前和今后的通信需要。

（6）经济性。

综合布线过程是对各种线缆统一规划，统一安排线路走向，统一施工的过程，减少了不必要的重复布线、重复施工，节省了线材，节约了人工，从整体上节省了投资，提高了效益。

2.2.3 综合布线的技术标准

1. 国际标准

国际上流行的综合布线标准有美国的 TIA/EIA 568、国际标准化组织的 ISO/IEC 11801、欧洲的 EN 50173。

（1）美国标准。

综合布线最早起源于美国，美国电子工业协会（Electronic Industries Association，EIA）负责制定有关界面电气特性的标准，美国通信工业协会（Telecommunications Industries Association，TIA）负责制定通信配线及架构的标准。1991 年，ANSI（美国国家标准局）发布了 TIA/EIA 568 商业建筑线缆标准，经改进后于 1995 年 10 月正式将 TIA/EIA 568 修订为 TIA/EIA 568A 标准。ANSI 于 2002 年发布了 TIA/EIA 568B 标准，取代了 TIA/EIA 568A。新的 TIA/EIA 568C 系列标准正准备发布。

（2）国际标准。

国际标准化组织/国际电工技术委员会（ISO/IEC）于 1998 年开始，在美国国家标准协会制定的有关综合布线标准的基础上做了修改，并于 1995 年 7 月正式公布《ISO/IEC 11801：1995（E）信息技术——用户建筑物综合布线》，作为国际标准供各个国家使用。目前该标准有 3 个版本，分别为 ISO/IEC 11801：1995、ISO/IEC 11801：2000 及 ISO/IEC 11801：2002。

（3）欧洲标准。

英国、法国、德国等国于 1995 年 7 月联合制定了欧洲标准（EN 50173），供一些国家使用。

2. 国内标准

我国国内标准有中国工程建设标准化协会颁布的 CECS72：97《建筑与建筑综合布线系统工程设计规范》、CECS89：97《建筑与建筑综合布线系统工程验收规范》、国家质量技术监督局与建设部联合发布的国家标准 GB/T 50311 – 2000《建筑与建筑综合布线系统工程设计规范》、GB/T、50312 – 2000《建筑与建筑综合布线系统工程验收规范》等。我国国家及行业综合布线标准的制定，使我国综合布线走上标准化轨道，促进了综合布线在我国的应用与发展。

2007 年 10 月，我国建设部颁布了新标准 GB 50311《综合布线系统工程设计规范》和 GB 50312《综合布线系统工程验收规范》。

2.2.4 综合布线系统的结构和组成

不同的综合布线系统标准对综合布线系统的组成划分具有明显的差别。美国标准把综合布线系统划分为 6 个独立的子系统，国际标准将其划分为 3 个子系统和工作区布线，而我国国家标准《综合布线系统工程设计规范》（GB 50311 – 2016）建议综合布线系统工程按照 7 个子系统进行设计。

（1）工作区。

一个独立的需要设置终端设备（TE）的区域宜划分为一个工作区。工作区应由配线子系统的信息插座模块（TO）延伸到终端设备处的连线电缆及适配器组成，相当于美国标准中的工作区子系统。

（2）配线子系统。

配线子系统应由工作区的信息插座模块、信息插座模块至电信间配线设备（FD）的配线电缆和光缆、电信间的配线设备及设备电缆和跳线组成，相当于美国标准中的水平干线子系统，电信间即美国标准中的管理间。

（3）干线子系统。

干线子系统应由设备间至电信间的干线电缆和光缆、安装在设备间的建筑物配线设备（BD）及设备线缆和跳线组成，相当于美国标准中的垂直干线子系统。

（4）建筑群子系统。

建筑群子系统应由连接多个建筑物之间的主干线缆和光缆、建筑群配线设备（CD）及设备线缆和跳线组成，相当于美国标准中的建筑群子系统。

（5）设备间。

设备间是每幢建筑物的适当地点进行网络管理和信息交换的场地。对于综合布线系统工程设计来说，设备间主要安装建筑物配线设备。电话交换机、计算机主机设备及入口设施也可与配线设备安装在一起，相当于美国标准中的设备子系统。

（6）进线间。

进线间是建筑物外部通信和信息管线的入口部位，并可作为入口设施和建筑群配线设备的安装场地。建筑群主干线缆和光缆、公用网和专用网电缆、光缆及天线馈线等室外线缆进入建筑物时，应在进线间置换成室内线缆、光缆。进线间一般提供给多家电信业务经营者使用，通常设于地下一层。

（7）管理。

管理应对工作区、电信间、设备间、进线间的配线设备/缆线/信息插座模块等设施按一定的模式进行表示和记录。

2.3　网络传输介质及相关工具

2.3.1　双绞线

双绞线（Twisted Pair Cable）是综合布线工程中最常用的一种传输介质，大多数数据和话音网络都使用双绞线布线。双绞线一般是由两根遵循 AWG（American Wire Gauge，美国线规）标准的绝缘铜导线相互缠绕而成。把两根绝缘的铜导线按一定密度互相绞在一起，可降低信号干扰的程度，每一根导线在传输中辐射的电波会被另一根线上发出的电波抵消。

双绞线是由两根为 22、24 或 26 号具有绝缘保护层的铜导线相互缠绕而成，把一对或多对双绞线放在一个绝缘套管中便构成了双绞线电缆。与其他传输介质相比，双绞线在传输距离、信道宽度和数据传输速度等方面均受一定限制，但是价格较为低廉。

双绞线可以按照以下方式分类：按结构分为非屏蔽双绞线电缆和屏蔽双绞线；按性能分为1类、2类、3类、4类、5类、5e类、6类、7类双绞线电缆；按特性阻抗划分为100欧姆 、120欧姆及150欧姆等几种，常用的是100欧姆的双绞线电缆；按对数分为1对、2对、4对双绞线电缆以及25对、50对、100对的大对数双绞线。

1. 屏蔽双绞线

屏蔽双绞线是在双绞线电缆中增加了屏蔽层，目的就是为了提高电缆的物理性能和电气性能，减少电缆信号传输中的电磁干扰。该屏蔽层能将噪声转变成直流电。屏蔽层上的噪声电流与双绞线上的噪声电流相反，因而两者可相互抵消。

电缆屏蔽层的设计有如下几种形式。

- 屏蔽整个电缆
- 屏蔽电缆中的线对
- 屏蔽电缆中的单根导线

电缆屏蔽层采用金属箔、金属网或金属丝等材料组成。屏蔽双绞线电缆有图2－1所示的STP（Shielded Twisted Pair）和图2－2所示ScTP（FTP）两类，STP又分为STP电缆和STP－A电缆两种。

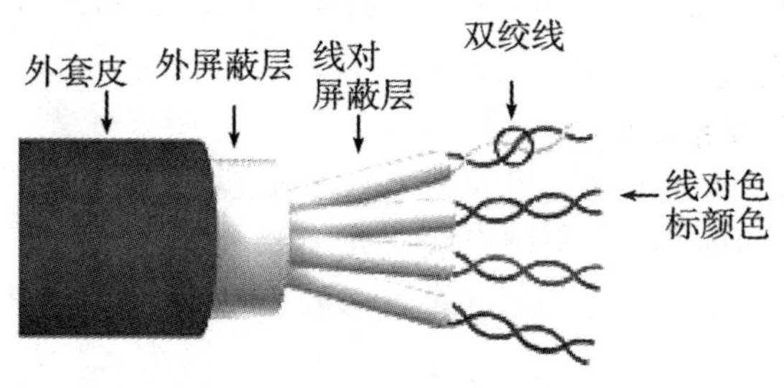

图2－1　STP屏蔽双绞线电缆

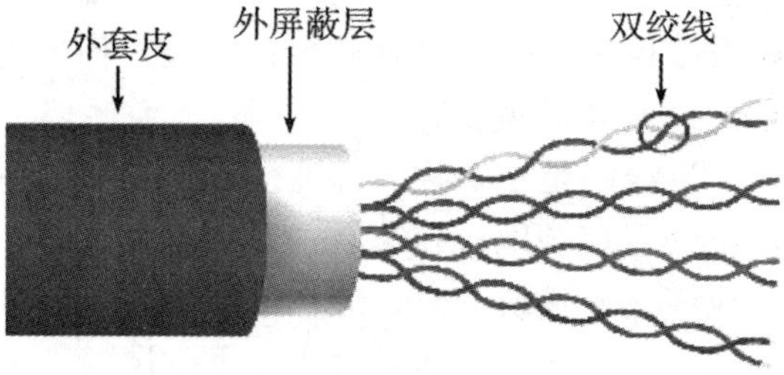

外套皮
外屏蔽层
双绞线

图2－2　ScTP屏蔽双绞线电缆

2. 非屏蔽双绞线

非屏蔽双绞线没有屏蔽双绞线的金属屏蔽层，它在绝缘套管中封装了一对或一对以上的双绞线，每对双绞线按一定密度互相绞合在一起。这样可以提高系统本身抗电子噪声和电磁干扰的能力，但不能防止周围的电子干扰。其特点是直径小、节省所占用的空间、重量轻、易弯曲、有阻燃性，适用于结构化综合布线。非屏蔽双绞线如图2－3所示。

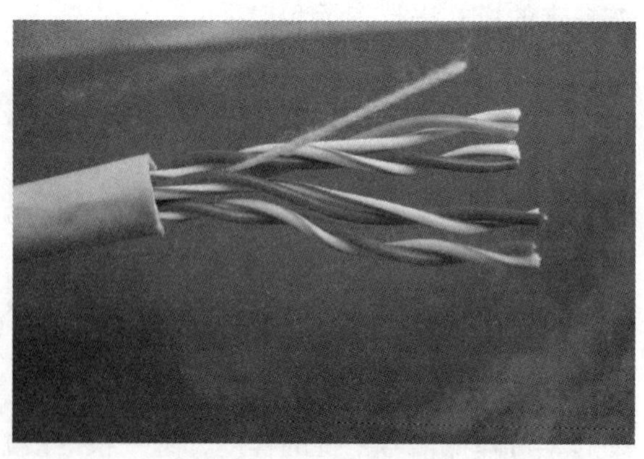

图2－3　非屏蔽双绞线

根据EIA/TIA为双绞线电缆定义了以下几种不同类型质量的型号。而计算机网络综合布线目前通常使用5类、超5类、6类。

（1）1类（CAT－1）：电缆最高频率带宽是750kHz，主要用于报警系统或语音系统（如门铃导线），不适用于数据传输，不是现代综合布线系统的一部分。

（2）2类（CAT－2）：电缆最高频率带宽是1MHz，用于语音传输和最高传输速率为4Mbps的数据传输，常见于使用4Mbps规范令牌传递协议的IBM令牌环网，目前已很少使用。

（3）3类（CAT－3）：该电缆的频率带宽最高为16MHz，主要应用于语音、10Mbps的以太网和4Mbps令牌环，最大网段长为100米，采用RJ形式的连接器。它是10Base－T以太网中的最低配置电缆，目前3类双绞线除了在电话布线系统中有着一定程度的应用而外，其余系统已不再推荐使用。

（4）4类（CAT－4）：该类电缆的传输频率为20MHz，用于语音传输和最高传输速率16Mbps的数据传输，主要用于基于令牌的局域网和10Base－T以太网。

（5）5类（CAT－5）：该类电缆传输频率为100MHz，用于运行CDDI（基于双绞线的FDDI网络）和快速以太网，传输速率达100Mbps，但在同时使用多对线对以分摊数据流的情况下，也可用于1 000Base－T网络。目前5类双绞线电缆广泛应用于电话、保安、自动控制等网络中，但在计算机网络布线中已逐渐失去市场。

（6）超5类（CAT－5e）：超5类电缆的传输频率为100MHz，传输速率可达到100Mbps。与5类双绞线电缆相比，具有更多的扭绞数目，可以更好地抵抗来自外部和电缆内部其他导线的干扰，从而提升了性能，在近端串扰、综合近端串扰、衰减和衰减串扰比等4个主要指标上都有较大的改进。因此超5类双绞线电缆具有更好的传输性能，更适合支持1 000Base－T网络，是目前综合布线系统的主流产品。

（7）6类（CAT－6）：性能超过CAT－5e，电缆频率带宽为250MHz以上，主要应用于100Base－T快速以太网和1 000Base－T以太网中。6类电缆的绞距比超5类更密，线对间的相互影响更小，从而提高了串扰的性能，更适合用于全双工的高速千兆网络，是目前综合布线系统中常用的传输介质。

（8）超6类（CAT－6A）：主要应用于1 000Base－T以太网中，其传输带宽为500MHz。最大传输速率是1 000Mbps，与6类电缆相比，在串扰、衰减等方面有较大改善。

（9）7类（CAT－7）：该类电缆是线对屏蔽的S/FTP电缆，它有效地抵御了线对之间的串扰，从而在同一根电缆上可实现多个应用。其最高频率带宽是600MHz，传输速率可达10Gbps，主要用于万兆以太网综合布线。

为了便于管理，每对双绞线均用颜色标识，4对UTP电缆分别使用橙色、绿色、蓝色和棕色线对颜色表示。每对双绞线中，有一根为线对纯颜色，另一根为白底色加上线对纯颜色的条纹或斑点，具体的颜色编码如表2－1所示。

表2－1　4对UTP电缆的颜色编码表

线对	色标	英文缩写	线对	色标	英文缩写
线对－1	白—橙 橙	W—O O	线对－3	白—蓝 蓝	W—BL BL
线对－2	白—绿 绿	W—G G	线对－4	白—棕 棕	W—BR BR

由美国通信工业协会和电子工业协会共同制定的商业电信布线标准的 EIA/TIA 568A 和 EIA/TIA 568B 分别对应了两种规格的双绞线中各芯线排列的关系，如表 2-2 所示。

表 2-2　EIA/TIA 568A 和 EIA/TIA 568B 标准规定的双绞线的排列

引脚	T 568A	T 568B	引脚	T 568A	T 568B
1	白绿	白橙	5	白蓝	白蓝
2	绿	橙	6	橙	绿
3	白橙	白绿	7	白棕	白棕
4	蓝	蓝	8	棕	棕

在网络连接中往往采用直通网线和交叉网线，它们均是根据 T 568A 和 T 568B 的两连接规则进行制作的。

（1）直通网线。

网线两端均按同一标准（或为 T 568A，或为 T 568B）制作，用于交换机、集线器与计算机之间的连接。在同一个工程项目中，必须确保所有的端接采用相同的接线模式，即要么是 T 568A，要么是 T 568B，不可混用。

（2）交叉网线。

网线一端按 T 568A 标准制作，另一端按 T 568B 标准制作，用于交换机与交换机、集线器与集线器、计算机与计算机之间的连接。

3. 大对数电缆

大对数电缆，即大对数干线电缆。大对数电缆一般为 25 线对（或更多）成束的电缆结构，在外观上看，为直径更大的单根电缆。它也同样采用颜色编码进行管理，每个线对束都有不同的颜色编码，同一束内的每个线对又有不同的颜色编码。

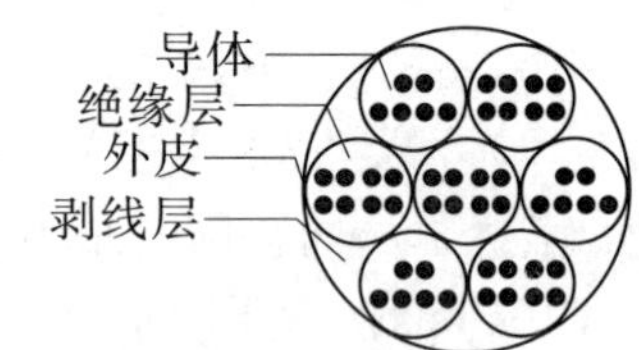

图 2-4　大对数线缆

4. 双绞线在外观上的文字标识

对于一根双绞线，在外观上需要注意每隔两英尺有一段文字，以某公司的线缆为例，该段文字为：

- XXXX SYSTEMS　CABLE　E138034　0100
- 24 AWG（UL）CMR/MPR　OR　C（UL）　PCC
- FT4 VERIFIED　ETL CAT5　044766　FT 0807

具体说明如下：

- XXXX 代表公司名称
- 0100 表示特性阻抗 100Ω
- 24 表示线芯是 24 号的（纤芯有 22、24 或 26 号）
- AWG 表示美国线缆规格标准
- UL 表示通过认证，是认证标记
- FT4 表示 4 对线
- CAT5 表示 5 类线
- 044766 表示线缆当前处在的英尺数
- 0807 表示生产年月

5. RJ－45 水晶头

在 UTP 布线系统中，通常使用 RJ－45 连接器（通称为 RJ－45 水晶头）。它是一种透明的塑料接插件，它的外形与电话线的插头类似，只是电话线用的是 RJ－11 插头，是 2 线的，而 RJ－45 连接器是 8 针的，新的 RJ－45 连接器头部有 8 片平行的带 V 字型刀口的铜片并排放置，V 字头的两尖锐处是较为锋利的刀口。

图 2－5　RJ－45 水晶头

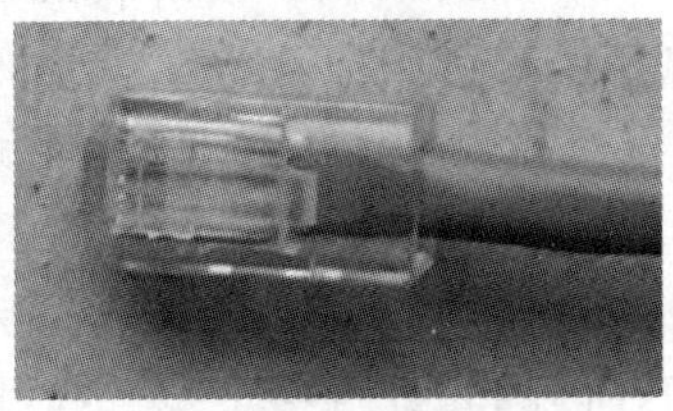

图 2－6　制作成网线的水晶头

6. 超五类布线系统

超五类布线系统是目前综合布线工程中使用得最多的布线系统，广泛用于办公楼、校园网、园区网、各种智能建筑和智能小区，甚至在自动化生产系统和工业以太网中也被大量采用。超五类布线系统是一个非屏蔽双绞线布线系统，通过对它的“链接”和“信道”性能的测试表明，它超过 TIA/EIA 568 标准的 5 类线要求。与 5 类线缆相比，超五类布线系统在 100 MHz 的频率下运行时，可以提供 8dB 近端串扰的余量，用户的设备受到的干扰只有普通 5 类线系统的 1/4，使得系统具有更强的独立性和可靠性。

超五类的应用定位于充分保证 5 类传输千兆以太网。超五类布线系统是因为所有传输性能参数达到了 1 000BASE－T 的要求而被电气与电子工程师协会认可的千兆布线系统。在 1 000BASE－T 处于最差连接的情形下，超五类也能提供足够的性能富余。

7. 六类布线系统

六类布线系统提供比超五类布线系统高一倍的传输带宽，对普通的千兆网络设备而言，六类布线提供了更大的性能裕量，使得在较恶劣的环境下依然可以保证网络传输的误码率指标，保持网络传输性能不变。

六类布线系统依赖于不要求单独屏蔽线对的线缆，从而可以降低成本、减少体积、简化安装和消除接地问题。此外，六类布线系统要求使用模块式 8 路连接器，线缆频率带宽可以达到 200 兆赫以上，能够适应当前的语音、数据和视频系统以及千兆位应用。

六类布线系统标准是 UTP 布线的一个标准，六类布线系统国际标准在 2002 年已经正式颁布，为用户选择更高性能的产品提供依据，满足网络应用的标准组织的要求。六类布线系统标准的规定涉及介质、布线距离、接口类型、拓扑结构、安装技术、信道性能及线缆和连接硬件性能等方面的要求。

六类布线系统标准规定了布线系统应当提供的最高性能，规定了允许使用的线缆及连接类型为 UTP 或 ScTP。整个系统包括应用和接口类型都要求具有向下兼容性，即在新的六类布线系统上可以运行以前在三类或五类系统上运行的应用，用户接口采用 8 路连接器。六类布线系统同五类布线标准一样，新的六类布线系统标准也采用星型拓扑结构，要求的布线距离为：永久链路的长度不能超过 90 米，信道长度不能超过 100 米。

六类布线系统产品及系统频率范围应当在 1 ~250 兆赫之间，对系统中的线缆、连接硬件、基本链路及信道在所有频点都需要测试衰减、回波损耗、延迟/失真、近端串扰、综合近端串扰、等效远端串扰、综合等效远端串扰等几种参数。

另外，六类布线系统测试环境应当设置在最坏的情况下，对产品和系统都要进行测试，从而保证测试结果的可用性。所提供的测试结果也应当是最差值而非平均值。同时，六类布线系统将是一个整体的规范，并且能够得到这几方面的支持：实验室测试程序方面、现场测试要求方面、安装实践方面以及其他灵活性和长久性等方面的考虑。

布线工具指进行端接操作的工具和管线施工的工具，包括打线刀、剥线器、铜缆端接工具、光纤切刀在内的光纤端接工具、拉线器、线缆检查工具，甚至包括电工工具等。

2.3.2 同轴电缆

同轴电缆也是局域网中最常见的传输介质之一，其频率特性比双绞线好，能进行较高速率的传输。由于它的屏蔽性能好，抗干扰能力强，通常用于基带传输。目前更多地使用于有线电视或视频等网络应用中，在计算机网络中运用较少。

同轴电缆是由一根空心的外圆柱导体及其所包围的单根内导线所组成，由里往外依次是铜芯、塑胶绝缘层、金属网状屏蔽网和塑料护套，由于铜芯与网状导体同轴，故名同轴电缆（见图 2 -7）。这种结构的金属屏蔽网可防止中心导体向外辐射电磁场，也可用来防止外界电磁场干扰中心导体的信号。

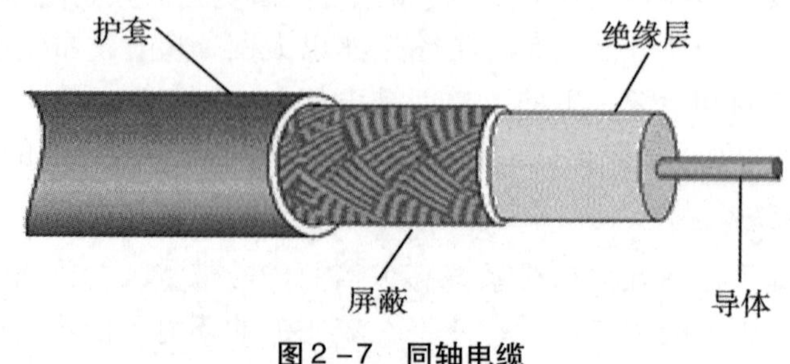

图 2 -7　同轴电缆

同轴电缆主要有以下几种类型。

1．50Ω 同轴电缆

又称基带同轴电缆，特性阻抗为 50Ω。其主要型号包括 RG－8、RG－11、RG－58 或 58 系列，主要用于无线电和计算机局域网络。

2．75Ω 同轴电缆

又称宽带同轴电缆，特性阻抗为 75Ω，其屏蔽层通常是用铝冲压而成的，主要型号包括 RG－6 或 6 系列、RG－59 或 59 系列，主要用于视频传输，也可用于宽带数据网络。

3．93Ω 同轴电缆

特性阻抗为 93Ω，其主要型号是 RG－62，主要用于 ARCnet。

同轴电缆虽然在某些方面的应用优于双绞线电缆，例如同轴电缆特别适合传输宽带信号（有线电视系统、模拟录像等），但同轴电缆也有其固有的缺点：虽然屏蔽层使信号在同轴电缆中传输时几乎不受外界的干扰，但安装时屏蔽层必须正确接地，否则会造成更大的干扰；同轴电缆支持的数据传输速度只有 10Mbps，无法满足目前局域网的传输速度要求，所以在计算机局域网布线中，已不再使用同轴电缆。

2.3.3　光纤

光纤是一种将信息从一端传送到另一端的媒介。是用一条玻璃或塑胶纤维，作为让信息通过的传输媒介。

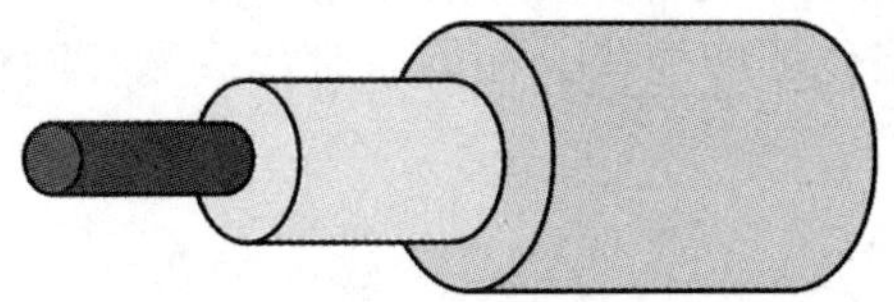

图 2－8　光纤

光纤通信技术是通过光学纤维传输信息的通信技术。在发信端，信息被转换和处理成便于传输的电信号，电信号控制—光源，使发出的光信号具有所要传输的信号的特点，从而实现信号的电—光转换。发信端发出的光信号通过光纤传输到远方的收信端，经光电二极管等转换成电信号，从而实现信号的光—电转换。

1．光纤通信系统的组成

光纤通信系统是以光波为载体，以光纤为传输介质的通信方式。光纤通信系统的组成如图 2－9 所示。

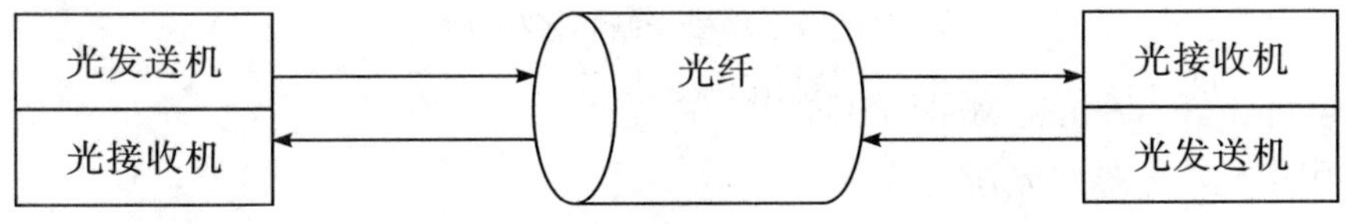

图 2－9　光纤通信系统的组成

在发送端，通过光发送机将电信号转换成光信号，再把光信号导入光纤；在接收端，光接收机负责接收光纤上传输的光信号，并将其转换为电信号，经过解码后再做相应处理。光发送机和光接收机可以是分离的单元，也可以使用一种称为收发器的设备，它能够同时执行光发送机和光接收机的功能。另外，光信号在光纤中只能沿着一个方向传输，所以全双工系统应采用两根光纤。

2. 光纤通信的特点

- 传输频带宽，通信容量大
- 线路损耗低，传输距离远
- 抗化学腐蚀能力强
- 线径细，质量小
- 抗干扰能力强，应用范围广
- 制造资源丰富

3. 光纤通信技术的应用

信息高速公路将首先在现有光纤通道基础上，增设“大道”，先将光缆铺到公路旁、住宅前，最终目标是实现光纤进入千家万户。目前，光缆线路铺设的最大问题不在于干线，而在于入户，即连结每一户居民。这是信息高速公路最大的瓶颈之一。

光纤通信是现代化通信网络的基础平台。光导纤维的巨大潜力，将使信息高速公路不仅成为数据传输媒介，还将输送电视、电话、教育、金融等多种服务，成为继 20 世纪 50 年代开始美国大规模普及电话之后最重大的通信手段革命。展望国际光纤通信技术的发展，其趋势将是日益网络化、智能化，在信息时代，光纤网将日益发挥它的巨大作用，成为信息高速公路的强大后盾。

4. 光纤的分类

光纤的分类按构成光纤的材料分为玻璃光纤、胶套硅光纤、塑料光纤；按传输模式分为单模光纤、多模光纤；按折射率分布分为跳变式光纤、渐变式光纤。

光纤中传播的模式就是光纤中存在的电磁波场场型。它的存在反映在光纤横截面上就是各种形状的光场，即各种光斑。若是一个光斑，我们称这种光纤为单模光纤，若为两个以上光斑，我们称之为多模光纤。如图 2－10 所示。

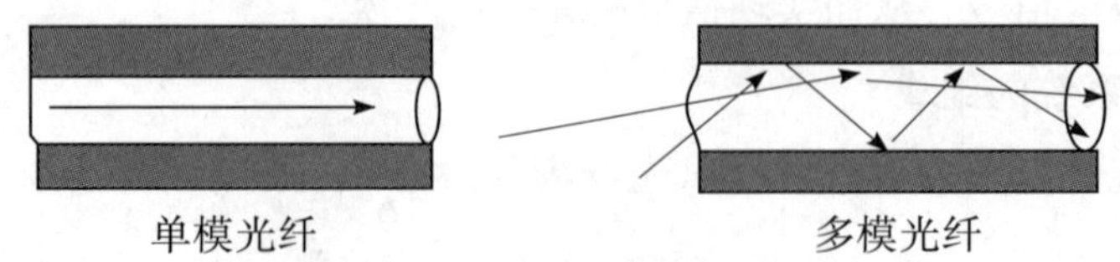

图 2－10 单模光纤和多模光纤

（1）单模光纤（Single Mode Fiber，SMF）。

①采用固体激光器作光源。

②在给定的工作波长上只能以单一模式传输，传频带宽，传输容量大。

③光信号可以沿着光纤的轴向传播，因此光信号的损耗很小，离散也很小，传播的

距离较远。

④单模光纤芯径为 8 ~ 10 μm ，包括外包层，其直径为 125 μm 。计算机网络一般采用的纤芯直径为 62.5μm。

⑤单模导入波长 1 310nm 和 1 550 nm。

（2）多模光纤（Multi Mode Fiber，MMF）。

①是在给定的工作波长上，能以多个模式同时传输的光纤。

②多模光纤的纤芯直径一般为 50 ~ 200 μm ，而包层直径的变化范围为 125 ~ 230 μm ，国内计算机网络常用的光纤芯直径为 62.5 μm ，包层为 125 μm，也就是通常所说的 62.5 μm 规格。

③多模导入波长 850nm 和 1 300nm。

5. 光缆

光缆纤芯的数目就是指一根缆线中的纤芯的个数，主要有 3 类：单芯光缆、双芯光缆和多芯光缆。

单芯光缆的网络护套中只有一根光纤，通常有一个较大的缓冲层和一个较厚的保护层。如图 2 – 11 所示。

双芯光缆在护套中有两根光纤线芯，通常用于光纤局域网的主干网线。多芯光缆是指在一个护套中包含了两根以上的光纤线芯，主要用于局域网，如图 2 – 12 所示。

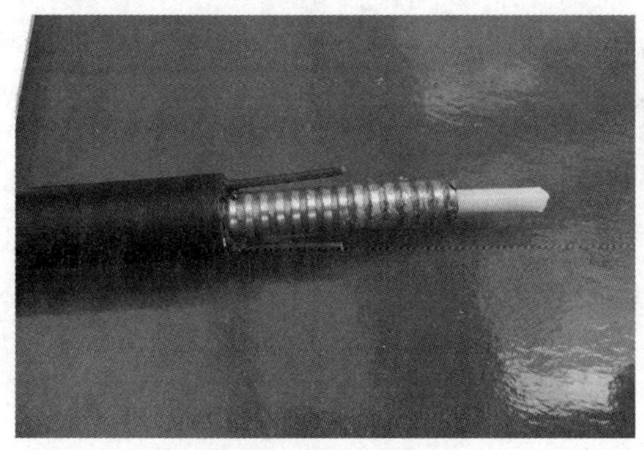

图 2 – 11 单芯光缆

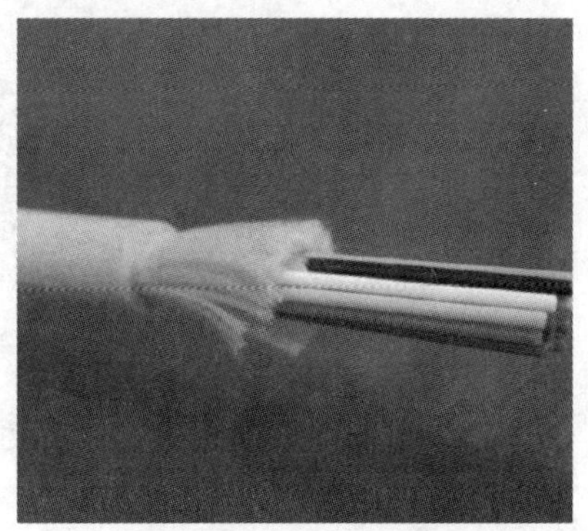

图 2 – 12 多芯光缆

2.3.4 网络传输介质相关工具

1. 打线钳

信息插座与模块是嵌套在一起的，埋在墙中的网线是通过信息模块与外部网线进行连接的，墙内部网线与信息模块的连接是通过把网线的 8 条芯线按规定卡入信息模块的对应线槽中的。网线的卡入需用一种专用的卡线工具，称之为“打线钳”。

图 2 – 13 打线钳

2. 双用压接工具

适用于RJ－45、RJ－11水晶头的压接。一把钳子包括了双绞线切割、剥离外护套、水晶头压接等多种功能。

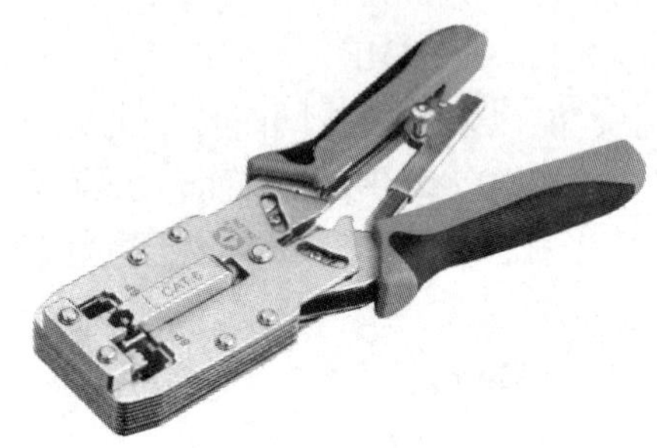

图2－14 双用压接工具

3. RJ－45单用压接工具

在双绞线网线制作过程中，压线钳是最主要的制作工具，一把钳子包括了双绞线切割、剥离外护套、水晶头压接等多种功能。因压线钳针对不同的线材会有不同的规格，在购买时一定要注意选对类型。

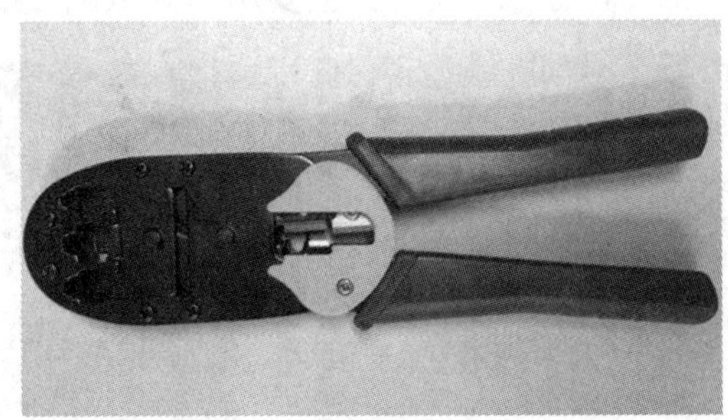

图2－15 RJ－45单用压接工具

4. 剥线器

剥线器不仅外形小巧且简单易用，只需要一个简单的步骤就可除去缆线的外护套，就是把线放在相应尺寸的孔内并旋转三到五圈即可除去缆线的外护套。

图2－16 剥线器

5. 剥线钳

剥线钳是一种轻型的用于剥去非屏蔽双绞线外护套的常用工具。运用剥线钳不仅能将双绞线的外衣削去，而且不会对电缆的线芯造成任何损伤。

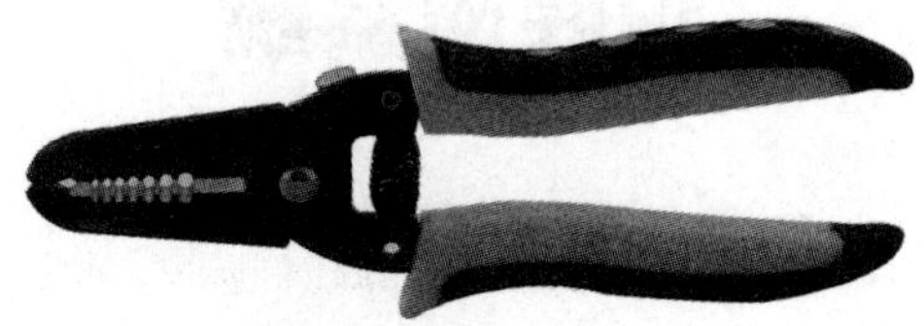

图2－17　剥线钳

单元三
物联网系统

学习目标

- 了解物联网的相关概念、特点和发展历史
- 掌握物联网的体系结构，了解感知层、网络层和传输层的关键技术
- 了解物联网的感知技术
- 掌握 RFID 系统的组成和工作原理
- 熟悉物联网常用的短距离无线通信技术
- 了解无线传感器网络的特征和节点网络结构

学时建议

10 学时。

3.1 物联网概述

3.1.1 什么是物联网

物联网是指物体通过智能感知装置，经过传输网络，到达指定数据处理中心，实现人与人、物与物、人与物之间信息交互与处理的智能化网络。物联网的英文名称为 Internet of Things，简称 IoT。

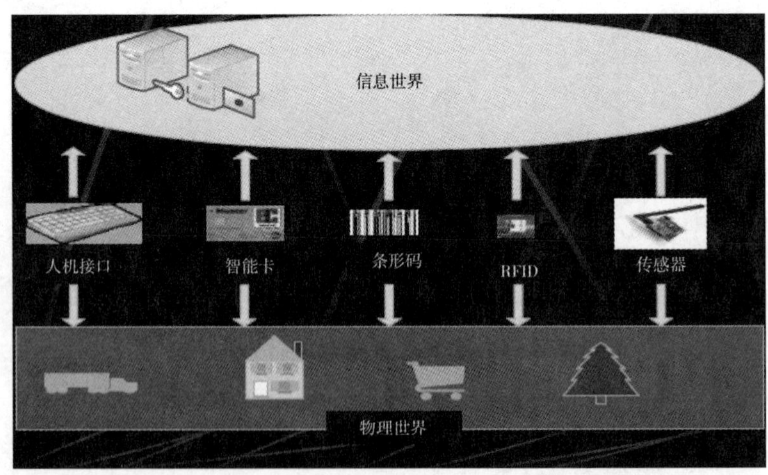

图 3－1 将现实物理世界和虚拟数字世界相联接

物联网概念不是杜撰出来的，也不是某单项新技术突破引申出来的。物联网的发展有坚实基础，是现代信息技术发展到一定阶段的必然产物，是多项现代信息技术的殊途同归与聚合应用，是信息技术系统性的创新与革命。物联网将现实物理世界和虚拟数字世界相连接。

3.1.2 物联网的特点

物联网包含以下特点：

（1）全面感知。利用射频识别（RFID）技术、传感器、二维码及其他各种感知设备随时随地采集各种动态对象，全面感知世界。

（2）可靠传递。利用网络（有线、无线及移动网）将感知的信息进行实时的传送。

（3）智能控制。对物体实现智能化的控制和管理，真正达到了人与物的沟通。

总而言之，物联网的特点就是对物体具有全面感知的能力，对信息具有可靠传递和智能控制的能力。也就是说，全面感知、可靠传递、智能控制是物联网的基本特点。

3.1.3 物联网的相关概念

（1）物联网和传感网。

物联网是随机分布的，集成有传感器、数据处理单元和通信单元的微小节点，通过自组织的方式构成的无线传感网络。其实质是借助于节点中内置的智能传感器，探测温度、湿度、噪声等表征物体特征的实时参数。

（2）物联网和互联网。

物联网是指通过安装在物体上的各种信息传感设备，如射频识别装置、智能传感器、红外感应器、全球定位系统（GPS）、激光扫描器等，按照约定的协议，并通过相应的接口，把物品与互联网相连，进行信息交换和通信，从而实现智能化识别、定位、跟踪、监控和管理的一种巨大网络。

物联网是互联网的延伸和扩展，是在计算机互联网的基础上，利用射频识别技术、无线传感技术、无线通线技术等构造一个无所不在的网络。其实质就是利用智能化的终端技术，通过计算机互联网实现全球物品的自动识别，达到信息的互联与实时共享。

（3）物联网和泛在网。

泛在网是物联网发展的愿景。

最早提出U战略的日本、韩国给出的定义是：无所不在的网络社会将是由智能网络、最先进的计算技术以及其他领先的数字技术基础设施武装而成的技术社会形态。根据这样的构想，U网络将以“无所不在”“无所不包”“无所不能”为基本特征，帮助人类实现“4A”化通信，即在任何时间（anytime）、任何地点（anywhere）、任何人（anyone）、任何物（anything）都能顺畅地通信。

传感网是物联网的组成部分，物联网是互联网的延伸，泛在网是物联网发展的愿景。

3.1.4 物联网的发展

物联网的概念最早是从射频识别这个领域来的，在1999年由专门研究美国麻省理工学院Auto－ID中心提出。

1999年，美国麻省理工学院正式提出传感网的概念，即狭义的物联网。

2005 年，世界最大的零售公司沃尔玛安装 RFID 射频卡，建立智慧物流。

2009 年 1 月，IBM 提出“智慧地球”的概念，随即美国把物联网上升到国家战略。

2009 年，温家宝在考察无锡的讲话中提出“感知中国”。

2010 年 6 月，胡锦涛在两院院士大会上讲话指示加快发展物联网技术。

3.2 物联网体系结构

目前在业界物联网体系结构也大致被公认为有这三个层次，底层是用来感知数据的感知层，第二层是数据传输的网络层，最上面则是内容应用层。如图 3－2 所示。

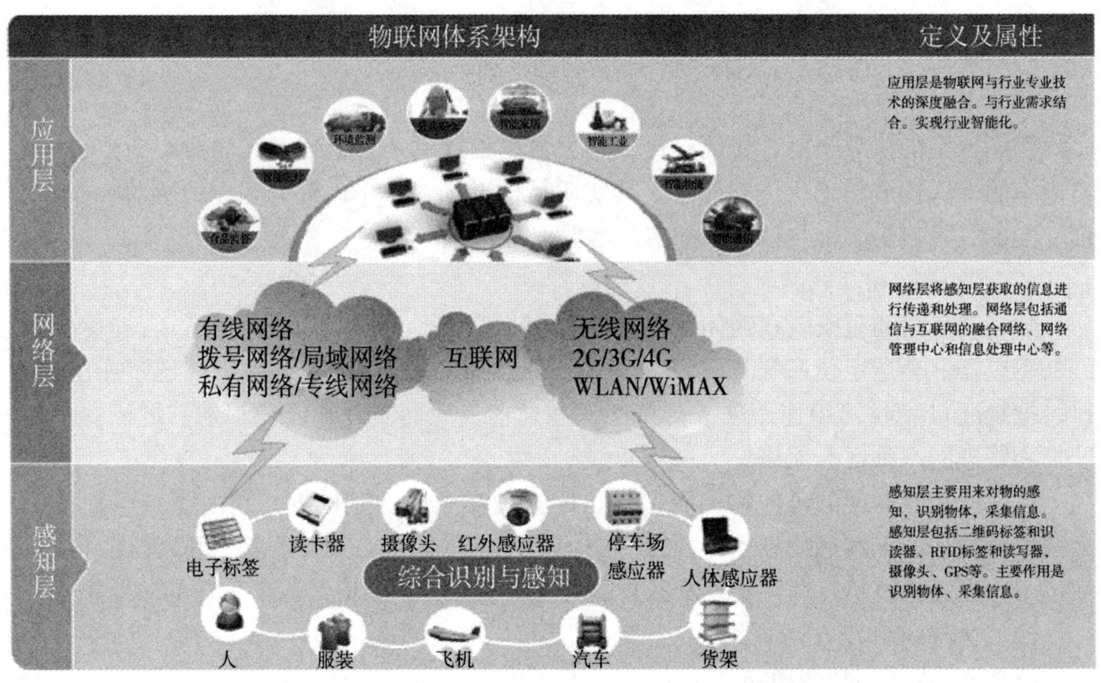

图 3－2 物联网的体系结构

3.2.1 感知层

感知层是物联网的皮肤和五官——识别物体、采集信息。感知层包括二维码标签和识读器、RFID 标签和读写器、摄像头、GPS 等，主要作用是识别物体、采集信息，与人体结构中皮肤和五官的作用相似。

1. 感知层功能

感知层是指通过条码、二维码、射频识别、传感器、工业仪表等采集设备获取信息。感知层设备包括以下几种。

- 智能卡（条码、二维码、射频卡等）
- 传感器（温度、压力、湿度、化学等）

- 工业仪表（温度、压力、液位、分析仪等）
- 智能设备（开关、控制器、执行机构等）
- 音视频设备（语音开关、摄像头等）

感知层处于三层架构的最底层，是物联网发展和应用的基础，具有物联网全面感知的核心能力。作为物联网的最基本一层，感知层具有十分重要的作用。

2. 感知层关键技术

（1）传感器技术。

计算机类似于人的大脑，但仅有大脑而没有感知外界信息的“五官”显然是不够的，计算机也还需要它们的“五官”—传感器。传感器是指能感受规定的被测量件，并按照一定的规律转换成可用输出信号的器件或装置。

传感器（Sensor）是一种检测装置，能感受到被测量的信息，并能将感受到的信息，按一定规律变换成为电信号或其他所需形式的信息输出，以满足信息的传输、处理、存储、显示、记录和控制等要求。

传感器的特点包括：微型化、数字化、智能化、多功能化、系统化、网络化。它是实现自动检测和自动控制的首要环节。传感器的存在和发展，让物体有了触觉、味觉和嗅觉等感官，让物体慢慢变得“活了”起来。

通常根据其基本感知功能分为十类：

- 热敏元件
- 光敏元件
- 气敏元件
- 力敏元件
- 磁敏元件
- 湿敏元件
- 声敏元件
- 放射线敏感元件
- 色敏元件
- 味敏元件

传感器一般由敏感元件、转换元件、变换电路和辅助电源四部分组成。

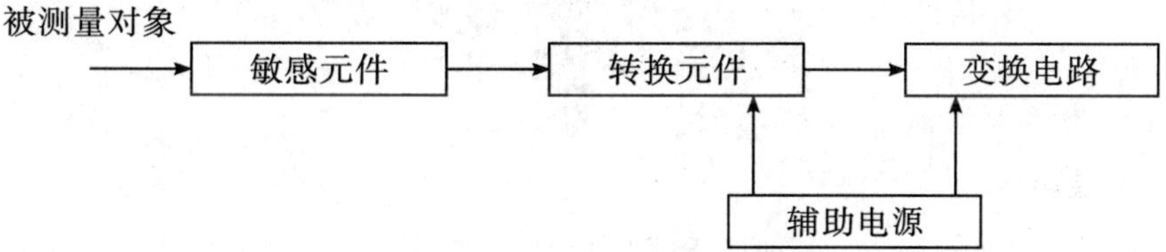

图 3－3　传感器组成原理图

敏感元件直接感受被测量，并输出与被测量有确定关系的物理量信号；转换元件将敏感元件输出的物理量信号转换为电信号；变换电路负责对转换元件输出的电信号进行放大调制；转换元件和变换电路一般还需要辅助电源供电。

常将传感器的功能与人类 5 大感觉器官相比拟：

- 光敏传感器——视觉
- 声敏传感器——听觉
- 气敏传感器——嗅觉
- 化学传感器——味觉
- 压敏、温敏、流体敏传感器——触觉

敏感元件的分类：

物理类，基于力、热、光、电、磁和声等物理效应。

化学类，基于化学反应的原理。

生物类，基于酶、抗体和激素等分子识别功能。

（2）RFID 技术。

RFID 是射频识别（Radio Frequency Identification）的英文缩写，是 20 世纪 90 年代开始兴起的一种自动识别技术，又称电子标签，是一种通信技术，可通过无线电信号识别特定目标并读写相关数据，而无须在识别系统与特定目标之间建立机械或光学接触。

（3）二维码技术。

二维码也叫二维条码或二维条形码，是用某种特定的几何形体按一定规律在平面上分布（黑白相间）的图形来记录信息的应用技术。

图 3－4　二维码

（4）嵌入式系统。

嵌入式系统是一种专用的计算机系统，作为装置或设备的一部分。通常，嵌入式系统是一个控制程序存储在 ROM 中的嵌入式处理器控制板。事实上，所有带有数字接口的设备，如手表、微波炉、录像机、汽车等，都使用嵌入式系统，有些嵌入式系统还包含操作系统，但大多数嵌入式系统都是由单个程序实现整个控制逻辑。

（5）微机电系统。

微机电系统是指可批量制作的，集微型机构、微型传感器、微型执行器以及信号处理和控制电路，直至接口、通信和电源等于一体的微型器件或系统。

（6）GPS 技术。

GPS 是英文 Global Positioning System（全球定位系统）的简称，是 20 世纪 70 年代由美国陆海空三军联合研制的新一代空间卫星导航定位系统。

（7）GIS 技术。

GIS，Geographic Information System（地理信息系统）是以测绘测量为基础，以数据库作为数据储存和使用的数据源，以计算机编程为平台的全球空间分析即时技术。

3.2.2 网络层

1. 网络层功能

网络层的主要功能是直接通过现有互联网（IPv4/IPv6 网络）、移动通信网（如 GSM、TD－SCDMA、WCDMA、CDMA 2000、无线接入网、无线局域网等）、卫星通信网等基础网络设施，对来自感知层的信息进行接入和传输。

2. 网络层关键技术

（1）互联网。

物联网也被认为是互联网的进一步延伸。互联网将作为物联网主要的传输网络之一，它将使物联网无所不在、无处不在地深入社会每个角落。

（2）移动通信网。

移动通信网为人与人之间的通信、人与网络之间的通信、物与物之间的通信提供服务。在移动通信网中，当前比较热门的接入技术有 3G、Wi－Fi 和 WiMAX。

（3）无线传感器网络。

无线传感器网络（WSN）的基本功能是将一系列空间分散的传感器单元通过自组织的无线网络进行连接，从而将各自采集的数据通过无线网络进行传输汇总，以实现对空间分散范围内的物理或环境状况的协作监控，并根据这些信息进行相应的分析和处理。

3.2.3 应用层

1. 应用层功能

感知和对传输来的信息进行分析和处理，做出正确的控制和决策，实现智能化的管理、应用和服务。应用层包括各类用户界面显示设备以及其他管理设备等，这也是物联网体系结构的最高层。应用层根据用户的需求可以面向各类行业实际应用的管理平台和运行平台，并根据各种应用的特点集成相关的内容服务，如智能交通系统、环境监测系统、远程医疗系统等。

2. 应用层关键技术

（1）M2M。

M2M 全称为 Machine to Machine，是现阶段物联网普遍的应用形式，是实现物联网的第一步。M2M 将多种不同类型的通信技术有机地结合在一起，将数据从一台终端传送到另一台终端，也就是机器与机器的对话。M2M 技术的目标就是使所有机器设备都具备联网和通信能力，其核心理念就是网络一切（Network Everything）。

M2M 根据不同场景代表：

- Machine – to – Machine
- Man – to – Machine
- Machine – to – Man
- Mobile – to – Machine
- Machine – to – Mobile

（2）云计算。

云计算的核心思想，是将大量用网络连接的计算资源统一管理和调度，构成一个计算资源池向用户提供相应服务。用户可以在多种场合，利用各类终端，通过互联网接入云计算平台来共享资源。

（3）人工智能。

人工智能（Artificial Intelligence）是探索研究使各种机器模拟人的某些思维过程和智能行为（如学习、推理、思考、规划等），使人类的智能得以物化与延伸的一门学科。在物联网中，人工智能技术主要负责分析物品所承载的信息内容，从而实现计算机自动处理。

（4）数据挖掘。

数据挖掘（Data Mining）是从大量的、不完全的、有噪声的、模糊的及随机的实际应用数据中，挖掘出隐含的、未知的、对决策有潜在价值的数据的过程。在物联网中，数据挖掘只是一个代表性概念，它是一些能够实现物联网“智能化”“智慧化”的分析技术和应用的统称。

（5）中间件。

中间件是为了实现每个小的应用环境或系统的标准化以及它们之间的通信，在后台应用软件和读写器之间设置的一个通用的平台和接口。物联网中间件的主要作用在于将实体对象转换为信息环境下的虚拟对象，因此数据处理是中间件最重要的功能。

3.3 物联网感知技术

3.3.1 自动识别技术

自动识别（Automatic Identification，Auto – ID）技术是指通过非人工手段获取被识别对象所包含的标识信息或特征信息，并且不使用键盘即可实现数据实时输入计算机或其他微处理器控制设备的技术。

自动识别技术具有如下共同的特点：

- 准确性——自动数据采集，彻底消除人为错误
- 高效性——信息交换实时进行
- 兼容性——识别技术以计算机技术为基础，可与信息管理系统无缝连接

自动识别技术根据识别对象的特征、识别原理和方式可以分为两大类。

（1）数据采集技术（定义识别）。

数据采集技术的基本特征是需要被识别物体具有特定的识别特征载体（如标签等，仅光学字符识别例外）。

（2）特征提取技术（模式识别）。

特征提取技术（特征识别）则根据被识别物体本身的属性特征和行为特征来完成数据的自动采集。

1. 条码自动识别技术

（1）条码的编码。

条码是利用“条”和“空”构成二进制的“0”和“1”，并以它们的组合来表示某个数字或字符，反映某种信息的。

（2）条码的种类。

条码可分为一维条码和二维条码。

2. RFID 系统

RFID 系统包括四个部分：电子标签、阅读器、射频天线、后台计算机。

3. 卡类自动识别技术

（1）磁卡技术。

磁卡（Magnetic Card）是利用磁性载体来记录信息的，磁卡技术应用了物理学和磁力学的基本原理。常见的磁性载体通常以液体磁性材料或磁条为信息载体，通常将液体磁性材料涂覆在卡片上（如存折）；或将宽 6 ~ 14 mm 的磁条压贴在卡片上（如银行卡）。

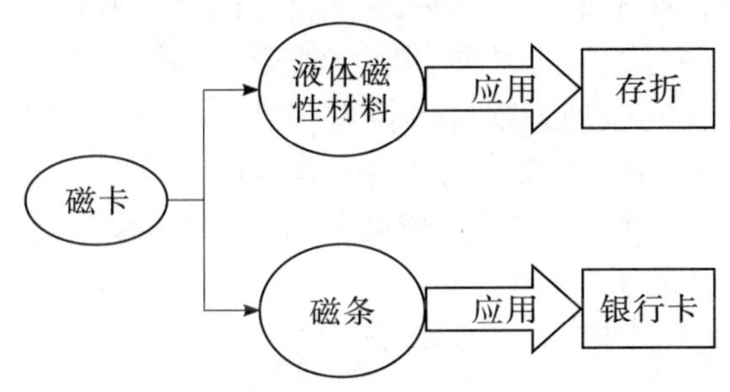

图 3－5　磁卡的磁性载体

（2）IC 卡技术。

IC 卡是将一个微电子芯片嵌入符合 ISO 7816 标准的卡基中，做成卡片形式，利用集成电路的可存储特性，保存、读取和修改芯片上的信息。

IC 卡的主要特性包括以下四个方面。

①存储容量大，其内部可含 RAM、ROM、EPROM、EEPROM 等存储器，存储容量从几字节到几兆字节。

②体积小，重量轻，抗干扰能力强，便于携带。

③安全性高，在无源情况下数据也不会丢失，数据的安全性和保密性都非常好。

④智能卡与计算机系统相结合，可以方便地满足对各种各样信息的采集、传送、加密和管理的需要。IC 卡按通信方式可分为接触式 IC 卡、非接触式 IC 卡。

（a）接触式 IC 卡

（b）非接触式 IC 卡

图 3－6　接触式 IC 卡和非接触式 IC 卡

4. 生物特征自动识别技术

（1）生物特征识别技术的基本原理。

生物特征识别技术的核心在于如何获取这些生物特征，并将之转换为数字信息，存储于计算机中，再利用可靠的匹配算法来完成识别与验证个人身份的过程。

（2）生物特征识别技术的主要内容。

指纹；掌纹；眼睛（虹膜识别和视网膜识别）；面部；语音；签名；DNA（脱氧核糖核酸）；其他（如通过静脉、耳朵形状、按键节奏、身体气味、行走步态等）。

3.3.2　传感器技术

传感器是获取自然领域中信息的主要途径与手段。人通过五官（视、听、嗅、味、触）接受外界的信息，经过大脑的思维（信息处理），做出相应的动作。而用计算机控制的自动化装置来代替人的劳动，则可以说电子计算机相当于人的大脑（一般俗称电脑），而传感器则相当于人的五官部分（“电五官”）。

传感器实际上是一种功能块，其作用是将来自外界的各种信号转换成电信号。如图 3－7 所示。

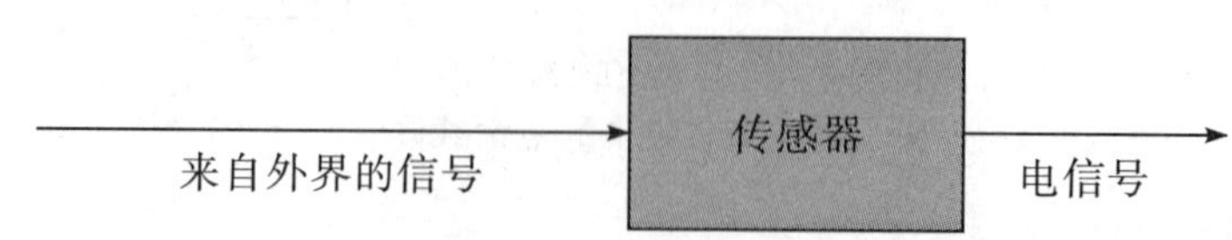

图 3－7　传感器的作用

3.4 射频识别技术

射频识别（Radio Frequency Identification），以下简称为 RFID，是从 20 世纪 90 年代兴起的一项自动识别技术，是一项利用射频信号通过空间耦合（交变磁场或电磁场）实现无接触信息传递并通过所传递的信息达到识别目的的技术。

3.4.1 RFID 系统的组成

RFID 系统包括四个部分：电子标签、阅读器、射频天线和后台计算机。

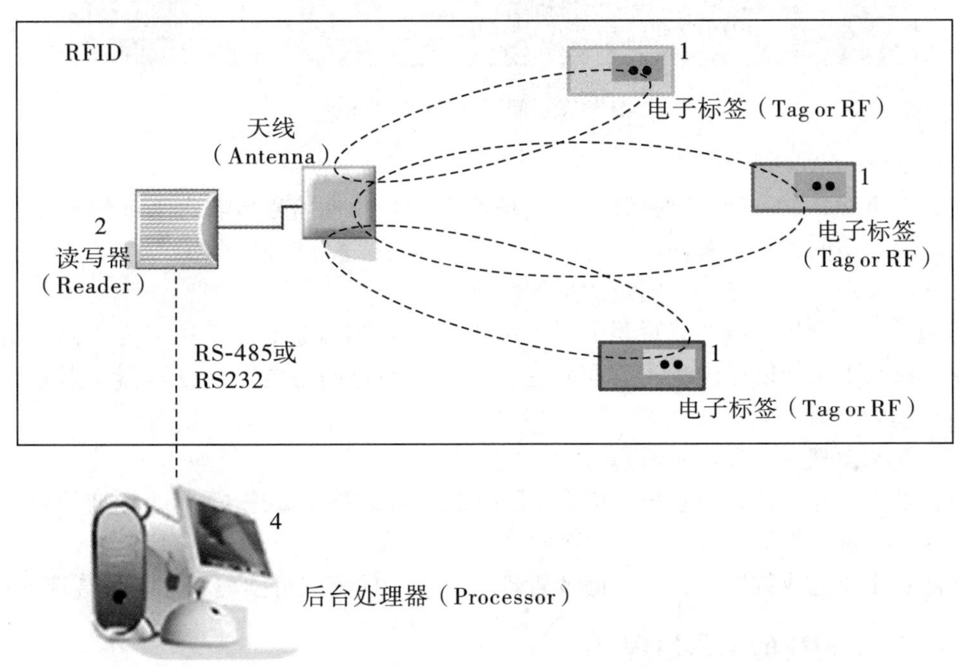

图 3－8 RFID 系统的组成部分

（1）电子标签（RF）。

①定义：电子标签，也称射频卡（Radio Frequency，简称 RF 卡）或应答器，装设在被识别的物体对象上。

②组成："耦合元件＋芯片"，其中包含带加密逻辑、电可擦除、可编程只读存储器、微处理器、射频收发及相关电路。

③功能：电子标签具有智能读写和加密通信的功能。通过无线电波与读写设备进行数据交换，工作的能量是由阅读器发出的射频脉冲提供。

每个电子标签具有唯一的 EPC 标识，利用阅读器，可以方便、精确的了解物品信息。

（2）阅读器（Reader）。

定义：阅读器，也称为读写器、查询器、读卡器等。

功能：主要负责将主机的读写命令加密后传送到电子标签，将电子标签返回的数据初始化、解密后送到主机。

组成：主要由收发模块+控制模块（微处理器）+接口电路+天线等4部分组成。如图3-9所示。

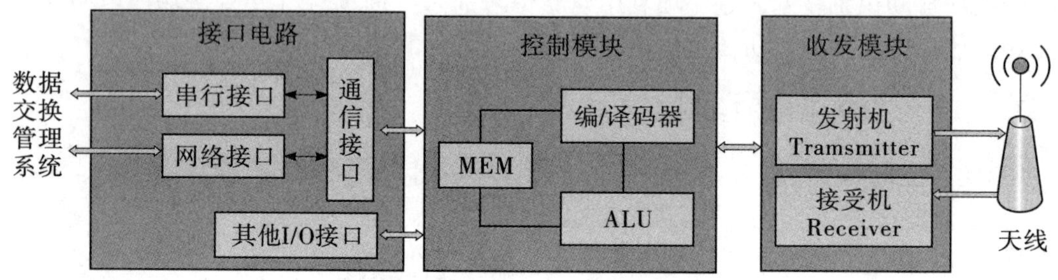

图3-9 阅读器的组成原理

（3）天线（Antenna）。

定义：天线，是一种以电磁波的形式把前端射频功率信号接收进来或辐射出去的装置，是电路与空间的界面器件。

功能：实现行波与自由空间波能量的转化。

类型：电子标签天线和读写器天线。电子标签天线和电子标签集成为一体，负责接收能量；读写器天线既可内置于读写器中，也可以通过同轴电缆与读写器的射频输出端口相连，用来发射能量。

（4）后台处理机（Processor）。

后台处理机即主计算机系统。RFID通过阅读器的RS 232或RS 485标准接口与后台处理机连接，进行数据交换。

功能：主要完成数据信息的存储及管理、对电子标签进行读写和控制及管理等功能。

3.4.2 RFID的工作原理

RFID的工作原理如下：

（1）安装在固定位置的阅读器通过发射天线发送一定频率的射频信号，当装设有电子标签的设备进入发射天线工作区域时，电子标签内产生感应电流，获得能量被激活。

（2）电子标签将自身编码等信息通过卡内置发送天线发送出去。

（3）系统接收天线接收到电子标签发送来的载波信号，经天线调节器传送到阅读器，阅读器对接收的信号进行解调和解码，送到后台主系统进行相关处理。

（4）主系统根据逻辑运算判断该卡的合法性，针对不同的设定做出相应的处理和控制，发出指令信号控制执行机构动作。

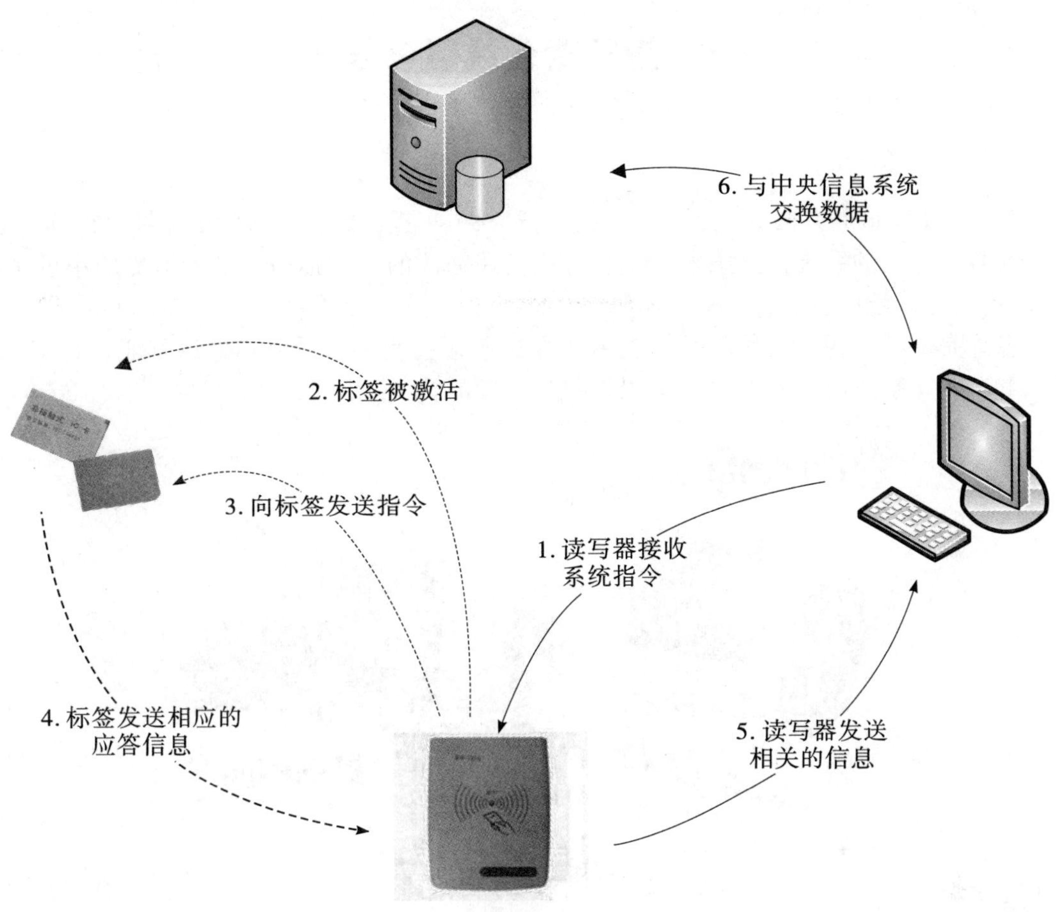

图 3－10　RFID 系统的工作原理

3.4.3　EPC

EPC（产品电子代码）系统是在计算机互联网和射频技术 RFID 的基础上，利用全球统一标识系统编码技术给每一个实体对象一个唯一的代码，构造了一个实现全球物品信息实现共享的实物互联网（Internet of Things）。

EPC 系统主要由六部分组成：

（1）EPC 编码标准。

（2）EPC 标签。

（3）识读器。

（4）神经网络软件（SAVANT）。

（5）对象名解析服务（Object Naming Service，ONS）。

（6）实体标记语言（Physical Markup Language，PML）。

3.5 短距离无线通信技术

3.5.1 蓝牙

蓝牙（Bluetooth）最初是吉姆·卡拉奇于1997年提出的，他开发了能够允许移动电话与计算机通信的系统，灵感来自于当时他正在阅读的一本描写维京人历史的小说*The Long Ships*（长船）。

蓝牙是一种短距离无线通信的技术规范，蓝牙技术是由爱立信、诺基亚、英特尔、IBM和东芝5家公司于1998年5月共同提出开发的。

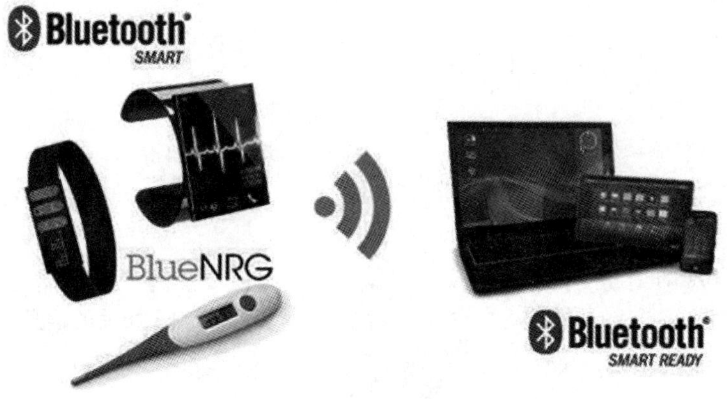

图3-11 蓝牙

蓝牙具有以下特点。

（1）全球范围适用。

蓝牙工作在全球统一开放的2.4 GHz（2.4 GHz~2.4835 GHz）的ISM频段，使用该频段无须向各国的无线电资源管理部门申请许可证。

（2）可同时传输语音和数据。

蓝牙可采用电路交换和分组交换技术，支持异步数据信道、三路语音信道或异步数据和同步语音传输的信道。

（3）组网灵活性强。

蓝牙设备根据其在网络中的角色，可以分为主设备（Master）与从设备（Slave）。蓝牙设备建立连接时，主动发起连接请求的为主设备，响应方为从设备。当几个蓝牙设备连接成一个微微网（Piconet）时，其中只有一个主设备，其余的均为从设备。

（4）具有很好的抗干扰能力。

蓝牙为了很好地抵消来自这些设备的干扰，采取了跳频（Frequency Hopping）方式来扩展频谱（Spread Spectrum），蓝牙使用跳频技术，将传输的数据分割成数据包，将2.402~2.48 GHz的频段分成79个频点，通过指定的蓝牙频道分别传输数据包。每个频道的频宽为1 MHz。数据分组在某个频点发送之后，再跳到另一个频点发送，而对于频点的选择顺序则是伪随机的，每秒频率改变1 600次，每个频率持续625μs。

（5）体积小，集成能力强。

具有很小的体积，便于集成到各种设备中，如爱立信公司的蓝牙模块ROK 1011007的外形尺寸为长33毫米、宽17毫米、厚3毫米。

（6）微小的功耗。

蓝牙设备在通信连接（Connection）状态下，有4种工作模式：激活（Active）模式、呼吸（Sniff）模式、保持（Hold）模式和休眠（Park）模式。Active模式是正常的工作状态，另外3种模式是为了节能所规定的低功耗模式。Sniff模式下的从设备周期性的被激活；Hold模式下的从设备停止监听来自主设备的数据分组，但保持其激活成员地址；Park模式下的主从设备保持同步，但从设备不需要保留其激活成员地址。这3种节能模式中，Sniff模式的功耗最高，但对于主设备的响应最快，Park模式的功耗最低，对于主设备的响应最慢。

（7）开放的接口标准。

蓝牙特别兴趣小组SIG为了推广蓝牙技术的使用，将蓝牙的技术标准全部公开。

（8）低成本，使得设备在集成了蓝牙技术之后只需增加很少的费用。

蓝牙芯片的量产价格已经不足1美元，而且还有进一步下滑的趋势。对于购买蓝牙产品的用户来说，仅仅一次性增加较少的投入，就能换来永久的便捷与效率。

3.5.2　ZigBee

2000年12月，IEEE 802.15.4工作组成立，定义一种供廉价的固定、便携或移动设备使用的低复杂度、低成本和低功耗的低速率无线连接技术，其商业名称为ZigBee，这个名字来源于蜂群使用的赖以生存和发展的通信方式，蜜蜂通过跳Zigzag形状的舞蹈来分享新发现的食物源的位置、距离和方向等消息。

ZigBee技术是一种近距离、低复杂度、低功耗、低速率、低成本的双向无线通讯技术，ZigBee可以工作在2.4GHz（全球）、868MHz（欧洲）、915MHz（美国）3个频段上，最高250Kbit/s，最低20Kbit/s，传输距离在10米~75米之间，ZigBee的安全性是公认的比较好的，采用AES－128加密方式，另外，ZigBee网络的自组织网和自愈能力强。

1. ZigBee技术的特点

（1）低功耗。在低功耗待机状态下，两节五号干电池可以使用6~24个月，甚至更长。这是ZigBee的突出优势，特别适用于无线传感器网络。相比较而言，蓝牙能工作数周，Wi－Fi可工作数小时。

（2）低成本。通过大幅简化协议（不到蓝牙的1/10），降低了对通信控制器的要求，而且ZigBee免协议专利费。每块芯片的价格低于1美元。

（3）数据传输速率低。ZigBee工作在20~250kbps的较低速率，满足低速率传输数据的应用需求。

（4）短时延。

ZigBee的响应速度快，一般从休眠转入工作状态只需要15ms，节点接入网络只需

30ms，节点连接进入网络只需 30ms，进一步节省了电能。相比较，蓝牙需要 3 秒～10 秒、Wi－Fi需要 3 秒。

（5）有效范围小。

有效覆盖范围在 10 米～75 米之间。

（6）大容量。

ZigBee 可采用星状、片状和网状网络结构，由一个主节点管理若干子节点。每个 ZigBee 网络最多可支持 255 个设备，也就是说，每个 ZigBee 设备可以与另外 245 台设备相连接；同时主节点还可由上一层网络节点管理，最多可组成 65 000 个节点的大网。

（7）安全性高。

ZigBee 提供了数据完整性检查和鉴权能力，采用 128 位 AES 加密算法。

（8）免执照频段且工作频段灵活：采用直接序列扩频在工业科学医疗（ISM）频段使用。

2. ZigBee 组网技术

从网络配置上，ZigBee 网络中的节点可以分为 3 种类型：ZigBee 协调点、ZigBee 路由节点和 ZigBee 终端节点。

其中 ZigBee 协调点是整个网络的主要控制者，主要负责发起建立新的网络、设定网络参数、管理网络中的节点等，在网络形成后也可以执行路由器的功能。

ZigBee 路由节点可以参与路由发现、消息转发、允许其他节点通过它关联网络等。

ZigBee 终端节点通过 ZigBee 协调点或者 ZigBee 路由节点关联到网络，但不允许其他任何节点通过它加入网络。

3.5.3 WLAN

WLAN（Wireless Local Area Network）是指以无线信道作传输媒介的计算机局域网。

WLAN 技术标准及特点：

WLAN 是利用无线通信技术在一定的局部范围内建立的网络，是计算机网络与无线通信技术相结合的产物，它以无线多址信道作为传输媒介，提供传统有线局域网 LAN 的功能，能够使用户真正实现随时、随地、随意的宽带网络接入。

WLAN 中主要的协议标准有 802.11 系列。802.11 系列协议是由 IEEE 制定的，目前是主导地位的无线局域网标准。

WLAN 是利用电磁波在空气中发送和接收数据，而无须线缆介质。它是对有线连网方式的一种补充和扩展，使网上的计算机具有可移动性。与有线网络相比，WLAN 具有以下优点：①安装便捷；②灵活性和移动性；③经济节约；④易于扩展；⑤故障定位容易。

3.5.4 IrDA

IrDA 是红外数据协会（Infrared Data Association）的简称。红外数据传输使用的传播介质是红外线。红外线是波长在 750 nm～1 mm 之间的电磁波，是肉眼看不到的光线。

由于红外线的波长较短，对障碍物的衍射能力差，所以更适合应用在需要短距离无线通信的场合，进行点对点直线数据传输。

IrDA 旨在建立通用的、低功率电源的、半双工红外串行数据互联标准、支持近距离、点到点、设备适应性广的用户模式。

IrDA 的技术特点：

红外通信的实质就是对二进制数字信号进行调制与解调，以便利用红外信道进行传输；在技术上的主要特点有：

（1）通过数据电脉冲和红外光脉冲之间的相互转换实现无线的数据收发。

（2）主要是用来取代点对点的线缆连接。

（3）小角度（30°以内）、短距离、点对点直线数据传输，保密性强。

（4）传输速率较高，4Mbps 速率的 FIR 技术已被广泛使用，16Mbps 速率的 VFIR 技已经发布。

（5）不透光材料的阻隔性，可分隔性，限定物理使用性，方便集群使用。红外线技术是限定使用空间的。在红外传输的过程中，遇到不透光的材料（如墙面），它就会反射，利用这一特点，可确定每套设备之间可以在不同的物理空间里使用。

（6）无频道资源占用性，安全特性高。

（7）优秀的互换性，通用性。因为采用了光传输，且限定物理使用空间。

（8）红外线发射和接收设备在同一频率的条件下可以相互使用。

（9）无有害辐射，绿色产品特性。

3.5.5　NFC

近场通信（Near Field Communication，NFC）技术是一种短距离的高频无线通信技术，允许电子设备之间进行非接触式点对点数据传输和交换数据。NFC 芯片装在手机上，手机就可以实现小额电子支付和读取其他 NFC 设备或标签的信息。与其他短距离无线通信技术相比，NFC 更安全，反应时间更短，因此非常适合作为无线传输环境下的电子钱包技术，交易快速且具有安全性。

3.6　无线传感器网络

无线传感器网络（Wireless Sensor Networks，WSN）是一种分布式传感网络，它的末梢是可以感知和检查外部世界的传感器。WSN 中的传感器通过无线方式通信，因此网络设置灵活，设备位置可以随时更改，还可以跟互联网进行有线或无线方式的连接。通过无线通信方式形成的一个多跳自组织网络。

WSN 的发展得益于微机电系统（Micro - Electro - Mechanism System，MEMS）、片上系统（System on Chip，SoC）、无线通信和低功耗嵌入式技术的飞速发展。

WSN 广泛应用于军事、智能交通、环境监控、医疗卫生等多个领域。

3.6.1　无线传感器网络的特征

无线传感器网络是一种面向任务的无线自组织网络系统，通常由大量密集部署在某个监测区域的传感器节点以及一个或多个位于区域内或区域附近的数据汇聚节点组成，如图 3－12 所示。

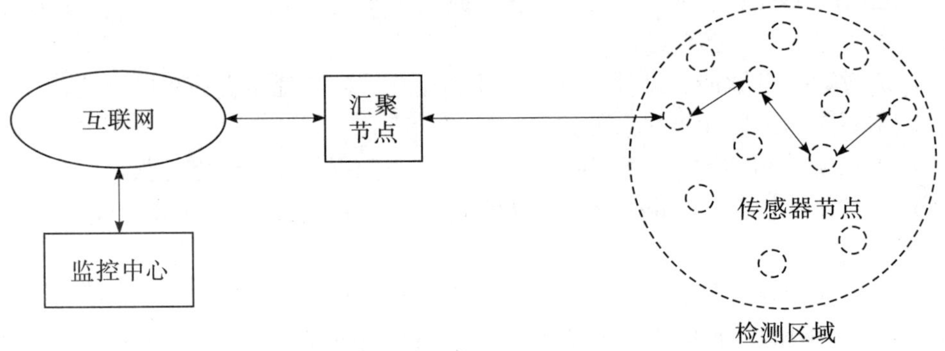

图 3－12　无线传感器网络基本示意图

无线传感器网络的主要特征有以下 3 项。

（1）自组织特性。

在许多无线传感器网络应用中，传感器节点通常是随机部署的，节点的位置和节点间的相邻关系预先无法确定。因此，传感器节点需要具有自组织能力，在网络拓扑发生变化的情况下自动重构网络。

（2）分布式控制。

无线传感器网络没有严格的控制中心，所有传感器节点地位平等，节点之间通过分布式控制协调工作，是一个分布式感知网络。节点可以随时加入或离开网络，任何节点的故障不会影响整个网络的运行，具有很强的抗毁性。

（3）拓扑动态性。

无线传感器网络的拓扑结构会由于各种不同的因素而频繁发生变化，因此，无线传感器网络的拓扑结构具有很强的动态性。

另外还主要表现在网络规模大、节点能力受限、节点可靠性差、多对一传输模式、应用相关性、冗余度高、以数据为中心等方面。

3.6.2　无线传感器的节点结构

无线传感器节点通常由 4 个功能模块组成：感知模块、处理模块、通信模块和电源模块，如图 3－13 所示。

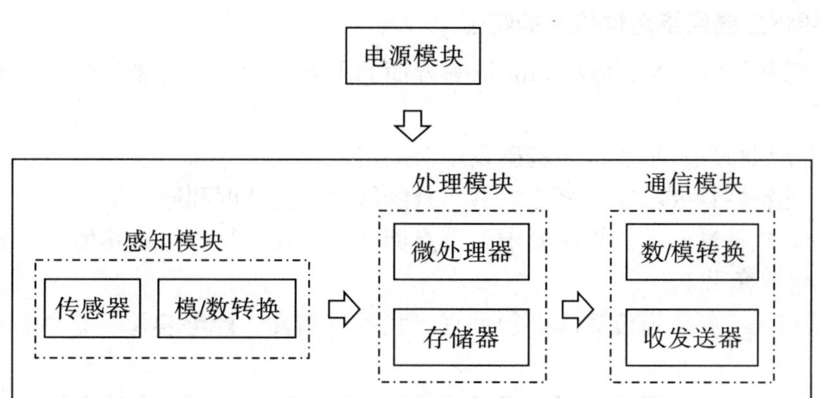

图3-13　无线传感器节点的组成

3.6.3　无线传感器网络结构

无线传感器网络通常由大量密集部署在指定地理区域的传感器节点以及一个或多个位于区域内或区域附近的数据汇聚节点构成。

汇聚节点负责向监测区域内的传感器节点发送查询消息或指令，同时，汇聚节点还作为连接外部传输网络（如互联网、卫星网等）的网关，收集来自传感器节点的数据，对收集到的数据进行简单的处理，然后将处理后的数据通过互联网或其他传输网络，传送给监控中心和需要使用这些数据的终端用户。

传感器节点则负责完成监测任务，并将监测数据发送给汇聚节点。如图3-14所示。

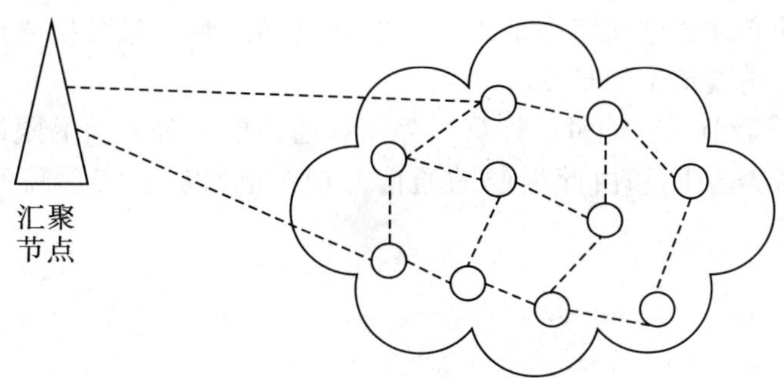

图3-14　无线传感器节点的网络结构

3.6.4　无线传感器网络的定位技术

在许多无线传感器网络应用中，传感器节点必须知道自身的地理位置才能确定所采集数据的准确位置，向用户提供有用的服务。节点的位置信息还可以用于目标定位、目标跟踪和目标轨迹预测，实现对网络覆盖区域其他目标的定位和追踪。定位（Localization）是无线传感器网络应用的基础和关键技术之一。

1. 无线传感器网络定位技术的特点

由于传感器节点成本、体积和能量等方面的限制，无线传感器网络的定位技术必须具备以下特点。

（1）自组织特性：不能依靠基础设施协助定位。

（2）节能特性：要求定位算法能够尽量降低计算复杂度和通信量。

（3）分布式特性：定位算法要求各节点能够分布式计算自己或其他节点的位置信息，减小节点的计算负载。

（4）鲁棒性：要求定位算法必须具有较强的容错性，能够容忍一定的测距误差甚至节点失效。

（5）可扩展性：为了适应不同规模的网络，定位算法必须具有较强的可扩展性。

2. 无线传感器网络定位技术基础

无线传感器网络中的节点定位是指传感器节点根据网络中少数已知节点的位置信息，通过一定的定位技术确定自身或网络中其他节点的绝对位置或相对位置的过程。

（1）节点自身定位：节点自身定位是确定网络节点自身坐标位置的过程。

（2）目标节点定位：目标节点定位是确定网络覆盖区域内某个事件或目标节点坐标位置的过程。

3. 无线传感器网络节点定位的技术挑战

目前，无线传感器网络的定位技术还处于理论研究阶段，仍然面临以下两个主要问题。

（1）由于传感器节点在成本、体积和能量等方面的限制，无法配置 GPS 接收器等精确的测距设备，而必须通过网络中节点之间的相互测距和信息交换来进行定位，这就增加了实现高效、高精度定位的难度。

（2）由于传感器节点在能量、计算、存储和通信能力等方面的限制，定位算法必须能够尽量降低计算复杂度和由此引起的通信开销，也增加了实现高效、高精度定位的难度。

单元四
KNX系统

学习目标

- 了解KNX系统的概念、发展历史和特点优势
- 了解KNX总线设备的结构和三种配置模式
- 掌握KNX系统的工作原理和组地址、组对象等用法
- 掌握KNX系统的拓扑结构
- 掌握KNX报文传输技术
- 掌握KNX报文的结构和寻址方式
- 了解KNX系统的规划和设计
- 了解KNX系统的应用

学时建议

10学时。

4.1　KNX系统概述

KNX（Konnex）系统可使用多种通信介质，包括双绞线、电力线和无线通信。本单元主要介绍KNX系统在TP（双绞线）中的基本知识和应用等。

4.1.1　KNX标准

KNX是家居和楼宇控制领域唯一的开放式国际标准，是由欧洲三大总线协议EIB、BatiBus和EHS合并发展而来。KNX标准目前已被批准为欧洲标准（CENELEC EN 50090 & CEN EN 13321-1）、国际标准（ISO/IEC 14543-3）、美国标准（ANSI/ASHRAE 135）和中国指导性标准（GB/Z 20965），已经成为“HBES技术规范—住宅与楼宇控制”的国家标准化指导性技术文件。

KNX协议以EIB为基础，兼顾了BatiBus和EHS的物理层规范，并吸收了BatiBus和EHS中配置模式等优点，提供了家居和楼宇自动化的完全解决方案 。KNX拥有可由厂家独立设计和测试工具（ETS）；提供多种通信介质（TP、PL、RF和IP）；提供多种系统配置模式（A、E、S模式）。通过KNX总线系统，对家居和楼宇的照明、遮光/百叶窗、安防系统、能源管理、供暖、通风、空调系统、信号和监控系统、服务界面及楼宇控制系统、远程控制、计量、视频/音频控制、大型家电等进行控制。

KNX 标准的优势：

不同性能、不同厂家生产的产品可以实现互操作，而且通过了严格的质量控制和第三方的 KNX 认证，这样就进一步保证了产品质量。

KNX 标准功能丰富，有广泛的适用性：

（1）适用于各种类型的建筑物，包括：住宅建筑、功能性建筑和工业建筑。

（2）可使用多种通信介质，包括：双绞线、电力线和无线通信。

（3）可采用多种系统配置模式，包括：S 型、E 型和 A 型三种系统配置模式。

4.1.2 KNX 协会

欧洲安装总线（European Installation Bus，简称 EIB）是在 20 世纪 90 年代初发展起来的一种通信协议，用户对建筑物自控系统在安全性、灵活性、实用性等方面的需求以及在节能方面的需求促进了这项技术的迅速推广。与此同时，同样的需求在法国促进了 Batibus 技术的发展，欧洲家用电器协会（EHSA）也对家用电器（又称白色电器）的网络通信制定了 EHS 协议。

KNX 协会总部位于布鲁塞尔，是在全球推广 KNX 技术和标准的国际组织，1999 年由 EIBA（欧洲安装总线协会）、EHSA（欧洲家用电器协会）和 BCI（BatiBUS 国际俱乐部）三大协会联合成立。KNX 协会有来自 19 个国家的 125 个会员；74 个国家 11 700 个 KNX 合作伙伴；23 个国家的 120 个培训中心；18 个国家的 57 个技术合作伙伴；8 个用户俱乐部；3 个协作机构；20 个国际分会。其中，72 个国家颁发 15 000 个 ETS 资格认证；7 000 个KNX 认证产品。KNX 协会是家居和楼宇控制系统国际标准的创造者和拥有者。会员是开发家居和楼宇控制系统设备的制造商。后来集成商或服务供应商也可成为 KNX 会员。

KNX 协会的目标如下：

- 由工作组及专家组制定检测标准和质量标准（KNX 技术规范）
- 为 KNX 兼容设备制造商提供技术支持服务
- 基于 KNX 认证规范授权 KNX 商标
- 组织国家和国际标准化活动
- 推广认证培训中心的培训课程
- 促进国家组织成立
- 推进与技术机构的科研合作
- 老系统的进一步规范化/推广/认证工作

此外，KNX 协会还将继续为 Batibus、EIB 和 EHS 等老系统提供技术支持，也提供按照以前标准进行的认证服务。EIB 向后兼容 KNX，因此，大多数设备即可以标贴 KNX 又可以标贴 EIB 标志。

4.1.3　KNX 技术

1. 传输技术特点

（1）KNX/EIB 是一个基于事件控制的分布式总线系统。

（2）系统采用串行数据通信进行控制、监测和状态报告。

（3）KNX/EIB 的数据传输和总线装置的电源共用一条电缆。

（4）报文调制在直流信号上。

（5）一个报文中的单个数据是异步传输的，但整个报文作为一个整体是通过增加起始位和停止位同步传输的。

（6）KNX/EIB 采用 CSMA/CA（避免碰撞的载波侦听多路访问协议），CSMA/CD 协议保证对总线的访问在不降低传输速率的同时不发生碰撞。

2. 拓扑结构

系统最小的结构称为线路，一般情况下（使用一个 640mA 总线电源）最多可以有 64 个总线元件在同一线路上运行。如有需要可以在通过计算线路长度和总线通信负荷后，通过增加系统设备来增加一条线路上总线设备的数量，最多一条线路可以增加到 256 个总线设备。

一条线路（包括所有分支）的导线长度不能超过 1 000 米，总线装置与最近的电源之间的导线距离不能超过 350 米。为了确保避免报文碰撞，两个总线装置之间的导线距离不能超过 700 米。

3. KNX 传输介质

鉴于 KNX 技术的灵活性，KNX 设施可以轻松适应用户环境的变化。

目前可以使用四种解决方案，即 1 类双绞线（TP1）、无线电（KNX 射频传输介质）和以太网（KNX IP），均可以部署 KNX。借助合适的网关，也可以在其他介质（例如光纤）上传输 KNX 报文。

表 4－1　各种介质的应用领域

介质	传输方式	首选应用领域
1 类双绞线	分离式控制	新设施及开展改造（传输可靠性高）
电力线	现有网络	无须额外铺设控制电缆且可以使用 230 V 电源电缆的场所
射频（RF）	无线（中间频率为 868. 30MHz）	无法铺设和不想铺设电缆的场所
IP	以太网	需要快速干线网络的大型设施

在无线 KNX 系统中一般采用频率调制法或移频键控（FSK）进行调制。以载波频率（或中间频率）为基础，正反两个方向发生偏移的频率分别代表逻辑“0”和逻辑“1”。无线 KNX 系统的中间频率为 868. 30MHz，信息的传输速率为 16 384bit/s，并按照曼彻斯

特编码方式调制。采用这种编码方式可以调整同步信号，使得发放设备和接收设备比较容易同步。

无线 KNX 系统的传输频率处于工业、科学和医学应用频道（ISM 频段），在这个频段对不同应用领域的频率范围有严格的规定。无线 KNX 设备最大的发送功率为 12mW。每一台设备发送信号的时间（或称负载周期）为1%，即每分钟有0.6 秒的发送时间。由于有严格的发送时间限制，不可能有某台设备因连续发送信号而造成无线通信网络的阻塞。

4.1.4 KNX 的发展

已注册 KNX 和获得认证的产品数达数千个，KNX 会员数超过 200 家，认证培训中心的数量超过 150 个；在欧洲有 6 个测试中心。

4.1.5 KNX 的优势

KNX 的优势包括以下方面：安全性更高；楼宇更加节能；电气设施调整简便，轻松适应用户需求的变化；方便程度更高；设施具备高投资保护性；支持众多制造商丰富的成品组件；强大的服务网络，可以为承建商/规划者/集成商提供专业服务。

从客户或者设施用户的角度出发，对上述优点的评价会各不相同，例如，功能型楼宇与住宅不同、健全人与残疾人不同、年轻人与老年人不同等。

示例 1：中央功能——在人离开楼宇时，可以关闭全部照明灯、关停水阀并切断特定插座（如电烤箱插座）；每天可以按时激活 KNX 报警系统、控制百叶窗等。

示例 2：根据活动类型启用会议厅、戏剧院和客厅的不同照明方案，并且，用户可以随时对其进行调整。例如，对于行政楼来说，在其每一侧安装一个亮度传感器对照明进行不间断的控制，就可以节约高达 75% 的照明能源。

示例 3：使用高亮度文本显示单元显示并控制房间的各种状态。借助 PC 机和可视化软件，采用与大型设施中使用的同样方式，就可以实现该功能。

示例 4：借助电话网络接入 KNX 装置，用户通过移动电话就可以控制或查询楼宇管理功能（如取暖）。报警信号可以按需自动地发送给任意一部电话。使用任何可用介质（如互联网），安装商也可以远程维修或者配置 KNX 设施。据此，可以显著减少楼宇管理系统的必要维护时间。

示例 5：必要时，需要将大型会议室分隔为数个独立区。插入隔墙时，KNX 装置可以自动找出需要分配给每个房间的开关和灯的数量。因此，不必改变现有布线。

示例 6：可以安装任意数量的应急开关（如启用所有灯）。夜间，按下按钮，可以点亮小孩房与浴室之间的灯，并在预约时间后关闭该灯。

示例 7：KNX 可以为每一个房间创建室温配置文件，对单个房间的采暖和空调系统实施独立控制。窗户打开时，可以自动调节房间的热气或冷气供给。这类措施每年可能节省 30% 以上的能源。也可以根据各个房间采暖要求对采暖系统进行控制（按需采暖）。

4.2　KNX系统总线设备

4.2.1　概述

在工作中使用的KNX系统总线设备（例如，调光器/驱动器、多功能开关、火灾传感器……）主要由三个部分组成，包括总线耦合器（BCU）；应用模块（AM）；应用程序（AP），如图4－1和图4－2所示。

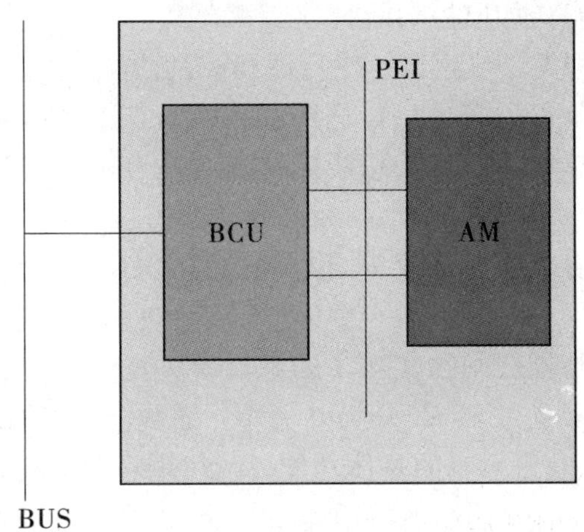

BCU 总线耦合器
AM 应用模块
PEI 物理外部接口

图4－1　KNX总线设备

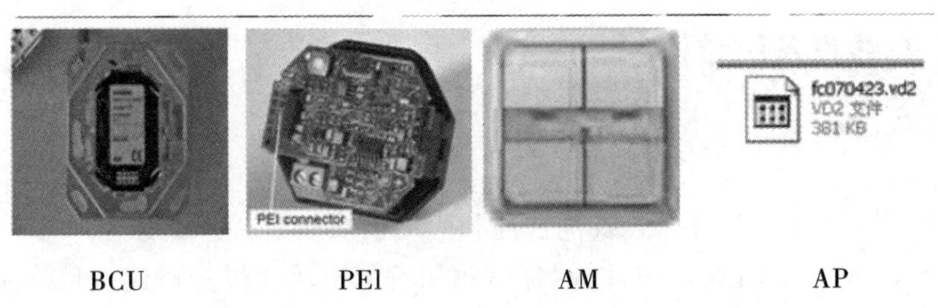

BCU　　PEl　　AM　　AP

图4－2　总线设备组成图

市场供应的总线耦合器和应用模块或为分离式，或集成在一个外壳之内。然而，必须使用同一个制作商的产品。若为分离式，则应用模块可以通过标准应用接口，即物理外部接口（PEI），连接至总线耦合器（BCU）。这种物理外部接口有10芯或12芯，既可以作为两个部件之间的报文交换接口（5芯），也可为应用模块提供电源（2芯）。

有些应用模块仅能连接特殊类型的总线耦合器。如果总线耦合器为总线设备的分离式部件，则大多数情况可以采用墙装式设计。TP1设备至总线的连接主要采用标准总线接线端子（红/黑）；DIN导轨设备则通过触点块连接至数据条。

总线耦合器为总线设备的集成部件时，已经通过总线接口模块（BIM）或者总线设备中的制造商芯片组，内建在总线设备之内。总线接口模块基本上就是总线耦合器，但没有总线耦合器的外壳和一些其他部件。芯片组构成了总线接口模块的核心部件，即控制器和收发器。

目前，总线耦合器可以连接两种不同的介质：1 类双绞线（32 V 安全特低电压）或者电力线 110 kV（电网电源）。无线射频总线耦合器：KNX 射频兼容设备均采用集成解决方案。

得益于集成式总线耦合器，各个总线设备均具有自己的智能功能：据此，KNX 可以部署为分散式系统且无须中央监控单元（如计算机等）。然而，必要时，安装在 PC 上的可视化控制软件也可以承担中央功能（如监控功能）。

总线设备基本上可以分为三个种类：传感器、执行器和控制器。

（1）如果是传感器，则应用模块可以将信息传送给总线耦合器。总线耦合器对这些信息数据进行编码，并将其发送至总线。此后，总线耦合器会在合适的时隙检查应用模块的状态。

（2）如果是执行器，则总线耦合器负责接收来自总线的报文，对它们进行解码，并将解码后信息传送给应用模块。

（3）控制器则负责传感器与执行器之间的交互（如逻辑模块）。

若为 S 模式兼容 KNX 设备，则（通过 ETS™）为（通用）总线耦合器加载了应用模块合适的应用程序之后，该设备就可以获得自身的具体功能。总线耦合器上安装的 S 模式兼容 KNX 按钮，在通过 ETS 为该设备编制了合适的应用程序之后，仅能产生调光信号。

通常，E 模式兼容 KNX 设备在发货之前就已经加载了应用程序。此类 KNX 设备的链接和相关参数设置可以通过合适的硬件设置或者中央控制器完成。

4.2.2 总线设备的结构

每一个总线设备（如：开关、调光器、百叶窗驱动器等）主要由总线耦合器与应用模块组成。

对于不同结构的总线设备，总线耦合器和应用模块的连接方式也不一样：

（1）嵌入安装式总线设备，总线耦合单元和应用模块通过物理连接口连接在一起。

（2）DIN 导轨安装式总线设备或表面安装式总线设备，总线耦合单元和应用模块组合成一个整体。

总线耦合单元负责发送、接收和存储数据。总线设备需要处理的信息首先经过总线送到总线耦合单元，这些数据包括：设备的物理地址、一个或几个组地址、应用程序和相关的参数。总线耦合单元中的微处理器是耦合单元的“大脑”，负责协调总线设备的各项功能，当出现故障或电源失效时，总线设备会进入预先设置好的应对状态，数据则保存在总线设备中。当故障排除或电源恢复后，总线设备会进入预定的恢复程序。

应用模块及其应用程序决定了总线设备的功能。

总线设备包括各种输入装置，如按钮、二进制编码器等，还有各种输出装置，如：触点输出、负载开关、调光器等，也有输入和输出综合型装置。

4.2.3　总线系统电源

KNX 系统需要外部提供安全性特低电压（SELV）作为 KNX 电源，最高电压为 29V。在双绞线作为总线与电力线是绝缘的，这样就保证了使用的安全性。

KNX 电源应符合 DIN EN 50090 的规定，带有防过流和防短路措施。电源线上安装的扼流器对高频信号呈现很大的阻抗，能防止对总线上报文信号的衰减。

有时我们选用带有备用输出的 KNX 电源，一旦系统需要增加线路时，只要再接入一个扼流器就可以了。

4.2.4　三种配置模式的总线设备

目前 KNX 标准规定了三种不同的配置模式：

1. KNX A 模式（自动模式）

KNX A 模式是一种最简单的配置模式，一般适用于功能已经确定的设备。当这类设备与系统的通信介质相连接后就能自动完成配置，因此没有操作经验的用户也可以使用。这种配置模式适用于家用电器和娱乐电子设备。使用者不需要经过任何培训。但是目前在市场上尚没有成熟的此类产品。

2. KNX E 模式（简易模式）

采用 KNX E 模式一般需要通过中央控制器或操作设备上的编码盘和按钮进行配置。如果这个中央控制器在系统中还有其他用途，如：场景照明控制、逻辑控制等，那当然需要继续连接在系统中，否则配置完设备后就可以把中央控制器与系统断开。这种配置模式与 S 模式相兼容。

采用 E 模式配置设备在功能范围方面有一定的限制性，比较适合于中小规模的系统。但是操作时不需要 PC 和 ETS 工具软件，操作者只要阅读有关技术资料或经过简单的培训就可以完成设备的配置和调试。

3. KNX S 模式（系统模式）

采用 KNX S 模式需要使用 PC 机和 ETS 工具软件进行配置。这样可以同时完成工程设计、设备配置和系统调试。采用这种模式既可以进行中小系统的配置，也可以完成大型建筑物中复杂系统的配置。

这种类型的配置方法专门供获得 KNX 认证的设计者和承包商使用，适用于大型设施。

每一种模式在以下方面各具不同的特点：

（1）功能范围。

（2）配置能力。

（3）调试方法。

（4）用户群。

生产商可以为自己生产的设备选用不同的模式连接到 KNX 系统中。ETS 3 软件可以从已有的系统中读取设备数据再进行处理。这样就可以不用标准的 KNX 设备，而是直接对 E 模式设备再编程。但是 ETS 3.0 c 版本不能进一步处理无线通信的设备。

4.3 KNX 系统通信

4.3.1 基本工作原理

KNX TP1（1 类双绞线）最小安装由以下部件组成：电源单元（29V DC）；扼流器（也可以集成在电源单元内）；传感器（可以是开关面板、触摸屏、手机、温度传感器）；执行器（可以是开关执行器、调光执行器）；总线电缆（标准是四芯线，一般只用两芯电缆）。

KNX 基本工作原理如图 4－3 所示。

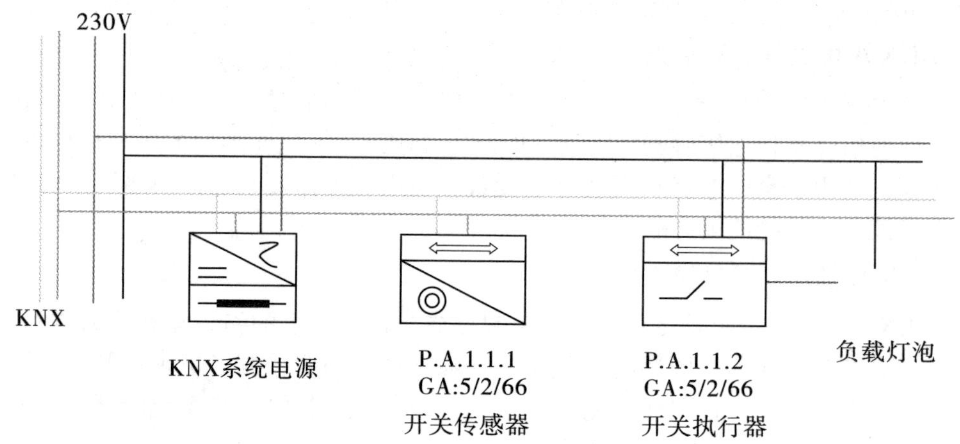

图 4－3　KNX 基本工作原理图

如果是 S 模式兼容的产品，安装完毕后，必须通过 ETS 工具软件，将其产品的应用程序加载至传感器和执行器之后才可以使用 KNX 系统。因此，项目工程师必须首先使用 ETS 工具软件完成以下配置步骤：

（1）给每个设备分配物理地址（用于唯一识别 KNX 安装中的各个传感器和执行器）。

（2）为传感器和执行器选择合适的应用软件并完成其设置（参数化）工作。

（3）分配组地址（用于链接传感器和执行器的功能）。

如果是 E 模式兼容产品，上述配置步骤同样适用。其中：①分配物理地址；②用于传感器和执行器参数化的应用软件；③组地址分配（用于链接传感器和执行器的功能）。可以通过本地配置，也可以由中央控制器自动完成。

上述配置完成之后，该施工的工程可描述如下：

（1）单开关传感器（1.1.1）在上拨杆被按下后，将会发送一个报文。报文中含有组地址（5/2/66）、值（“1”）以及其他相关的综合数据。

（2）所有已连接的传感器和执行器都会收到该报文，并对其进行评估分析。

（3）仅具有相同组地址的设备才发送确认报文，才能读取报文中的值并执行相应的动作。本例中，开关执行器（1.1.2）将会关闭其输出继电器。

按下下拨杆后，将会发生同样的过程，但值被置为“0”。因而，这种情况下将会接通执行器的输出继电器。

本单元后续部分将会详细解释本 KNX 系统中的各个部分。

4.3.2　物理地址

整个 KNX 设施中，物理地址均必须唯一。物理地址的配置见表 4－2 所示。

表 4－2　物理地址的配置

A（区）	L（线路）	B（总线设备）
A A A A	L L L L	B B B B B B B B

其格式如下：区（4bit）—线（4bit）—总线设备（1byte）。通常，按下总线设备上的编程按钮，总线设备即进入准备好接收物理地址的状态。该过程期间，编程 LED 发光二极管会处于点亮状态。调试阶段结束之后，物理地址还可用于以下目的：

（1）诊断、排错，以及通过重新编程实现设施更改。

（2）使用调试工具寻址接口对象或者其他设备。

重要提示：总线设备正常工作期间，物理地址没有任何作用。

4.3.3　组地址

表 4－3　组地址

1bit	4bit				3bit			8bit							
0	M	M	M	M	m	m	m	S	S	S	S	S	S	S	S

上表中表示为常用的 3 级组地址（主组/中间组/子组）：M＝主组，m＝中间组，S＝子组。如果是 2 级组地址（主组/子组）则表示为 M＝主组，m＋S＝子组。设施内设备之间的通信通过组地址实现。使用 ETS 进行设置时，可以将组地址选择为 2 级组地址结构、3 级组地址结构或者自由定义结构。在各个单项目的项目属性中，可以更改级结构。组地址 0/0/0 保留，用于所谓的广播报文（即发送至所有可达总线设备的报文）。

ETS 项目工程师可以决定如何使用各个级，图 4－6 给出一个示例模式：

- 主组 ＝ 楼层
- 中间组 ＝ 功能域（例如，开关、调光）
- 子组 ＝ 加载功能或者加载组（例如，厨房照明灯开/关、卧室窗户开/闭、客厅吊灯开/关，等等）

在所有项目中，都必须严格遵守已经选定的组地址模式。各个组地址都可以按需分配各个总线设备，分配过程与系统总线设备的安装位置完全无关。执行器可以监听多个组地址。然而，在每个报文中传感器仅能发送一个组地址。组地址是分配给相应传感器或执行器的组对象（即以前所述的“通信对象”）。组对象的创建与分配可以使用 ETS 完成（S 模式），也可以由系统自动完成（E 模式）。并且，用户在 E 模式中可以查看各个组对象。

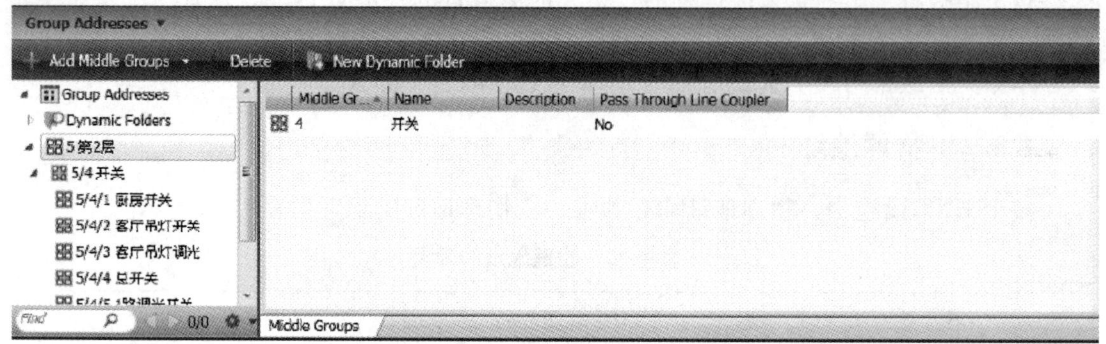

图 4-6　主组/中间组/子组示例

注：在 ETS 中使用主组地址 14、15 或者更高的主组地址时，应该注意 TP1 耦合器不对这些组地址进行过滤，因而可能对整个总线系统的动态性能带来负面影响。

分属传感器或执行器的组地址数量可以变化，并取决于存储器的容量。

4.3.4　组对象

在总线设备中，KNX 组对象表现为存储区域。组对象的大小介于 1 位和 14 字节之间。组对象的具体大小视功能而定。由于开关操作需要两个状态（0 和 1），因此，可以使用 1 位组对象。文本传输所涉及的数据非常丰富，因此，应该使用最大为 14 字节的组对象。使用组地址，ETS 仅允许链接具有相同大小的对象。多个组地址可以分配给一个组对象，但是，这些组地址中，仅能有一个是发送用的组地址。如图 4-7 和图 4-8 所示。

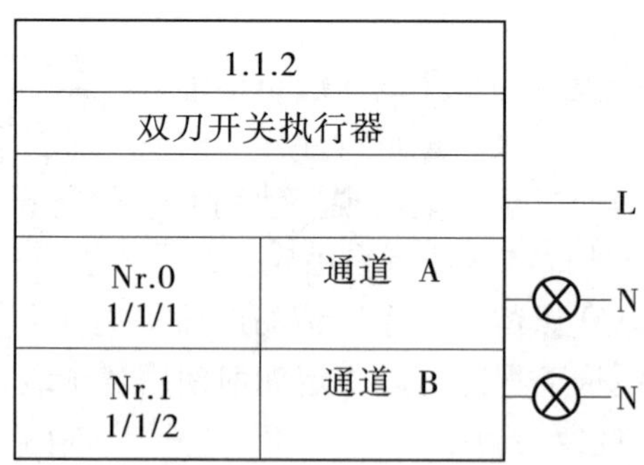

图 4-7　组对象

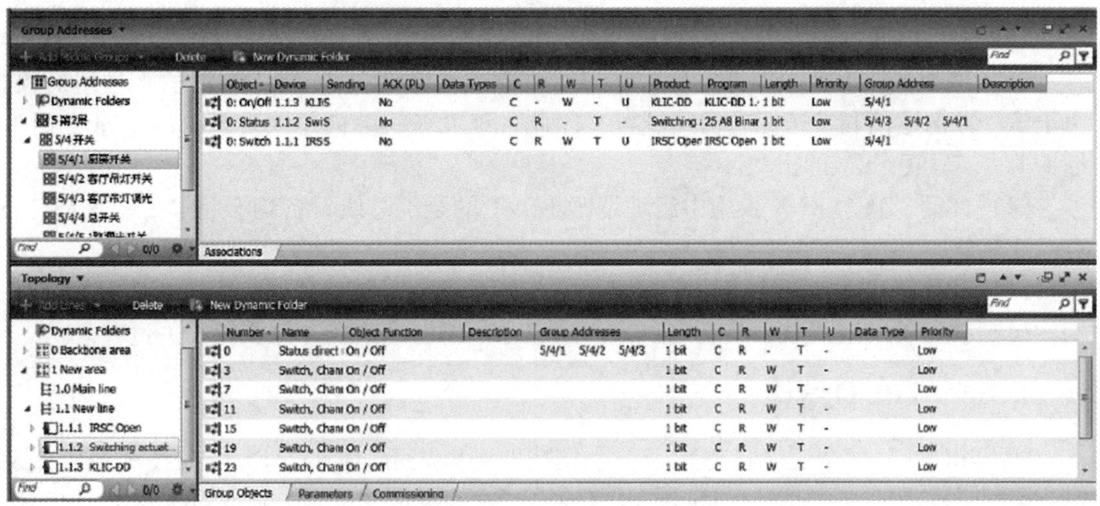

图 4 –8　组对象

每个组对象都有标志，如图 4 –9 所示，用于设置表 4 –4 中属性。

Object	Device	Sending	ACK (PL)	Data Types	C	R	W	T	U	Product	Program	Length	Priority	Group Address	Description
0: On/Off	1.1.3 KLIIS		No		C	-	W	-	U	KLIC-DD	KLIC-DD 1.	1 bit	Low	5/4/1	
0: Status	1.1.2 SwiS		No	1-bit	C	R	-	T	-	Switching	25 A8 Binar	1 bit	Low	5/4/3　5/4/2　5/4/1	
0: Switch	1.1.1 IRSS		No		C	R	W	T	U	IRSC Open	IRSC Open	1 bit	Low	5/4/1	

Associations

Priority: Low

Flags

☑ Communication
☑ Read
☐ Write
☑ Transmit
☐ Update
☐ Read On Init

图 4 –9　组对象标志

表 4 –4　组对象标志属性

通信	√	组对象有一个正常的总线连接
		报文能够被确认，但组对象的值不能被更改
读	√	通过总线，可以读对象值
		通过总线，不可以读对象值
写	√	通过总线，可以改写对象值
		通过总线，不可以改写对象值
发送	√	对象值（传感器）改写后向总线发送报文
		仅收到请求时，组对象才会生成应答信息
更新	√	值应答报文被解析为写指令。更新组对象的值
		值应答报文不是被解析为写指令，组对象的值保持不变
初始化读	√	电流返回之后，设备会独立地发送读值指令，以初始化组对象（仅使用于某些掩码）
		电流返回之后，设备不通过读指令初始化已分配组对象的值

注意：应该仅在特殊的情况下才更改默认标准值。

对象值可以通过如下方式发送至总线：

（1）例如，按下上左拨杆之后，双刀开关传感器会将“1”写入自己的0号组对象。由于该对象的通信和发送标志已经设置，因此，该设备将会向总线发送具有信息“组地址1/1/1、写值、1”的报文。

（2）此后，整个KNX设施中组地址为1/1/1的全部总线设备均会将“1”写入它们自己的对象。

（3）我们给出的示例中，“1”将会写入执行器的0号组对象。

（4）执行器的应用软件将会确认该组对象中的值已经改变，并执行开关过程。

4.3.5 TP1位结构

“0”和“1”两个逻辑状态采用一个比特即可以表示。KNX TP1中的技术逻辑：逻辑1期间无电流输出，逻辑0期间有电流输出。这就意味着：多个设备同时发送“0”信号的设备可以继续发送。如图4－10所示。

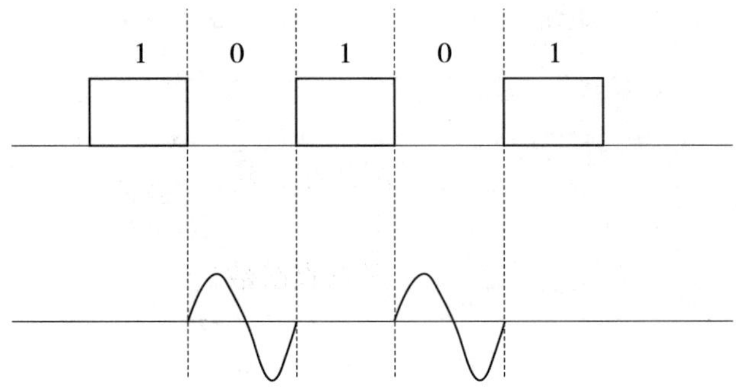

图4－10　0和1的逻辑状态

4.3.6 TP1报文冲突

需要传送数据的总线设备，如果它发现总线处于空闲状态，可以立即启动发送过程。对于多个总线设备的同时发送请求，使用载波侦听多路访问/冲突避免（CSMA/CA）技术进行控制。

发送期间，总线设备监听总线。逻辑状态为“1”的总线设备，一旦检测到逻辑状态“0”（总线上存在电流），将会立即停止发送过程，让位于其他发送设备。

该总线设备在中断发送过程之后，持续监听网络，等到网络上的报文发送过程中止之后，再次尝试自己的发送过程。采用这种方式，如果存在多个设备试图同时发送信息，CSMA/CA技术可以确保这些总线设备中，仅有一个设备可以不间断地完成发送过程。因此，总线上的数据吞吐量不会受损。

TP1通过两芯线，对称地传输数据。总线设备评估两根芯线之间的电压差值。辐射噪声可以相同极性作用于这两根芯线，对信号电压差值不产生影响。

4.3.7　叠加数据和供电电压

数据以交流电压的形式传输。电容器对交流电压呈现低阻抗，即相当于一个导体并短接初级侧回路。作为发送器时，变压器将数据发送至初级侧（以交流电压的形式），并叠加在直流电压之上。作为接收器时，变压器将数据发送至次级侧，在此处，可以从直流电压中分离并使用该数据。如图 4－11 所示。

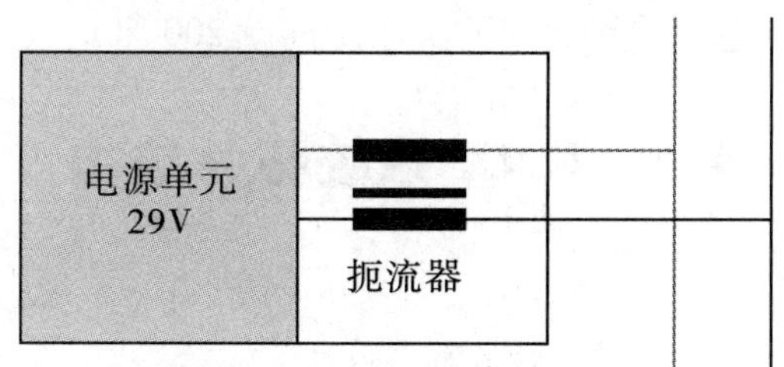

图 4－11　电源扼流器

供电电压为直流电压时，扼流器呈现较低的电阻（因为这时频率为零）。数据以交流电压的形式进行发送（频率不等于零）。扼流器对交流电压呈现出高阻抗。因此，电源单元对数据的影响可以忽略不计。

4.3.8　TP1 电缆长度

总线线路中可以使用以下电缆长度。

（1）电源单元与总线设备的距离不超过 350 米。

总线设备仅发送半波信号，如图 4－12 所示中正半周中心处的负半波。扼流器是电源单元的组成部分之一，配合总线设备的变压器，可以产生正均衡脉冲。由于扼流器内含用于生成均衡脉冲的主要部件，因此，总线设备可以安装在电缆长度距离扼流器（电源单元）最远 350 米之处。

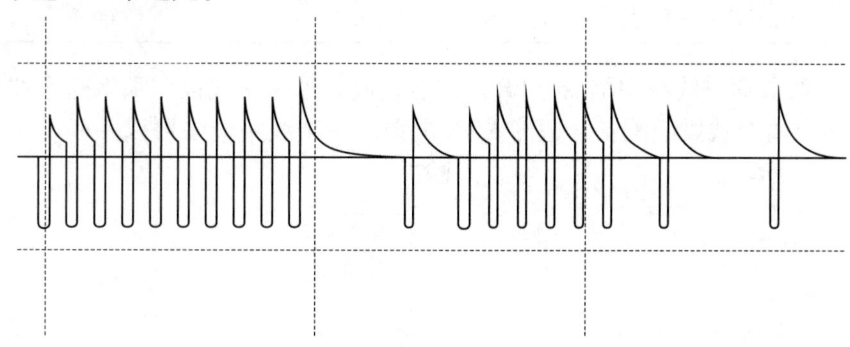

图 4－12　KNX 总线波形

（2）总线设备与总线设备的距离不超过 700 米。

电缆上传送报文需要一定的传送时间。如果多个总线设备试图同时发送，则可以解决远达 700 米处出现的冲突现象（信号延时 $tv = 10\mu s$）。

（3）总线线路长度不超过 1 000 米。

连续不断地加载或者卸载电缆电容对发送总线设备的信号可能产生阻尼效果。与此同时，电缆电线电容还会圆化信号边沿；信号阻性负载（总线电缆和设备）还会导致信号电平有所下降。为了克服这两种影响因素而实现可靠的数据传输，单个线段的总电缆长度不应超过 1 000 米，且各个线段上的设备总数量不应超过 64 个（无论使用哪种型号的电源单元）。

（4）同一线路上两个电源单元之间的最小距离就 200 米。

4.4 KNX 系统拓扑结构

4.4.1 拓扑结构

当使用总线电缆 TP1（1 类双绞线）作为通信介质时，KNX 系统采用分层结构，线路（Line）和分域（Area）。

1. 线路

这是 KNX 系统的最小结构单元。每个线路最多包括 4 个线段（Line Segment），每个线段最多可连接 64 台设备，每一个线段实际所能连接的设备数量取决于所选 KNX 电源的容量和该线路段设备的总耗电量。

表 4－5 列出了在一个线路中设备之间的距离的限制。

表 4－5 设备之间的距离限制

每个线段的最大长度	1 000 米
电源与总线设备之间的最大距离	350 米
两个电源之间的最小距离（包括扼流器）	200 米
两个总线设备之间的最大距离	700 米

如果一个线段通过线路中继器（LR）扩展连接另外一个线段，那么这个线段也可以达到 1 000 米。每个线段应配备合适的 KNX 电源。一个线路最多可以并联 3 个线路中继器。如图 4－13 所示。

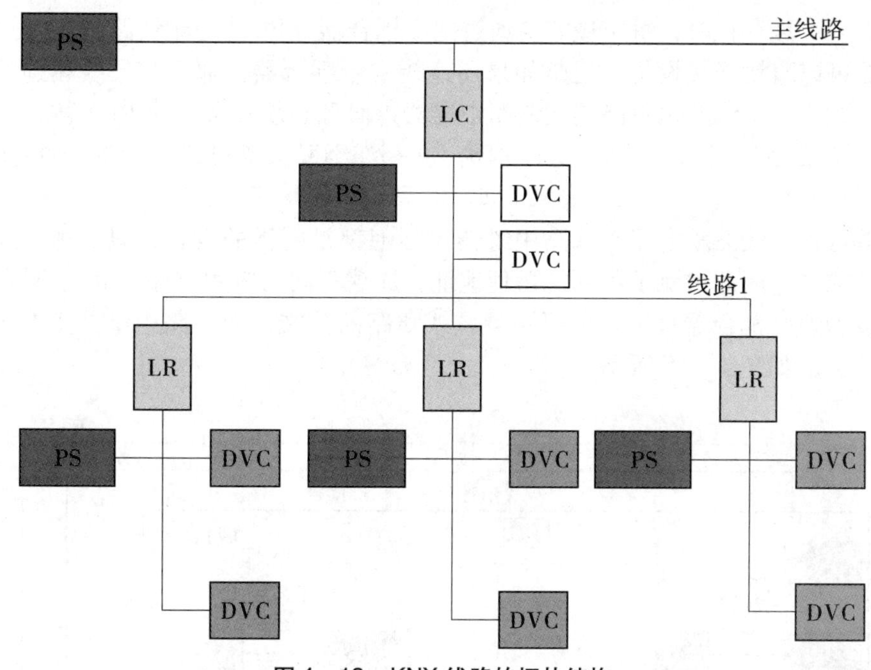

图 4－13　KNX 线路的拓扑结构

2. 域

一般情况下，可以有 15 个线路分别经过线路耦合器（LC）与主线路相连接，组成一个域。主线路最多可以直接连接 64 台设备，主线路如果接了线路耦合器，与之直接相连的最多设备台数就要减少。主线路不能接线路中继器，而且必须有自己的 KNX 电源并配有扼流器。如图 4－14 所示。

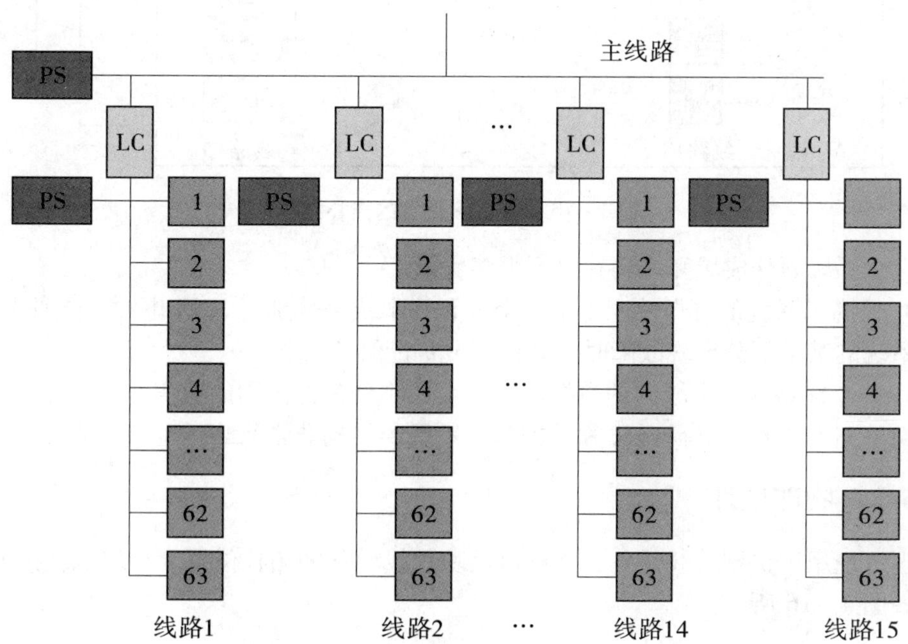

图 4－14　KNX 域的拓扑结构

如果有多个域存在时，每个域需要通过主干耦合器（BC）与干线路相连接。

干线路可以直接连接设备，但是如果还连接主干耦合器，那么与干线相连的最多设备台数就要减少。干线路也不能连接线路中继器，而且必须有自己的 KNX 电源。

一个系统最多包括 15 个域，这样理论上一个 KNX 系统可以连接 58 000 多台总线设备。

主干耦合器、线路耦合器和线路中继器实际上都是同样的设备，只是由于安装在网络中不同的位置，因此被赋予不同的物理地址，加载不同的应用程序，起到不同的作用。主干耦合器和线路耦合器只传输需要跨越域或线路的报文，而线路中继器则要传输线路中所有的报文。如图 4－15 所示。

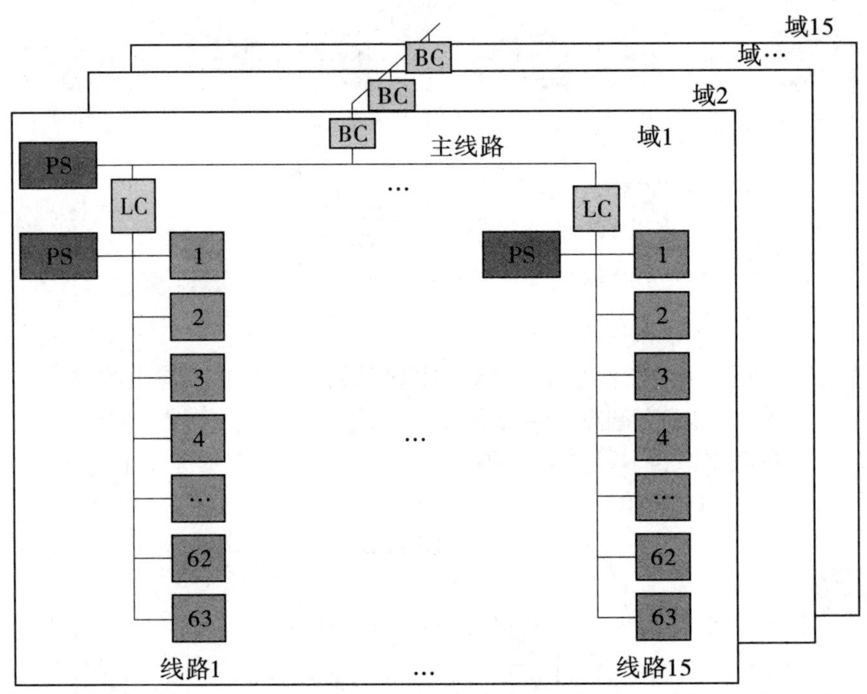

图 4－15　KNX 多个域的拓扑结构

把一个系统划分成域和线路有以下很多优点。

（1）提高了系统的可靠性。由于每个域和每个线路分别配 KNX 电源，这种电气的隔离使得系统的某个部分出现故障时，其他部分仍能继续工作。

（2）一个线路或一个域内的数据通信不会影响到其他范围的通信。

（3）在进行调试、排除故障和维护时，系统的结构非常清晰。

4.4.2　物理地址

物理地址用于识别总线设备，并可以反映总线设备的拓扑位置。物理地址由 16 位 bit 组成。如图 4－16 所示。

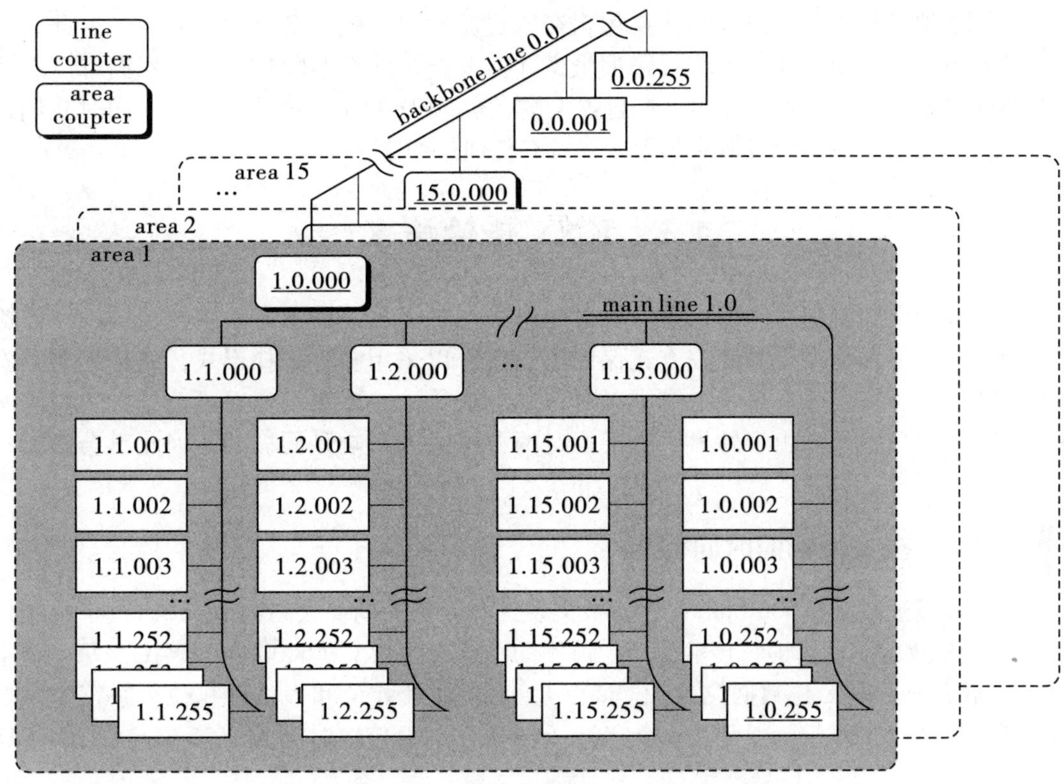

图 4－16 KNX 总线设备的物理地址

在系统拓扑设计中要注意，对于线路耦合器 B 表示的总线设备置为“0”，如上图中的 1.1.000 ；对于干线耦合器 L 表示的线路和 B 表示的总线设备均置为“0”，如上图的 1.0.000 ；已经卸载的总线耦合器的地址为 15. 15. 255。其实，线路耦合器、干线耦合器和线路中继器都是同一种设备，只是在拓扑的位置不同，导致命名不同和其过滤的功能也不同。

无论是线路耦合器还是干线耦合器我们都称之为耦合单元。耦合单元主要充当“门”功能，对过往的数据进行过滤。在系统拓扑设计指定该参数之后，耦合单元将会被分配设一个过滤表。同时也可以在耦合单元中设置其过滤功能，如图 4－17 所示。

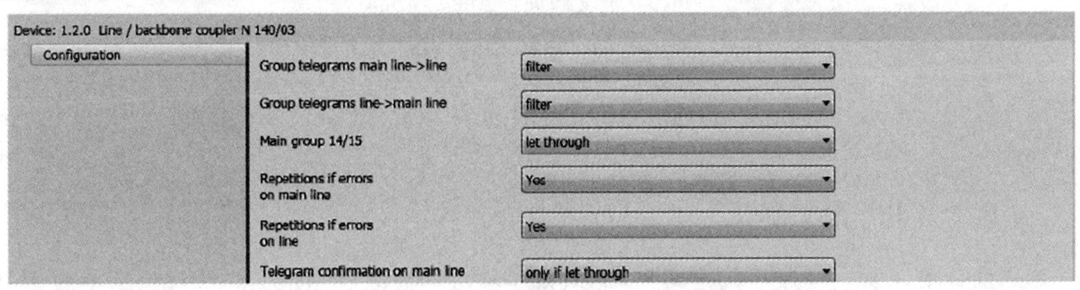

图 4－17 西门子 N140 配置图

当耦合单元接收到的组报文只要包含在该过滤表内，就一定可以被路由。据此，各个线路都可以独立地工作。仅跨线路型报文才需要路由。在实际过程中，我们可以看到接收到来自相应线路上的报文时，耦合器上的黄色 LED 发光二极管会闪烁。同时我们还要注意线段上的中继器转发所有的报文，没有任何过滤表。

4.5 KNX 传输技术

开关命令、控制信号等信息是以报文的形式在各个总线设备之间进行传输的。传输的速率、报文脉冲的发生和接收方式保证了总线可以采用多种拓扑形式，而且不需要安装终端阻抗。报文信号在总线电缆中以对称的方式传输，总线设备通过差分方法检测两根线缆中的电压信号。由于外界电磁干扰对两根线缆的影响是同极的，因此不会影响报文信号的电压差。

4.5.1 报文传输的时间需求

总线传输速率为 9 600 bit/s，一份报文发送和确认的周期大约为 25 ms。由于报文传输速率为 9 600 位/秒，即每传输一个位占用的总线时间为 1/9 600 秒或 104μs。每一个字符由 11 位组成，即 8 位数据位、1 位起始位、1 位偶校验位和 1 位停止位。字符与字符间还插入了 2 个暂停位，因此，单个字符（13 位）的总传输时间为 1. 35 ms。如图4 - 18 所示。

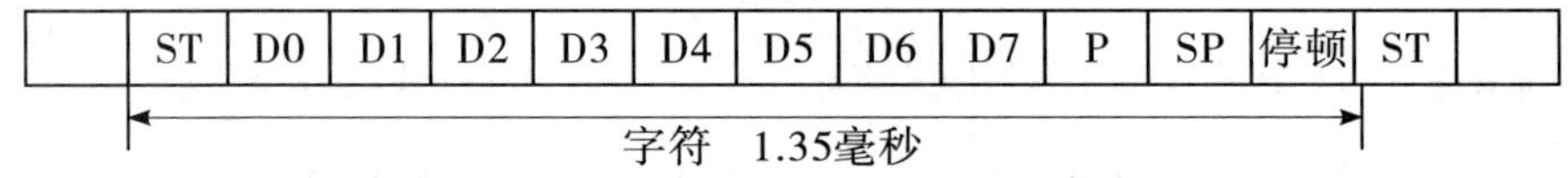

图 4 - 18　单字符传输时间图

根据净负荷长度的不同，报文可能包含 8 ~ 23 个字符。确认信息仅需要一个字符。考虑到总线空闲时间 t1（50 位）和确认等待时间 t2，单个报文占用的总线时间为 20 ~ 40 ms。如图 4 - 19 所示。

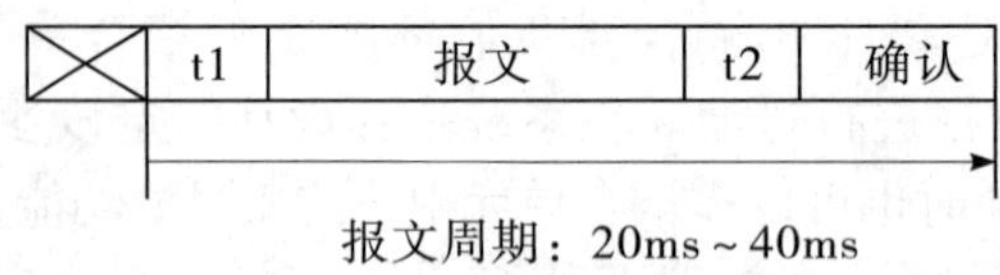

图 4 - 19　报文传输时间图

一般开关报文（含确认）的总线占用时间为 20 ms。文本传输报文则占用总线长达 40 ms。

4.5.2 TP1 报文确认

一旦有事件发生（按下按钮时），总线设备就会向总线发送报文。经过长度不短于 t1 的总线空闲时间之后，开始进行传输。报文传输完成之后，总线设备将使用时间 t2 检查报文是否已被成功接收。所有“被寻址”总线设备会根据报文中的校验字节可以检查接收是否正确无误，并据此同时发回相应的确认信息，如表 4 –6 所示。

表 4 –6　报文确认表

D7	D6	D5	D4	D3	D2	D1	D0	读取数据位方向
N	N	0	0	B	B	0	0	确认信息
1	1	0	0	0	0	0	0	BUSY 不能处理数据
0	0	0	0	1	1	0	0	NAK 接收错误
1	1	0	0	1	1	0	0	ACK 接收正确

发送总线设备若收到 NAK（接收错误）确认时，通常会重复发送报文三次；若收到 BUSY（总线仍被占用）确认，发送总线设备将会等待一个短时隙，此后重新尝试发送报文；若发送总线设备未收到确认，则最多重复发送该报文三次，此后，终止发送请求。

4.5.3　KNX 总线访问

KNX 总线设备之间传输信息是按事件控制，每段信息在总线上以串行方式传输，而且在任何一个时刻，只可能有一个总线设备的信息在总线上传输。为了提高通信的可靠性，KNX 系统的总线访问和报文传输采用了具有避免冲突的载波侦听多路访问和冲突避免技术，就可以避免信息冲突，保证信息不丢失，使总线工作在最安全的状态。

由于报文结构中有附加优先权的机制，因此可以使某些信息（如故障信息）附加优先权，以优先处理。

KNX 系统采用事件控制的方式传输信息，使得只有在事件发生时和需要传输信息时才传输报文。

4.6　KNX 报文的结构和寻址方式

KNX 报文的结构包括：总线专用信息、事件（比如：按下按钮）所表示的有效信息和用于检验传输错误的检验信息，是保证报文安全传输必不可少的，由被寻址的设备处理。

地址段是确定报文传输路径的总线专用信息，包括源地址和目标地址。源地址是一种物理地址，表示报文发送设备所在的域和线路。物理地址是在系统进行配置时唯一分配给某一设备的，在系统试运行和维护时使用。目标地址则定义了通信的接收对象，可以是一台设备，也可以是一组设备。这组设备可以是在一条线路中，也可以分布在两个或多个线路中。一台设备可以同时属于不同的组。系统中设备的这种通信关系用组地址描述。如表 4 –7 所示。

表 4-7 组地址的描述

8bit	16bit	16+1bit	3bit	4bit	最多 16*8bit	8bit
控制字段	源地址	目标地址	路由计数	长度	实用数据	校验字节

校验字节用于检验报文传输是否发生错误。有效信息包含在数据段中，如：指令、信号、设定参数和测量数据等。

4.6.1 控制字段

在 KNX 总线系统中其控制字段有 8bit 表示，如表 4-8 所示。

表 4-8 8 位控制字段

1	0	A	1	B	B	0	0

在上表中，A 表示该报文是否重复，如果有一个被寻址总线设备返回一个否定确认，则总线发送设备需要重复发送报文。此时，报文中的“重复位”0 将会被置位为“1”。据此，已经完成相应指令的总线设备将不会再次执行此指令。

- A = 0 重复
- A = 1 不重复

控制字段除了控制报文是否重复，还负责报文的优先级。当多个设备试图同时发送时，优先级高的设备具有获得优先发送。其优先级可以分为如下 4 级：

- BB = 00 系统优先级
- BB = 10 报警级
- BB = 01 高级
- BB = 11 低级

4.6.2 源地址

表 4-9 源地址

4bit				4bit				8bit							
A	A	A	A	L	L	L	L	B	B	B	B	B	B	B	B

源地址（见表 4-9）就是物理地址，整个 KNX 设施中，物理地址必须唯一。物理地址主要用于程序下载、诊断、排错等，总线设备正常工作期间，物理地址没有任何作用。

- A =区
- L =线路
- B =总线设备

4.6.3　目标地址

TP1 报文目标地址通常为某个组地址。但是，也可以为某个物理地址（系统报文）。基于位 17（16 位 +1 位，该位位于路由计数字段，故称 17），接收方可以判定目标地址为组地址还是物理地址：若第 17 位为“0”则目标地址是物理地址；仅对一个总线设备寻址；若第 17 位为“1”，则目标地址是组地址；拥有此组地址的所有总线设备全部被寻址。

组地址在 KNX/EIB 通信机制中扮演非常重要的角色，它使得一控多、多控一和场景控制变得非常容易。组是按照一定标准设立的单元、设备或所选功能的集合，整个组可以通过一个标记该组地址的报文来寻址。组地址有 2 字节组成，其首位永远为“0”，有效的组地址是 15bit。一般来说，组地址有两种十进制表述方式。不同的分段方式只是功能概念上的划分，其比特数据本身没有任何区别。例如两段式的组地址 1/258 和三段式的 1/1/2 是完全一样的，用二进制表示都是 0000100100000010. 与物理地址不同，组地址的分段表述不是网络拓扑的结构，而是网络设备在功能上的逻辑划分。例如在三段表述中，用中间组区分“开关”和“调光”两种功能，用子组区分处于不同功能下的各组灯。如图 4－20 所示：

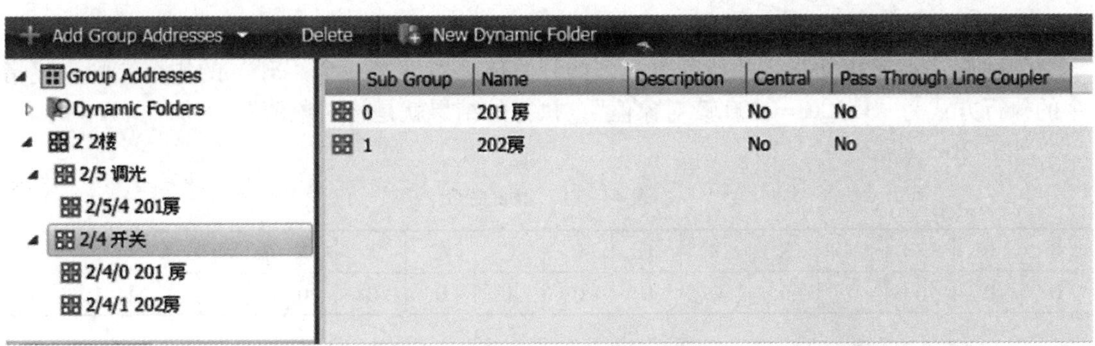

图 4－20　组地址的设置

4.6.4　路由计数和长度

该字节除了包含 LSDU（链层服务数据单元）数据的长度还包含一个 bit 的标志表明地址的属性，以及 3 个 bit 的路由计数信息。数据长度是指报文中实用数据字节的长度。同时在每一个数据报中包含一个 3bits 的路由计数器。一般总线设备计数器的初始值为 6，每经过 1 个总线耦合器、线路耦合器或中继器等都均减一，当这个计数值减为 0 时，这个报文就被丢弃，因而避免了死循环的问题。当计数值为 7 时，该报文的计数值在网络中传输时不会减一处理。一般为 PC 中控软件所为。

4.6.5　实用数据

实用数据的长度根据应用的不同而改变，最少为 2 字节，最多为 16 字节。我们分别用常说的几 bit 命令来解释：

（1）1bit（见表4-10）。

表4-10　1bit命令

0	0	X	X	X	X	C	C	C	C	X	X	X	X	X	A
0	0	0	0	0	0	0	0	1	0	0	0	0	0	0	1

- A = 0 关、逻辑假、上移、上调一级
- A = 1 开、逻辑真、下移、下调一级
- X =未使用
- CCCC = 0000 读对象值 无数据
- CCCC = 0001 反馈对象值（1bit-14byte）
- CCCC = 0010 写对象值（1bit-14byte）
- CCCC = 0011 写物理地址
- CCCC = 0100 读物理地址
- CCCC = 0101 反馈物理地址
- CCCC = 1010 写存储器
- CCCC = 1100 读 BAU 版本号
- CCCC = 1101 反馈 BAU 版本号

上述C表述该报文指令的执行方式，如开关传感器发送一个“开”的指令，则表述指令的执行方式为“CCCC =0000 读对象值”，执行的结果就是将对象值置为“1”（A =1）。

（2）2bit（见表4-11）。

表4-11　2bit命令

0	0	X	X	X	X	C	C	C	C	X	X	X	X	P	P
0	0	0	0	0	0	0	0	1	0	0	0	0	0	1	1

该“开关控制”用于由组对象使用更高优先级操作执行器。

（3）4bit（见表4-12）。

表4-12　4bit命令

0	0	X	X	X	X	C	C	C	C	X	X	D	A	A	A
0	0	0	0	0	0	0	0	1	0	0	0	1	0	0	1

- D = 1 调亮
- D = 0 调暗 43
- AAA = 000 停止调光
- AAA = 001 调光级 1
- AAA = 010 调光级 2
- AAA = 011 调光级 4
- AAA = 100 调光级 8
- AAA = 101 调光级 16
- AAA = 110 调光级 32

- AAA = 111 调光级 64

（4）1byte（见表4－13）。

表4－13　1byte 命令

0	X	X	X	X	C	C	C	C	X	X	X	X	X	X	V	V	V	V	V	V	V	V
0	0	0	0	0	0	0	1	0	0	0	0	0	0	0	1	0	0	1	1	0	0	1

采用“定值调节”，可以将亮度值直接设置为1（最小值）至255（最大值）之间的某个值。

（5）2byte（见表4－14）。

表4－14　2byte 命令

S	E	E	E	E	M	M	M	M	M	M	M	M	M	M	M
0	0	0	0	1	1	0	0	0	0	0	1	1	0	1	0

“S”为尾数的符号，4位指数“E”为整数指数，基为2。尾数“M”的精度定义为0.01。正值（S=0）采用正常的二进制数字格式。负值（S=1）尾数编码为2的补码。

例如：21℃ = 1 050 ＊ 2。

注：由于报文偏长省去了2个字节（见表4－15）。

表4－15　省去2个字节时

0	0	X	X	X	X	C	C	C	C	X	X	X	X	X	X
0	0	0	0	0	0	0	0	1	0	0	0	0	0	0	0

4.6.6　校验字节

校验字节由1字节组成，是对报文中的全部字符的每一个位的位置均执行奇校验。如表4－16报文。

表4－16　校验字节

控制	源地址		目标地址		路由/长度	TPCI/APCI/DATA		校验
BC	FF	FF	14	01	E1	00	81	36

4.7　KNX 系统的规划和设计

4.7.1　规划

为了建立一个充分满足用户需要的KNX系统，必须对项目分步进行详细的规划。

一个全面的、专业化的规划将会加快整个项目的进程（包括：项目设计、安装、投运、检验和文件编制），不仅节约时间，降低成本，还能避免项目合作单位之间产生误解。

第一步要充分了解业主和用户的需求，用列表方式或其他适当的方式准确描述他们的要求，然后根据这些要求规划整个系统的方案。

考虑如何采用 KNX 技术满足以下要求。

1. 确定用户的需求

确定用户对一个 KNX 系统的需求与确定用户对一个住宅设施或对一个功能性建筑物的需求是不一样的，接触的对象也不一样。对一个住宅设施我们只需要与委托人接触，对一个功能性建筑物我们也只需要与终端用户接触。对一个 KNX 系统我们还需要与建筑师和项目总规划人员接触和讨论。当然确定需求的工作步骤基本上是相同的。

对于很多 KNX 系统需要实现的功能不是仅靠提高工程投入或增加工作量就可以解决的。但是业主、建筑师和总规划人员有时不具备这方面的知识，需要在讨论的过程中向他们详细介绍这些功能和相关的利弊关系，可能的话还要通过实例说明。

2. 设计系统结构

明确了用户的要求，就能确定该项目的 KNX 系统需要控制什么，在哪里控制和如何实现这些控制，还要确定哪些部分虽然暂时不需要配置 KNX 线路，但应该预先留出布线便于以后扩展系统。

有了这些信息再考虑到建筑物结构的条件，就可以设计 KNX 系统的结构了，最好用图形的方法表示出来。特别要注意以下 6 方面的工作：

（1）选择最适宜的通信介质，同时要考虑到与以太网和局域网等其他网络连接的可能性。

（2）将整个系统分解成域和线路，相应考虑到如何配置耦合器和网关。

（3）选择 KNX 设备类型、功能和要求。

（4）选择适当的系统保护措施。

（5）确定系统对环境条件的要求。

（6）绘制系统接线的概略图。

更为详细的内容将在以后的规划和系统设计过程中逐步确定下来。

3. 成本预算

当系统结构确定下来以后就可以进行初步的成本预算。成本预算中包括规划设计的费用，设备采购、安装和调试的费用，还应包括可能发生的更改和扩展的费用。借助 KNX 系统的工具软件可以很方便地进行成本预算。

4.7.2 系统设计

一个 KNX 系统的功能取决于各个总线设备以及相互之间的作用，所以设计一个系统必须掌握这些设备的电气和机械性能，了解其应用程序和相关的参数。

进行设计时首先应该考虑每个房间的功能要求，配置各个房间的设备。然后设计跨房间的功能和设备，这些功能和设备必须工作协调、规格统一。跨房间的功能包括：照度检测、照明中央控制和时序控制等。

1. 选择和设置传感器

如果在项目规划阶段没有包括这项工作，此时就需要考虑房间的控制点（传感器），统计各种控制功能的类型和数量。这些功能可能是开关控制、调光控制、百叶窗控制、优先控制、信号发送和场景照明控制等。用户希望在什么位置、完成什么样的控制将决定设备的数量。

在设计过程中必须考虑到很多总线设备需要配备电源，比如 AC 230。同时还需要考虑外界环境对系统的影响，包括温度、湿度和粉尘。

根据这些功能的要求就能选择相应的设备，比如实现调光功能就可以选用二联按钮。

还要考虑一些特殊的功能，如窗户开关和时间开关的控制等，然后选择相应的设备。

2. 选择和设置执行器

下一步需要考虑执行器的功能和选择相应的设备。这些设备经常以架装或盘装的方式安装在控制盘上或安装在天花板里面，设备的安装方式主要取决于房屋结构及条件。

选择设备时应考虑以下因素：

（1）设备安装的位置应便于操作。

（2）为今后可能的扩展留有余地。

（3）230 V 电源系统的布线应便于更改和扩展，这样总线系统的灵活性就不会受 230 V 电源线的制约。

（4）尽可能缩短 230V 电源系统的布线长度。

（5）可以设置若干个小型的分控制盘，这样可以减少电缆的长度和布线的工作量。

3. 控制盘上设备的安装

根据 EN 50022 的规定，导轨安装式设备可以安装在控制盘上的 35mm DIN 导轨上。

设备与总线之间可以选择两种连接方式：

（1）通过连接端子与总线电缆相连接。

（2）通过安装在 DIN 导轨上的数据轨道与总线电缆相连接。

在控制盘上总线设备与电源设备是安装在一起的，因此必须保证非特低压电源（SELV 或 PELV）供电的设备与 KNX 系统隔离，必要时需要安装隔离层或隔离墙。

注意要对暴露在设备外面的数据轨道加装保护，既保证绝缘也为了防尘。

KNX 系统与传统的电气系统相比的一个突出优点是便于更改和扩展，因此控制盘的设计应为今后可能增加的总线设备和其他设备留有余地，控制盘总体尺寸取决于所选的设备和总线的拓扑形式。

调光器等需要散热的设备应该安排在控制盘的上部。总线设备与其他设备最好分开安排，这样布局清晰，便于维修。

4. 总线电缆作为通信介质

在总线 KNX 系统中采用直径 0. 8 mm 的屏蔽双绞线作为总线电缆，可以选用 YCYM 2 ×2 ×0. 8 型电缆。电气安装中的电源电缆不能用作总线电缆。

按照 DIN 18015 标准规定，总线电缆与电源电缆相似，依照线型、树型或星型结构敷设在指定区域。

总线电缆可以和其他线缆敷设在同一个管道或线槽中。

如需要采用无卤阻燃电缆时可选用 J – H（St）H 2 ×2 ×0. 8 电缆。

在多个线路组成的 KNX 系统中必须保证各个线路不形成环路，即线路之间不得直接连接。

如需要连接两个建筑物之间的系统时可选用 A2Y（L）2Y 或 A－2YF（L）2Y 型地下电信电缆。

需满足系统过电压保护方面的要求。

总线电缆中的设备用线对如果用于其他应用时必须注意以下几点。

（1）只能用于安全特低压（SELV 或 PELV）电路。

（2）最大允许电流为 2.5A，必须配有过流和断路保护装置。

（3）可以用于音频传输线路，但不得作为公共电信网的通信线路。

（4）一条线路中的设备线对只能用于一种应用。

（5）用于其他应用时，线对的端子必须做出明确的标识。

（6）如果备用线对用于另一条 KNX 线路时，黄线为＋，白线为－。

4.8 KNX 应用

在前面介绍了 KNX 系统的基本原理，已经了解该系统在性能和安装方面的基本知识。有些用户可能更关心系统的应用及其效果。下面我们将要介绍 KNX 系统在舒适性调节、节能控制和安全防范方面的应用。

接下来将按下列内容模块介绍 KNX 系统在住宅建筑和功能性建筑中的典型应用：目标；效果；实例；设计效果；系统方案；表格总线设备及其功能；组地址；系统方块图、逻辑流程图和参数设置。

下面的实例不但介绍了 KNX 系统的应用和效果，而且描述了如何实现这些应用。

4.8.1 根据时间和室外照度控制办公室的照明

目标：自动开关办公大楼的照明，上班时照度不足自动开灯，室外足够亮时自动关灯。

效果：在功能性建筑物中节能是重要的目标，但是在上班时，办公室往往有人开灯，下班时却没有人关灯或不能及时关灯。采用自动控制不仅能及时关灯，节约能源，而且还因为减少了灯具的使用时间从而延长其使用寿命。

实例：办公室有两路照明，第一路靠近窗户，第二路靠近内墙。这两路照明都有手动开关。

当室外足够亮时，这两路照明都会自动关闭，而且处于锁定状态，不能手动开灯。

当室外暗到一定程度时，允许手动开灯。

上班前如果照度不足，时间控制单元会自动打开第二路照明，为工作人员提供合适的照明。

设计思路：系统使用外接照度传感器的照度控制单元和时间控制单元，这两个装置以导轨安装方式安装在控制盘上，照度传感器则安装在室外。由于建筑物不同侧面的光照度也不同，实际应用中最好在建筑物的每一个侧面至少安装一个照度传感器。实际设计中还应把办公室的位置条件也考虑在内，如：是在一楼还是在二楼、周围是否有树木、是否被周围建筑物遮光等。根据环境条件，开关驱动可以安装在控制盘上、天花板内或暗埋在墙中。根据实际情况选择相关执行器的型号。

系统方案如图4－21所示。

总线设备包括：

- 1 x 二路开关传感器
- 1 x 包括照度控制单元和一个时间控制单元的总线组合模块
- 1 x 四路开关驱动器（其中二路备用）

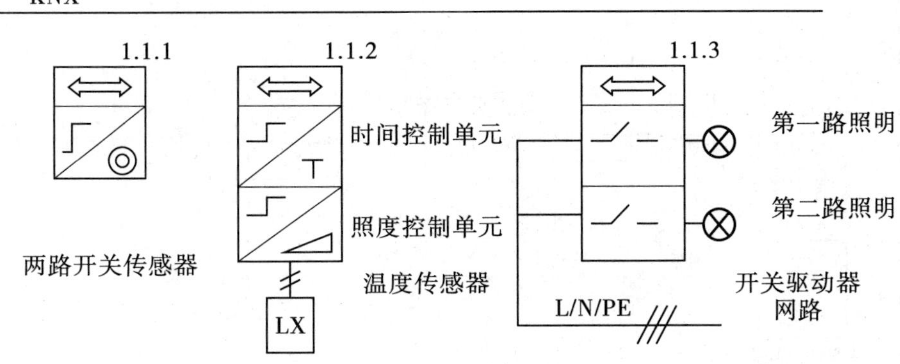

图4－21　系统方案图

组地址分配：

- 1/.. /.. 一楼
- 1/0/.. 照明
- 1/0/1 第一路照明开关传感器（靠窗）
- 1/0/2 第二路照明开关传感器（靠墙）
- 1/0/3 照度控制单元
- 1/0/4 时间控制单元
- 1/0/5 第一路照明工作状态（靠窗）
- 1/0/6 第二路照明工作状态（靠墙）

当室外照度达到一定程度时，照度控制单元应关闭第一路照明，并使之不能再打开。为了实现这一功能，在开关驱动器中对照度控制单元（地址1/0/3）的报文和第一路照明开关传感器（地址1/0/1）的报文进行“AND”的链接。为了防止当室外光线暗下来时照明会自动打开，“与”门的逻辑输出要反馈输入。为此在开关驱动器的参数选择中选定为“带反馈的与门”。这样，当照度控制单元输出变成“1”的时候，“与”门的另一个逻辑输入仍然为“0”。

第二路照明与第一路照明进行相似的并行处理，但是还要求如果在上班前室外照度过低时，时间控制单元应自动打开这路照明。为了实现这一功能，时间控制单元地址（1/0/4）和第二路照明开关传感器的地址（1/0/2）都要链接到“与”门的输入端。为了防止当室外光线暗下来时照明会自动打开，“与”门的逻辑输出与第一路照明一样要反馈回输入。

两路开关驱动器还要分别将自己的地址（1/0/5或1/0/6）链接回相应的照明开关传感器，用于点亮开关上的LED显示灯，指示本照明的工作状态。

逻辑流程如图4－22所示。

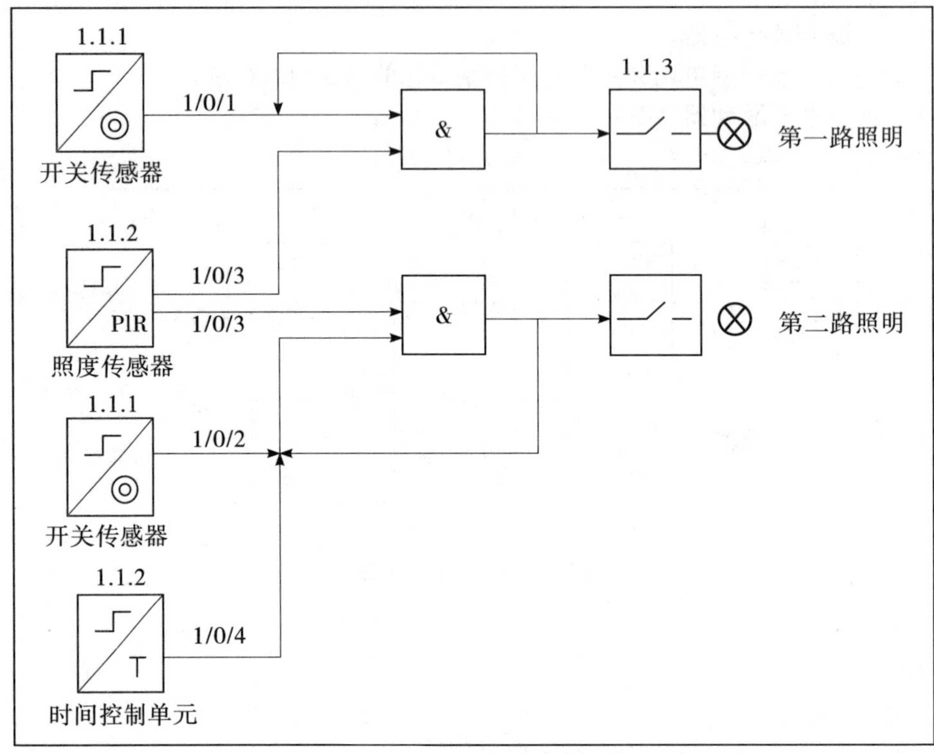

图4－22　逻辑流程图

要注意的是，连接到总线组合模块上的照度控制单元和时间控制单元的动作顺序。

在本例中，由于照度不足，当时间控制单元输出为“0”时，照度控制单元输出“1”。然后时间控制单元首先动作，输出从“0”变为“1”，自动打开照明。

提示：

在系统维护时为了便于测试灯泡的好坏，可以使用一个附加的开关传感器。把亮度控制单元（1/0/3）的报文和这个附加的开关传感器的报文进行“AND”的链接，使得即使室内亮度很好，亮度控制单元也不能强制关闭照明。这样就可以手动开关照明，进行测试了。

4.8.2　场景控制

目标：通过一个操纵杆式开关传感器控制一系列执行器和照明设备，达到所需要的场景要求。这些执行器可能是开关、调光器和百叶窗驱动器。

效果：该系统使用简单，能减少操作者的工作强度。根据现行要求设置为某一场景状态时，开关执行器将打开或关闭，调光器将调整到预定的亮度，百叶窗则处于预定的开关状态。

实例：

在休息区中有一盏壁灯、一个顶灯和一个普通电灯，这些灯具都可以调光。每个灯具通过一个操作杆进行控制，短按操作杆上的按钮发出开关指令，长按操作杆上的按钮则发出调光指令。第四和第五个操作杆组合成四种场景命令："看电视""阅读""柔和"和"全关"。

当用户通过操作前三个操纵杆上的按钮设置好某一场景的照明后，可以按下另外一个附加的开关传感器，把这个状态记录为一种场景的设置。以后通过操纵杆发出这个场景的命令。

以上的操作也可以使用红外线遥控器进行，当然在红外遥控器和开关控制器之间必须增加红外传感器。

场景中的执行器不一定只受某一个开关传感器的控制。

在本例中，附近就餐区的壁灯和顶灯也可以纳入场景控制的范围。

设计思路：执行器的数量取决于开关传感器的形式和使用方法。在系统中需要为每一个调光器安排一个存取标识，这样才能存储和读取调光亮度的设定值。对于开关执行器和百叶窗驱动器这样的开关量目标的设置也需要建立存取标识。

系统方案：

总线设备包括：

- 1 x 五路开关传感器，带场景控制
- 1 x 两路控制模块（包括两路调光）
- 1 x 一路调光执行器

组地址分配：

- 1/.. 照明
- 1/1 顶灯开关
- 1/2 顶灯调光
- 1/3 顶灯亮度值
- 1/4 壁灯开关
- 1/5 壁灯调节
- 1/6 壁灯亮度值
- 1/7 普通灯泡开关
- 1/8 普通灯泡调光
- 1/9 普通灯泡亮度值

参数设置：

对于开关传感器中的各个操纵杆需要进行参数设置，前三个操纵杆用于开关和调光，第四和第五个操纵杆用于场景命令。

根据场景控制的需要，可能采用不同执行器，包括 1 bit 执行器和 8 bit 执行器，这些在设计时都需要确定下来。

第2部分

项目实训

- 单元五　认识智能家居系统
- 单元六　网络连接与配置
- 单元七　智能监控系统的安装与调试
- 单元八　智能环境控制系统的安装与调试
- 单元九　智能安防红外报警系统的安装与调试
- 单元十　情景控制单元（场景控制器）的安装与调试
- 单元十一　常见系统故障排除及解决方法
- 单元十二　认识智能应用场景系统
- 单元十三　现代农业温湿度采集系统的安装与调试
- 单元十四　基于空间感知模块的远程智能防盗系统的安装与调试
- 单元十五　基于 ZigBee 技术智能车位引导系统的安装与调试
- 单元十六　现代图书馆 RFID 管理系统的安装与调试
- 单元十七　智能云对讲系统的安装与调试
- 单元十八　KNX－BUS 智能家居系统的安装与调试

单元五
认识智能家居系统

学习目标

（1）掌握智能家居系统架构。

（2）熟悉物联网云应用中心设备用途和参数。

（3）熟悉传输控制单元设备用途。

（4）熟悉传输接口单元设备的用途。

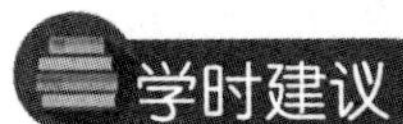

4 学时。

情境导入

某客户找到你的公司，希望给他的别墅安装一套智能家居系统，客户对智能家居很感兴趣，希望与你探讨智能化系统的架构，并了解相关智能设备的用途。在会谈之前，你应该了解智能家居的系统架构，以及每个智能设备的用途。

5.1　智能家居基础设备

1. 智能家居的概念

有人把灯光和窗帘的控制看作是智能家居，也有人把背景音乐看作智能家居，有厂家偏重于安防和对讲，有厂家炒作家庭影院为智能家居等。现在，我们从发展的眼光，站在生活者的平台上去看，以一个新的主题表达出来，算是对智能家居新定义的补充。

智能家居是利用先进的计算机技术、网络通信技术、综合布线技术，依照人体工程学原理，融合个性需求，将与家居生活有关的各个子系统如安全防范、灯光控制、窗帘控制、煤气阀控制、场景联动、地板采暖等有机地结合在一起，通过网络化综合智能控制和管理，实现“以人为本”的全新家居生活体验。

智能家居中，核心在于系统的集成能力，即把灯光、遮阳系统、窗帘系统、暖通空调系统、中央背景音乐系统、家庭影院系统、安防系统等完美的融合起来的能力。而这个能力，很大程度上取决于该系统的开放性。这就需要一种标准，或者有一个大部分设备厂家都能认可并采用的“语言”，即控制协议。这就牵涉到自动控制领域中的“现场总线技术”，我们称之为 Field Bus。这种技术要求控制与智能“本地化”与“模块化”，让控制系统的传感器与控制器都具有独立的运算、处理、发送信号的能力，相互独立又相互联系，构成一个控制网络中的“Internet”。传统的灯光控制方式与智能的灯光控制方式分别如图 5-1 和图 5-2 所示。

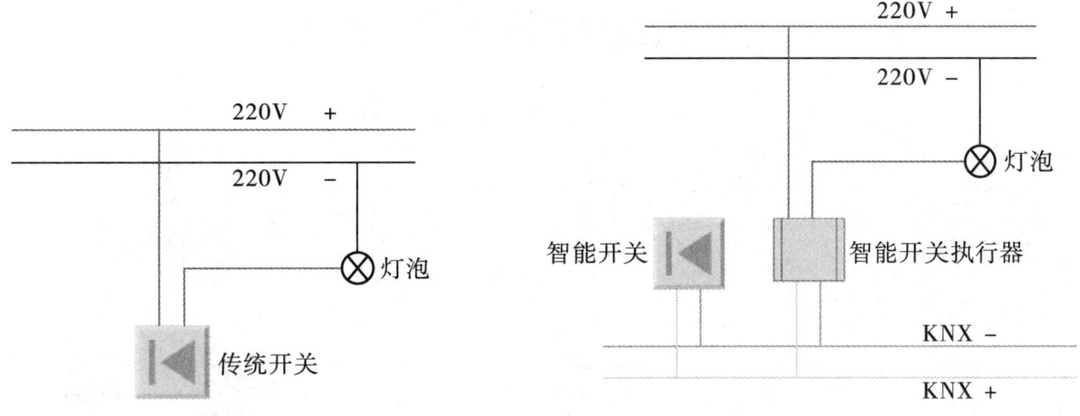

图 5-1　传统的灯光控制方式　　**图 5-2　智能的灯光控制方式**

2. 智能家居系统结构

智能家居系统包括物联网云应用中心、无线路由器、传输控制单元（即网关信号器）、传输接口单元等主要设备，如图 5-3 所示。

图 5-3　智能家居实训系统

平板电脑、台式电脑通过无线路由器接入物联网云应用中心；智能插座等各类控制单元通过传输控制单元接入物联网云应用中心；感知终端通过传输接口单元接入物联网云应用中心，远程控制设备（如电脑）可通过家庭宽带业务接入无线路由器，从而与物联网云应用中心相连，如图 5-4 所示。所有设备都必须直接或间接地接入物联网云应用中心，它是整个智能家居系统的中心控制设备。

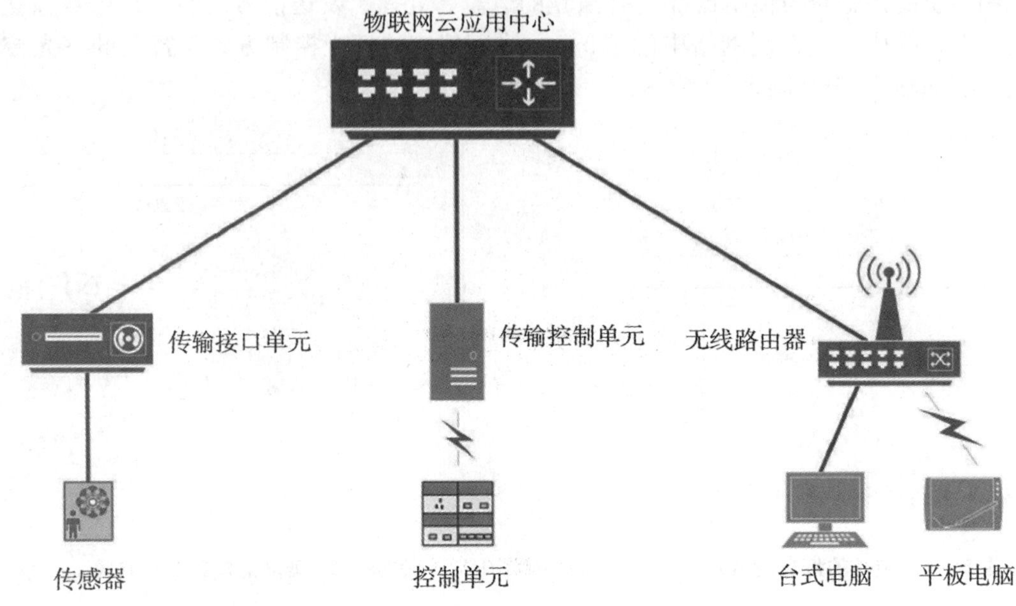

图 5-4　智能家居系统结构

3. 物联网云应用中心

物联网云应用中心即智能家居网关，是智能家居的核心设备，所有控制设备、被控制设备都要与它连接，以实现统一集中控制。本设备需要配置后才能使用，如图 5-5 所示。

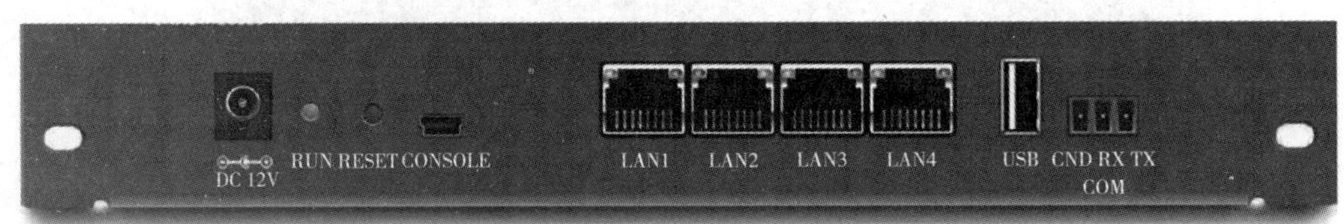

图 5-5　物联网云应用中心

物联网云应用中心主要功能包括以下五方面。

（1）局域网接口（LAN）具有交换机功能。增加传输控制单元可实现无线控制功能，可同时接入最多 14 个传输控制单元。

（2）支持 IP CAM 视频监控。

（3）与数据接口单元相连，可实现有线安防探头接入、数字量输入输出、干节点控制及 RS 232 串行通信扩展、RS 485 串行通信扩展。

（4）支持场景数据同步及控制。

（5）与物联网应用考试鉴定平台进行通信，可实现设备注册与控制。支持中心平台编程，并支持移动终端、Pad（平板电脑）与 PC（台式电脑）的配置调试和远程控制。

图 5-3 所示是弱电箱安装型号，适用于装修前安装；图 5-6 所示是桌面安装型号，适用于装修后安装。桌面安装型号与弱电箱安装型号相比，主要是集成了 Wi-Fi 路由器、

传输控制单元等器件功能。

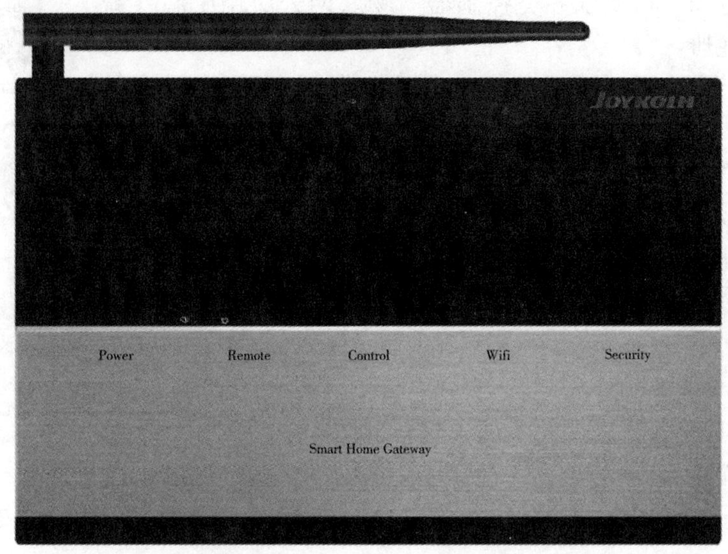

图5-6 物联网云应用中心（桌面安装型号）

4. 无线路由设备

无线路由器设备通过网线连接物联网云应用中心，用于实现 Wi-Fi 设备、有线网络设备与物联网云应用中心的连接。除此之外，无线路由器还负责为其他网络设备分配 IP 地址，如图 5-7 所示。

图5-7 无线路由器

4. 传输控制单元

传输控制单元即网关信号器，通过网线与物联网云应用中心相连。它通过 430MHz ~ 433MHz（ISM 频段）无线信号与各类控制器通信，如环境控制单元（灯光控制器）、环境感知单元（窗帘控制器）等，从而实现各类控制器与物联网云应用中心的通信。如图 5-8 所示。

传输控制单元主要功能包括以下五方面。

（1）设备注册。可实现各类控制器向物联网云应用中心（智能家居网关）注册。

（2）设备控制。通过无线通信，实现各类控制器设备状态接收及行为控制。

（3）场景控制。通过无线通信，连接情景控制单元（场景控制器），实现场景控制。

（4）支持附加的中继器（最多2级）远距离中继传输信号。

（5）支持无线安防探头、无线安防遥控器注册、信号转发。

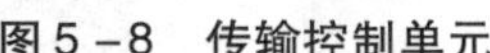

图5－8　传输控制单元

需要注意的是，网线连接好以后，上下两个指示灯（power和link/security）应该是亮的，中间的指示灯（control）应该是熄灭的。在设备注册过程中，三个指示灯才会同时点亮。

5．传输接口单元

传输接口单元是作为物联网云应用中心的数据接口扩展单元，连接各类传感器及执行器。在本系统中，主要用于连接感知终端（人体红外传感器），如图5－9、图5－10所示。

图5－9　传输接口单元

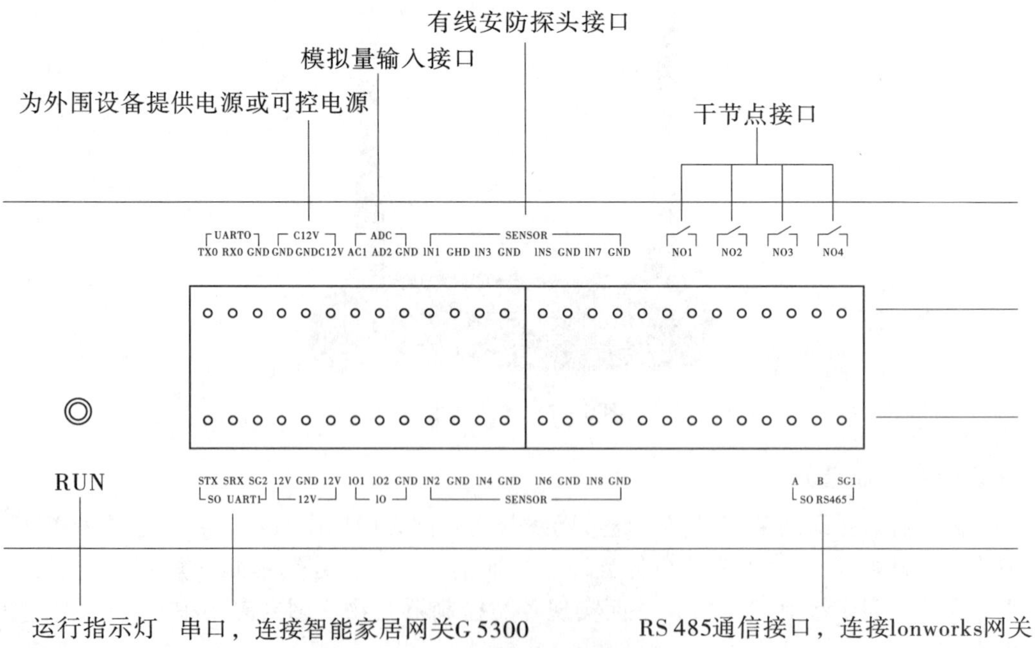

有线安防探头接口
模拟量输入接口
为外围设备提供电源或可控电源
干节点接口
UARTO　C12V　ADC　SENSOR
TX0 RX0 GND GND GNDC12V AC1 AD2 GND IN1 GHD IN3 GND INS GND IN7 GND
NO1 NO2 NO3 NO4
RUN
STX SRX SG2 12V GND 12V IO1 IO2 GND IN2 GND IN4 GND IN6 GND IN8 GND
SO UART1　12V　IO　SENSOR
A B SG1
SO RS465
运行指示灯　串口，连接智能家居网关G 5300　RS 485通信接口，连接lonworks网关

图5－10　传输接口示意图

传输接口单元主要功能包括以下五方面。

（1）安防控制：支持8路防区。

（2）警铃（警灯）输出：提供1路警灯输出接口。

（3）支持多路模拟及数字输入、输出。

（4）串行通信口：具有一路TTL串口，一路RS 485串口。

（5）提供12 V电源输出，最大提供1A电流。

6．供电单元

供电单元为各类设备提供稳压直流电，如图5－11所示。

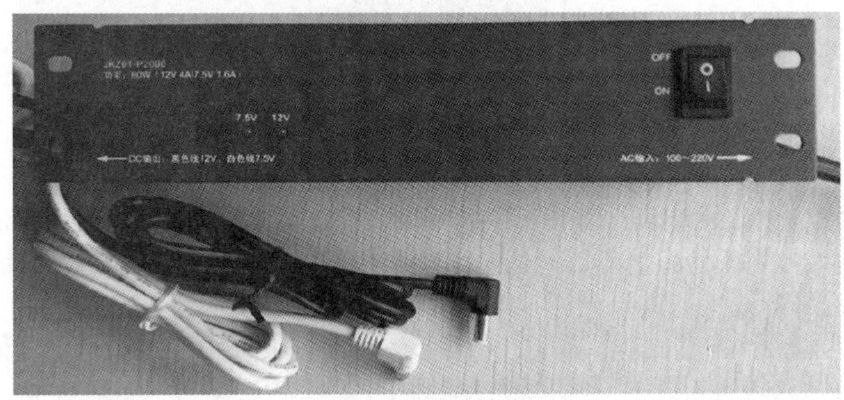

图5－11　供电单元

主要参数：①输入：交流AC 220 V；②输出：DC 12 V直流，单路最大电流2 A，总输出电流4 A。③输出：DC 7.5 V直流，单路最大电流1.1 A，总输出电流1.6 A。

考核评价

（1）能识别设备及其用途。

（2）能理解设备在系统架构中的作用。

5.2　智能家居控制与执行设备

学习目标

（1）理解移动端、PC端软件的主要作用。

（2）熟悉各类控制单元设备的用途和参数。

（3）熟悉各类执行单元设备的用途和参数。

1．云应用控制端

云应用控制端的主要用途是运行移动终端控制软件，实现智能家居设备注册与控制。此处以平板电脑作为云应用控制端如图5－12所示。

图 5－12　云应用控制端

主要参数：双核处理器，1.6GHz，内存 1GB，存储容量 16GB，操作系统 Android 4.2。

移动终端控制软件的主要用途是配置、使用（控制）智能家居的各项功能，如图 5－13 所示。

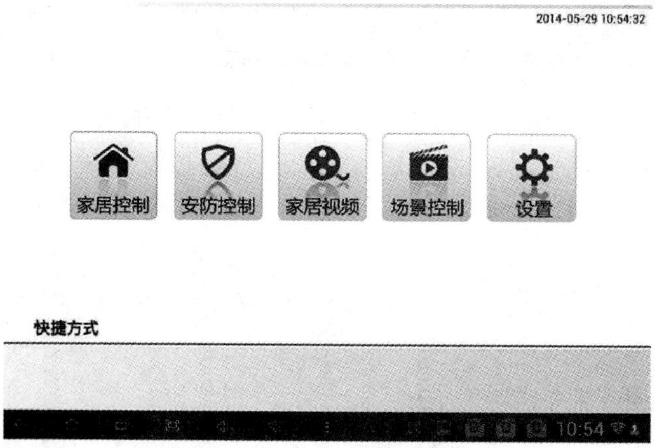

图 5－13　移动终端控制软件

（1）设备控制：实现对家电设备的无线控制（如灯的开关控制等）并能实时显示设备状态。

（2）场景控制：实现对智能系统设备的批量控制快捷操作，一键式控制。

（3）视频监控：支持远程平台进行视频监控。

（4）智能防盗：系统支持用户分域分级管理。

（5）支持物联网应用操作员鉴定中心平台的统一管理与控制。

（6）支持与物联网应用考试鉴定平台进行通信，支持中心平台的编程，并支持移动终端、PC 终端软件共享配置数据。

2. 云服务应用软件

云服务应用软件（即 PC 终端软件）的主要用途是实现智能家居设备注册与控制，与移动终端控制软件的功能基本一致，操作方法和步骤稍有差别，如图 5－14 所示。

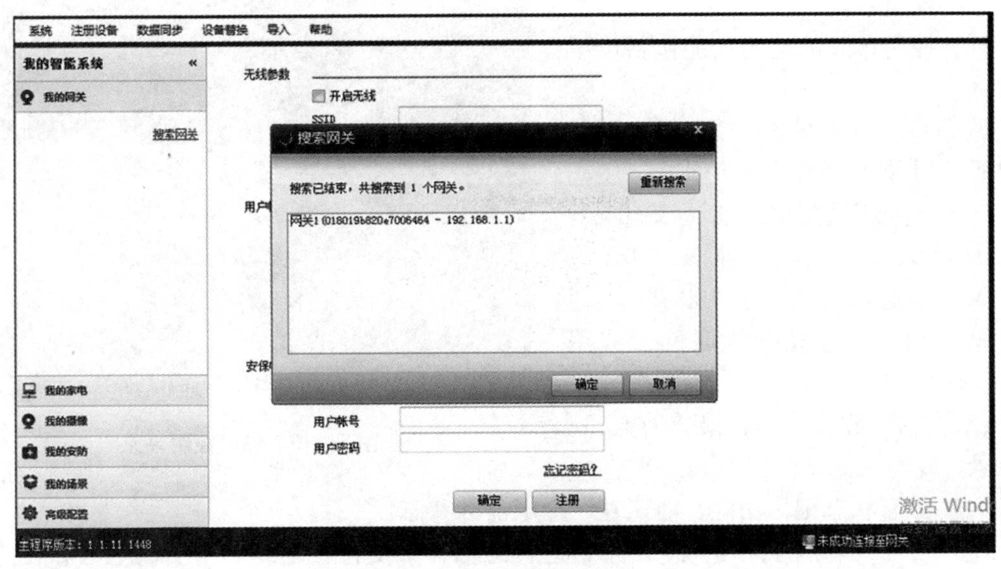

图 5－14　云服务应用软件

在实际操作中，移动终端控制软件与 PC 终端软件共享配置数据，因此可任选一个软件进行配置，完成后上传配置数据；另一个软件下载配置数据后，即可进行控制。

3. 节能控制单元

节能控制单元（即智能电源插座）是一个具有无线控制功能的电源插座，可实现电源的开与关，如图 5－15 所示。

图 5－15　节能控制单元

节能控制单元的主要功能包括以下五方面。

（1）具有手动控制和无线控制的功能，可控制电器设备的电源开关。

（2）电源输出接口符合安全标准，可插入 10A 的二插和三插插头。

（3）支持无线双向通信（430MHz～433MHz 频段，16 个信道，速率 38.4Kbps，空旷无阻隔通信距离大于 100 米）。通过传输控制单元（网关信号器）连接到物联网云应用中心（智能家居网关）。

（4）支持场景控制，最多存储 32 个场景，每个场景 20 个动作。

（5）可与物联网应用考试鉴定平台进行通信，并支持移动终端、平板电脑和台式电脑的远程控制与调试配置。

4. 环境控制单元

环境控制单元（即智能灯光控制器）是具有无线控制功能的照明开关，如图 5－16 所示。

图 5－16　环境控制单元

环境控制单元的主要功能包括以下五方面。

（1）可取代传统的照明开关，同时具有手动操作和无线控制功能。

（2）支持无线双向通信（430MHz～433MHz 频段，16 个信道，速率 38.4Kbps，空旷无阻隔通信距离大于 100 米）。通过传输控制单元连接到物联网云应用中心。

（3）支持场景控制，最多存储 32 个场景，每个场景 20 个动作。

（4）具有状态记忆功能，能恢复至掉电前的状态。

（5）可与物联网应用考试鉴定平台进行通信，并支持移动终端、平板电脑和台式电脑的远程控制与调试配置。

5. 环境感知单元（智能窗帘控制器）

环境感知单元（智能窗帘控制器）是具有无线控制功能的窗帘电机开关。如图 5－17 所示。

图 5－17　环境感知单元

主要功能包括以下五方面。

（1）可连接电机执行模块，同时具有手动操作和无线控制功能。支持无线双向通信。

（2）支持无线双向通信（430MHz～433MHz 频段，16 个信道，速率 38.4Kbps，空旷无阻隔通信距离大于 100 米）。通过传输控制单元连接到物联网云应用中心。

（3）支持场景控制，最多存储 32 个场景，每个场景 20 个动作。

（4）具有电机控制校准功能，具有行程校准功能。

（5）可与物联网应用考试鉴定平台进行通信，并支持移动终端、平板电脑和台式电脑的远程控制与调试配置。

6. 电机执行模块（窗帘电机）

电机执行模块即窗帘电机，主要作用是拖动装在导轨上的窗帘，如图 5－18 所示。

图 5－18　电机执行模块

主要参数：

（1）额定扭矩：1.0Nm；（2）输出转速：100rpm；（3）输入电压：交流 AC 100V～240V；（4）额定功率：65W。

7. 情景控制单元（场景控制器）

情景控制单元（场景控制器）用于实现对家居设备的批量控制，是一种快捷操作方式，实现一键式控制，如图 5－19 所示。

图 5－19　情景控制单元

情景控制单元的主要功能包括以下五方面。

（1）作为本地控制器，面板上每个按键都可以关联设备或场景。

（2）轻触按键则可实现关联设备或场景的控制操作。

（3）按键所关联的设备或场景，可通过配置软件自由配置，然后同步至情景控制单元（场景控制器）。

（4）支持无线双向通信（430MHz～433MHz 频段，16 个信道，速率 38.4kbps，空旷无阻隔通信距离大于 100 米）。通过传输控制单元（网关信号器）连接到物联网云应用中心（智能家居网关）。

（5）可与物联网应用考试鉴定平台进行通信，并支持移动终端、Pad 平板和 PC 的远程控制与调试配置。

考核评价

（1）能识别设备及用途。

（2）能理解设备在系统架构中的作用。

5.3 智能家居感知设备

学习目标

（1）熟悉智能感知终端设备的用途和参数。

（2）熟悉红外感知终端设备的用途和参数。

1. 视频感知终端

视频感知终端（监控摄像头）主要用于安防监控，如图5－20所示。

主要参数：①传感器类型：1/4" CMOS；最小照度：0.01 Lux @（F1.2，AGC ON）0Lux with IR；日夜转换模式；②存储接口：支持 Micro SD/SDHC 卡（32G）；③通信接口：1个RJ45 10M/100M 自适应以太网口；2个外置USB接口（支持USB无线）；④支持视频压缩标准：H.264/MPEG4/MJPEG；压缩输出码率：32Kbps～16Mbps；音频压缩标准：G.711/G.726；图像尺寸：640×480；⑤可与物联网应用考试鉴定平台进行通信，并支持移动终端、Pad平板和PC的远程控制与调试配置。

图5－20 视频感知终端

2. 红外感知终端

红外感知终端（人体红外传感器）用于判断附近是否有人经过，如图5－21所示。

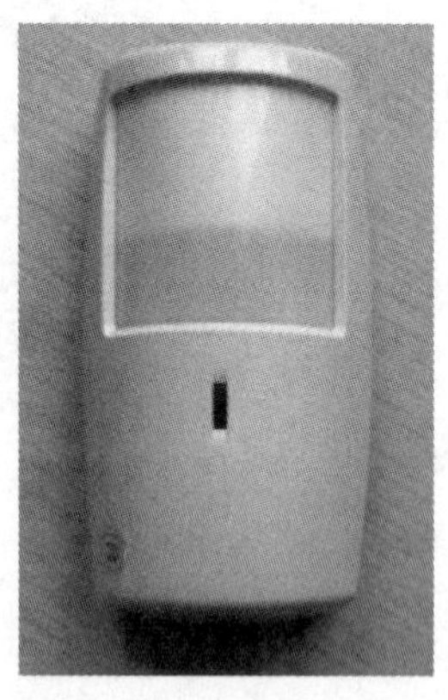

图5－21 红外感知终端

传感器通过检测人体所发出的红外线信号，从而判断是否有人在监控范围之内。有探测角度限制，一般安装在墙角上方，如图5－22所示。

图 5－22　人体红外传感器探测范围

红外感知终端的主要特点包括：

（1）探测最大角度 90 度，最远距离 12 米。

（2）一步探测技术，防宠物（不超过 25 千克）干扰。

（3）传感器类型：双元 + 微波；透镜类型：广角菲涅尔透镜。

（4）通过传输接口单元，与物联网应用考试鉴定平台进行通信。

考核评价

（1）能识别设备及用途。

（2）能理解设备在系统架构中的作用。

单元六
网络连接与配置

学时建议

4 学时。

情境导入

公司接到一个订单，为客户的大厅安装智能家居系统，作为智能家居系统安装与调试现场工程师，你接到安装调试任务。首要任务是配置智能家居系统的网络，包括无线路由器的 IP 及 Wi-Fi 配置，物联网云应用中心及终端设备的 IP 配置。

6.1 制作双绞线

学习目标

能根据实训项目需要，制作 3 ~5 条长短不一的双绞线。

1. 网线

网线是连接局域网必不可少的。在局域网中常见的网线主要有双绞线（见图 6 -1）、同轴电缆、光缆三种。双绞线是由许多对线组成的数据传输线。它的特点就是价格便宜，所以被广泛应用。

图 6 -1 双绞线实物

从家用的路由器到电脑之间的网线长度一般不要大于 50 米，网线超过 90 米会引起网络信号衰减，沿路干扰增加，使传输数据容易出错，因而会造成屏幕卡顿、“网页出错” 等情况。这时给用户造成网速变慢的错觉，但实际网速（数据传输速度）并没有变慢，只是数据出错后，网络侦测机制要求把错误帧回传。但从小区或住宅楼的集线器（交换机）到各个住宅单元的网线长度达 100 米也没问题。

2. 双绞线的标准

双绞线端接有两种标准分别为 T 568A 和 T 568B，而双绞线的连接方法主要有两种，分别为直接互联法（直通线）和交叉互联法（交叉线缆）。

直通线缆的水晶头两端都遵循 T 568B 标准，使用直接互联法。双绞线每组线的两端是一一对应的，颜色相同的线在两端水晶头的相应槽中保持一致。它主要用在交换机（或集线器）口连接交换机（或集线器）普通端口或交换机普通端口连接计算机网卡上。而交叉线缆的水晶头一端按 T 568A，而另一端则按 T 568B，使用交叉互联法，它主要用在交换机（或集线器）普通端口连接到交换机（或集线器）普通端口或网卡连网卡上。设备的网线接法通常按 T 568B 类端接，如图 6－2 至图 6－4 所示。

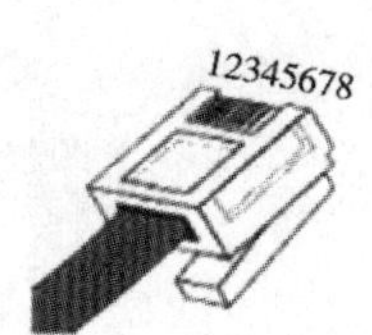

图 6－2　RJ 45 接头

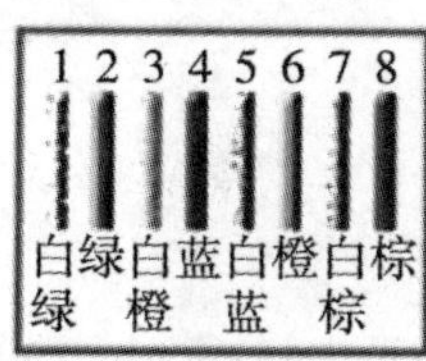

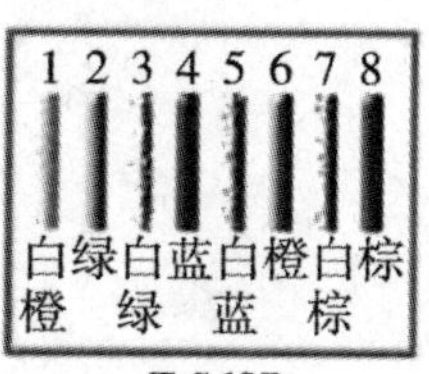

图 6－3　T 568A 和 T 568B 排线示意图

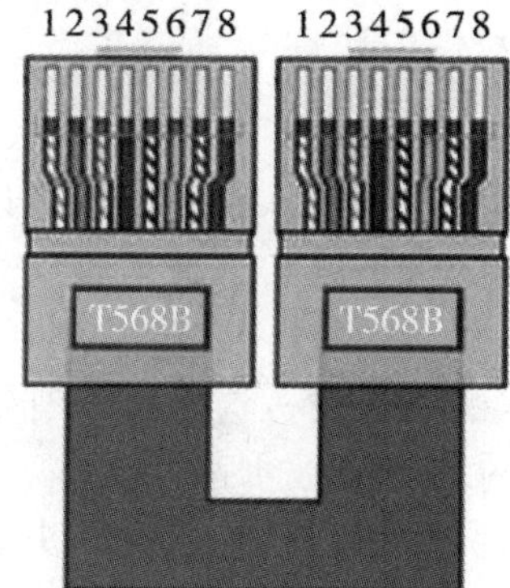

网线的两端均按 T 568B接。
1. 电　脑 → ADSL 猫
2. ADSL 猫 → ADSL 路由器的MAN 口
3. 电　脑 → ADSL 路由器的LAN 口
4. 电　脑 → 集线器或交换机

图 6－4　直通线缆

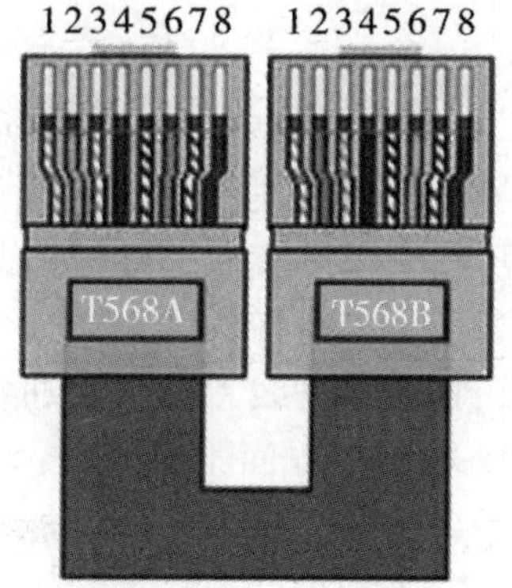

网线的一端按 T 568B接，另一端按 T 568A接。
1. 电　脑 → 电　脑，脚对等网连接
2. 集线器 → 集线器
3. 交换机 → 交换机

图 6－5　交叉线缆

3. 双绞线的制作方法

（1）先准备好需要的材料。取一条适当长度的双绞线，若干个 RJ 45 水晶头，一把双绞线压线钳，还有双绞线测试仪。

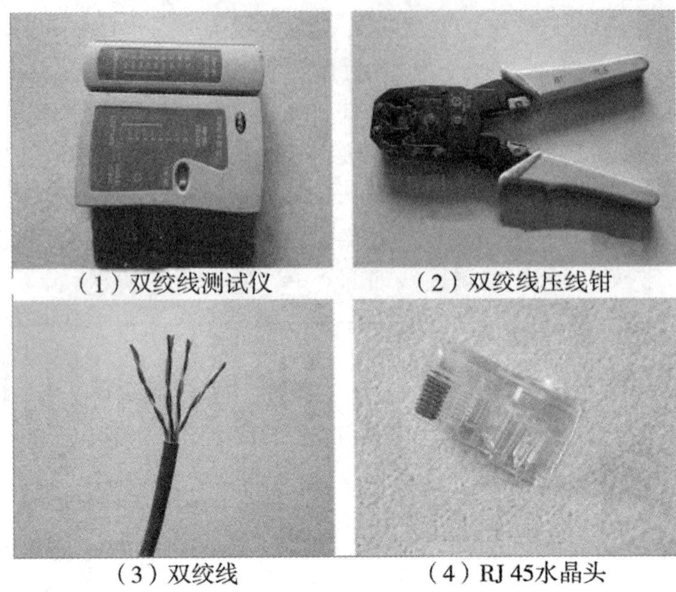

（1）双绞线测试仪　（2）双绞线压线钳

（3）双绞线　（4）RJ 45水晶头

图 6 -6　制作网线所需的材料和工具

（1）剪断：利用压线钳的剪线刀口剪取适当长度的网线。

（2）剥皮：用压线钳的剪线刀口将线头剪齐，再将线头放入剥线刀口，让线头角及挡板，稍微握紧压线钳慢慢旋转，让刀口划开双绞线的保护胶皮，拔下胶皮。需要注意的是，剥下胶皮长度与大拇指长度一样。

注意：网线钳挡位离剥线刀口长度通常恰好为水晶头长度，这样可以有效避免剥线过长或过短。剥线过长一方面不美观，另一方面因网线不能被水晶头卡住，容易松动；剥线过短，因有外包皮存在，太厚，不能完全插到水晶头底部，造成水晶头插针不能与网线芯线完好接触，当然也就不能算制作成功了。

（3）排序：剥除外包皮后，即可见到双绞线网线的 4 对 8 条芯线，并且可以看到每对芯线的颜色都不同。每对缠绕的两根芯线是由一根全色护套线和一根白色或半色护套线组成。4 条全色芯线的颜色为：棕色、橙色、绿色、蓝色。制作网线时，必须将 4 个线对的 8 条细导线一一拆开、理顺、捋直，然后按照规定的线序排列整齐。T 568A 和 T 568B 的线序排列如图 6 -7 所示。排列水晶头 8 根针脚，将水晶头有塑料弹簧片的一面向下，有针脚的一方向上，使有针脚的一端指向远离自己的方向，有方型孔的一端对着自己。此时，最左边的是第 1 脚，最右边的是第 8 脚，依次排列。

（1）T 568A

（2）T 568B

图 6 -7　线序排列

(4) 剪齐：把线尽量撸直（不要缠绕）、压平（不要重叠）、挤紧理顺（朝一个方向紧靠），然后用压线钳把线头剪平齐。这样，在双绞线插入水晶头后，每条线都能良好接触水晶头中的插针，避免接触不良。如果以前剥的皮过长，可以在这里将过长的细线剪短，保留的去掉外层绝缘皮的部分约为 14 厘米，这个长度正好能将各细导线插入到各自的线槽，如图 6－8 所示。如果该段留得过长，一来会由于线对不再互绞而增加串扰，二来会由于水晶头不能压住护套而可能导致电缆从水晶头中脱出，造成线路的接触不良甚至中断。

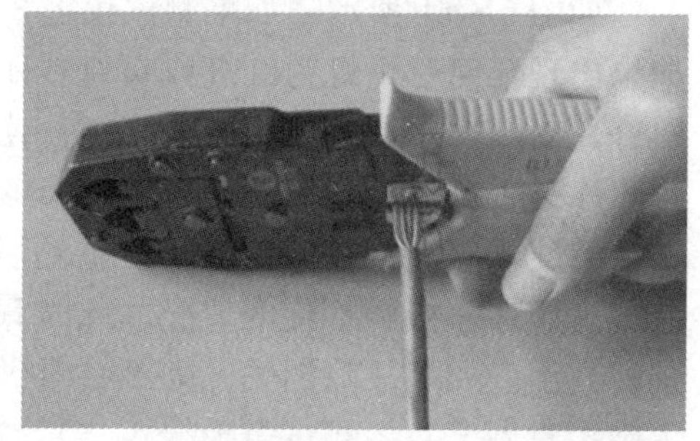

图6－8　剪线

(5) 插入：一只手以拇指和中指捏住水晶头，使有塑料弹片的一侧向下，针脚一方朝向远离自己的方向，并用食指抵住；另一手捏住双绞线外面的胶皮，缓缓用力将 8 条导线同时沿 RJ－45 头内的 8 个线槽插入，一直插到线槽的顶端，如图 6－9 所示。

(6) 压制：确认所有导线都到位，并透过水晶头检查一遍线序无误后，就可以用压线钳制 RJ－45 头了。将 RJ－45 头从无牙的一侧推入压线钳夹槽后，用力握紧线钳（可以双手握钳一起压），将突出在外面的针脚全部压入水晶并头内，如图 6－10 所示。

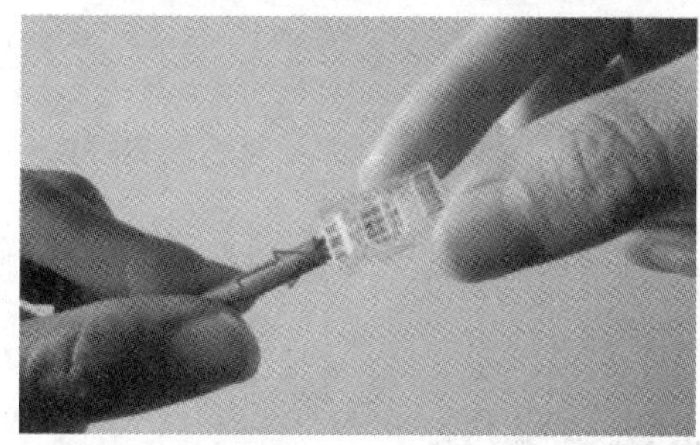

图6－9　插入

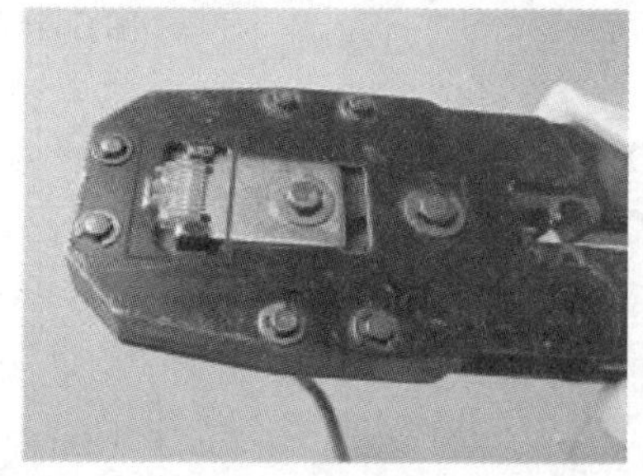

图6－10　压紧水晶头

(7) 测试：把水晶头的两端都做好后，即可用网线测试仪进行测试。

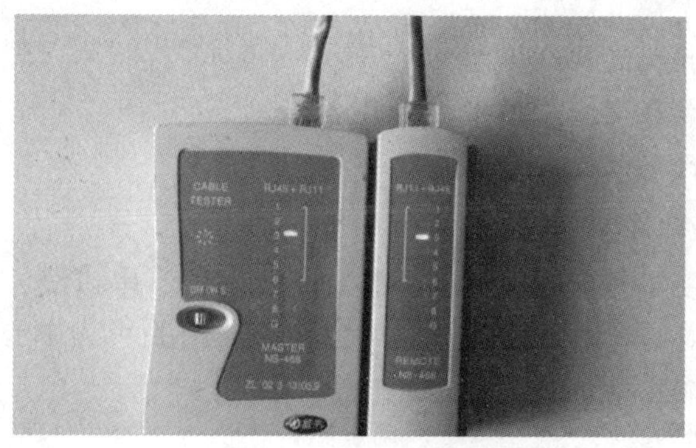

图6－11　测试网线

如图6-11所示，如果测试仪上8个指示灯都依次为绿色闪过，证明网线制作成功。如果出现任何一个灯为红灯或黄灯或不亮，都证明存在断路或者接触不良的情况，此时最好先对两端水晶头再用网线钳压一次再测。如果故障依旧，再检查一下两端芯线的排列顺序是否一样，如果不一样，随即剪掉一端重新按另一端芯线排列顺序制作水晶头。如果芯线顺序一样，但测试仪在重测后仍显示红色灯或黄色灯或不亮，则表明其中对应芯线肯定存在接触不良的情况。此时只好先剪掉一端按另一端芯线顺序重做一个水晶头了，再测。如果故障消失，则不必重做另一端水晶头，否则还得把原来的另一端水晶头也剪掉重做。直到测试全为绿色指示灯闪过为止。对于不同方法制作的水晶头，测试仪上的指示灯亮的顺序也不同，如果做的是直通线，测试仪上的灯闪应该是依次顺序的，如果做的是交叉线，那测试仪上的灯闪顺序应该是3、6、1、4、5、2、7、8。

（8）网线制作完毕（见图6-12）。

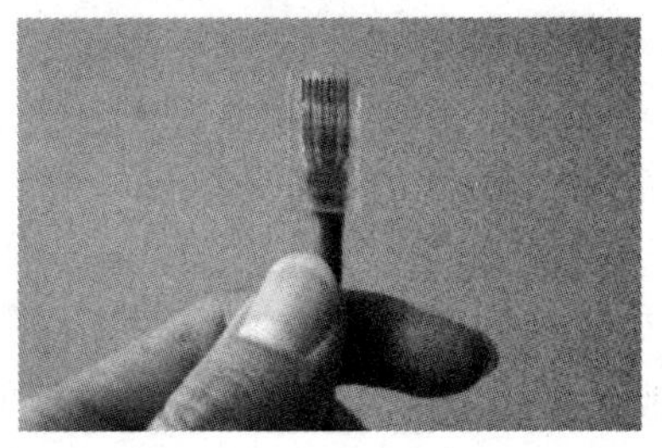
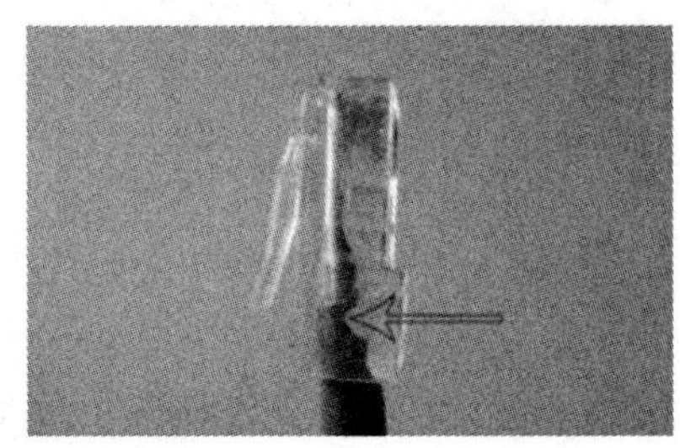

图6-12　制作完毕的网线

考核评价

（1）规范制作网线，熟练使用工具。

（2）网线测试正常。

6.2　智能家居网络

学习目标

（1）能正确连接系统的网络。

（2）能正确配置物联网云应用中心的IP地址。

（3）能解决常见网络故障。

1. 智能家居网络连接

智能家居网络连接如图6-13所示，需要通过网线、串口线、信号线及无线网络连接起来。整个系统是以物联网云应用中心（智能家居网关）为中心组织的。线路连接好以后，要为网络设备配置IP地址。

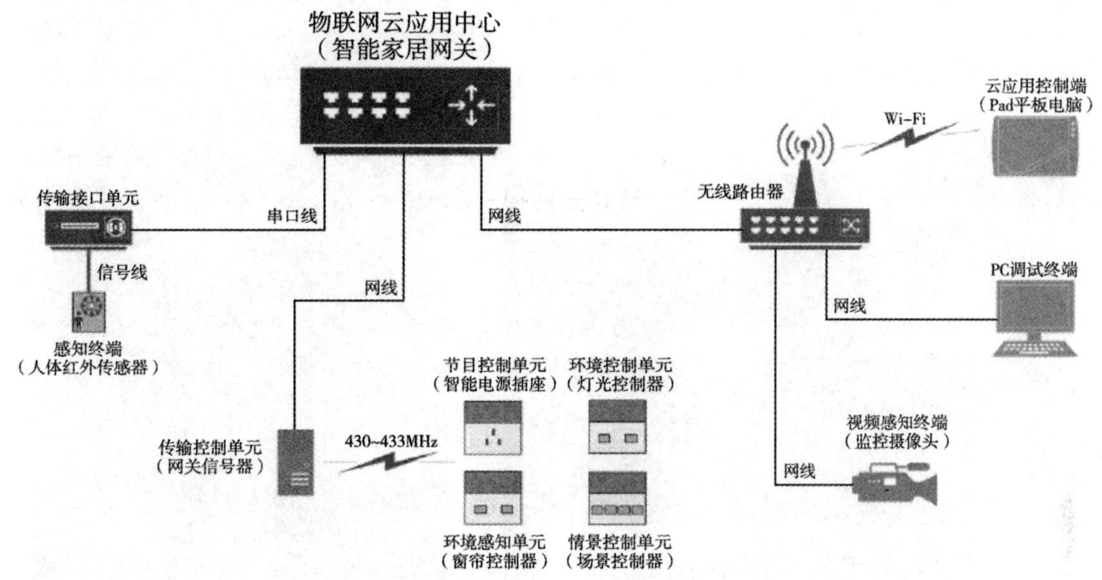

图6－13　智能家居网络拓扑图

通常，通过TCP/IP传输数据的设备，都要配置IP地址，如物联网云应用中心、无线路由器、平板电脑、PC调试终端、监控摄像头、传输控制单元。IP地址可以手动分配，也可以自动分配。建议为物联网云应用中心和无线路由器分配固定IP地址，其他网络设备为自动获取IP地址（由无线路由器分配）。以下示例仅供参考。

物联网云应用中心：IP地址：192.168.1.165，掩码：255.255.255.0。

无线路由器：IP地址：192.168.1.1，掩码：255.255.255.0。

同时，在无线路由器上配置自动分配IP地址给其他设备：

分配范围为192.168.1.11～192.168.1.150。

2．无线路由器配置

配置无线路由器，主要包括IP地址、无线网络、DHCP服务三部分。

如果不知道无线路由器的地址，或者配置数据已经改乱，无法正常使用，可以通过无线路由器上的复位按钮恢复出厂值（默认值）。每个品牌的出厂值都不一样，需要参考路由器所配的说明书。

本项目以“极路由1S”为例。复位后默认IP是192.168.199.1/255.255.255.0，默认用户名和密码都是admin，默认Wi-Fi名字（SSID）是固定标识加路由器背后所标MAC地址的后六位，本例是“HiWiFi_ 463D94”，可通过这个方法区分自己和他人的路由器。如图6－14、图6－15所示。

图 6-14　无线路由器背面信息

图 6-15　无线路由器默认 SSID

恢复出厂值后，无线路由器的默认的配置信息如下。

Wi-Fi 名字：HiWiFi_ 463D94。

Wi-Fi 加密：无。

Wi-Fi 密码：无。

IP：192. 168. 199. 1 掩码 255. 255. 255. 0。

DHCP：192. 168. 199. 2 ~ 192. 168. 199. 254。

我们需要设置的信息如下：

Wi-Fi 名字：HiWiFi01（或 HiWiFi02、HiWiFi03……）。

Wi-Fi 加密：AES。

Wi-Fi 密码：12345678。

IP：192. 168. 1. 1 掩码 255. 255. 255. 0。

DHCP：192. 168. 1. 11 ~ 192. 168. 1. 150。

PC 可通过有线网卡使用网线连接无线路由器，也可以通过无线网卡连接路由器，平板电脑通过无线网卡连接路由器。在本示例中，PC 使用无线网卡连接路由器，访问路由器的设置页面。

（1）点击“HiWiFi_ 463D94”，连接到路由器。启动浏览器，在地址栏输入：http：//192. 168. 199. 1，进入路由器配置页面。点击页面最下方的“跳过引导进入后台管理”，如图 6-16 所示。

图 6-16　配置首页

（2）输入默认密码“admin”，点击“登录”，如图 6-17 所示。

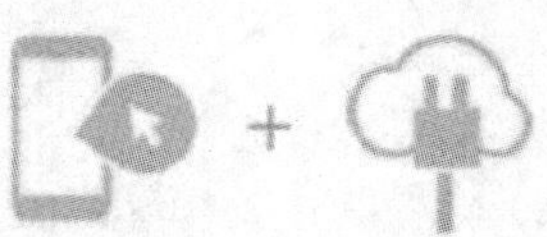

图 6-17　登录页面

（3）点击“②无线设置”，如图6－18所示。

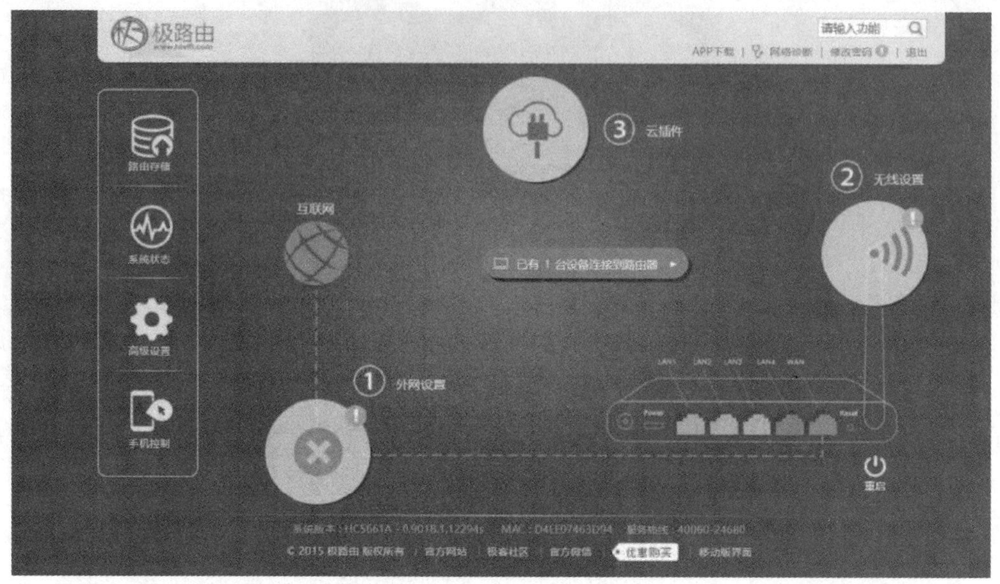

图6－18 配置主页面

（4）按照图示设置好网络名称、安全类型、网络密码。因存在多台实训设备、有多个路由器，建议网络名称使用“HiWiFi01”“HiWiFi02”“HiWiFi03”等形式，方便学生识别，防止网络连接错误。

最后点击“保存”，将会重启路由器，如图6－19所示。

图6－19 无线网络设置

（5）重启路由器后，需要查找新的 Wi-Fi 名字，并重新连接。如图 6－20 所示。

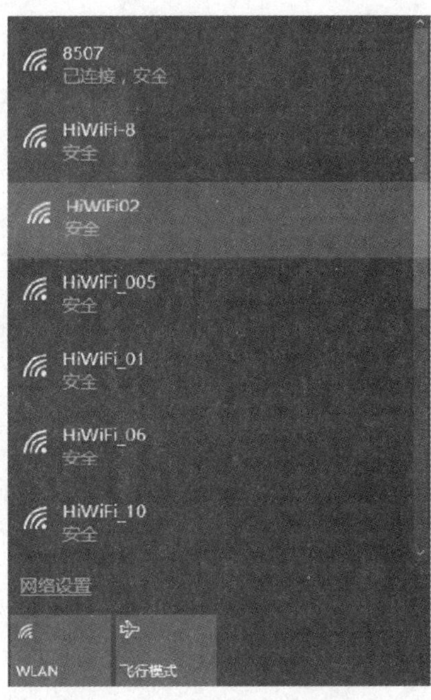

图 6－20　连接无线网络

（6）连接之后，重新进入设置页面，点击“高级设置”，如图 6－21 所示。

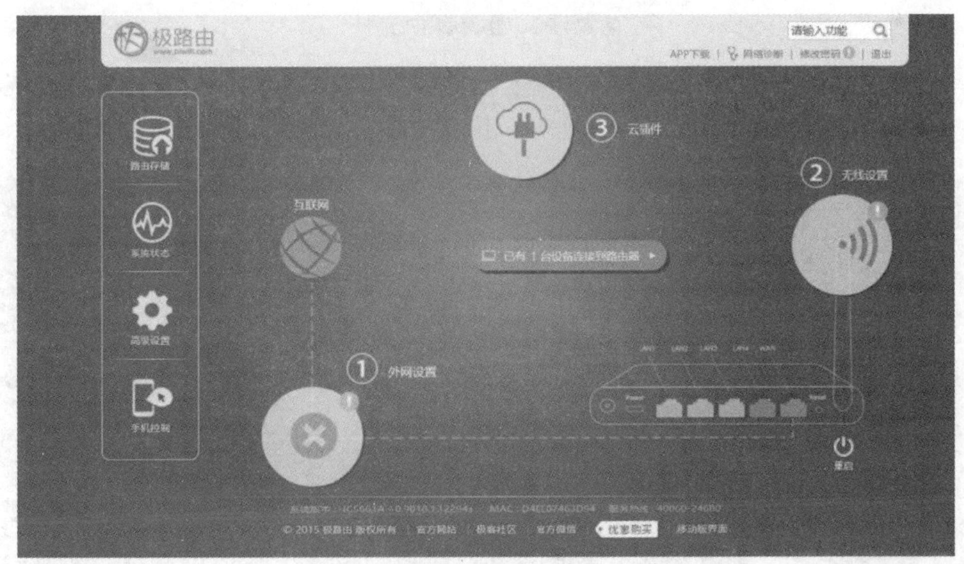

图 6－21　配置主页面

（7）在“高级设置”页面点击“局域网 IP 地址”，在“IP 地址”栏中填入路由器的 IP 地址，如图 6－22 所示。

图 6－22　路由器 IP 地址

（8）点击“保存”按钮，重新启动。注意，这时候路由器的 IP 地址已经变化，启动浏览器，在地址栏输入：http：//192. 168. 1. 1，进入路由器配置页面，如图 6－23 所示。

图 6－23　重新启动

（9）再次进入“高级设置”页面，点击“局域网 DHCP 服务”，设置为其他网络设备自动分配 IP 地址的范围，如图 6－24 所示。

图 6－24 DHCP 服务

（10）无线路由器的基本配置已经完成。如果无线路由器需要连接外网（因特网），就要配置“①外网设置”，具体设置内容需要询问网络管理员。如图 6－25 所示。

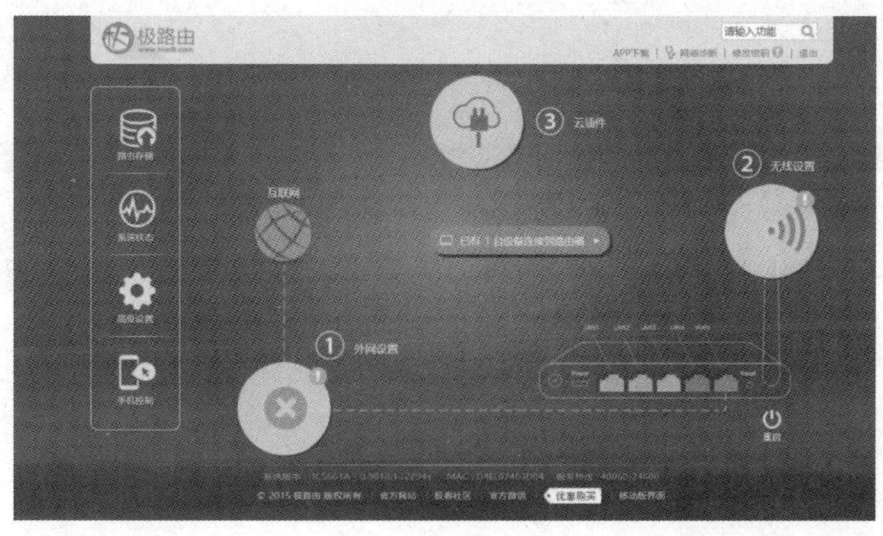

图 6－25 配置主页面

3. 物联网云应用中心 IP 配置

物联网云应用中心的默认 IP 是自动获取状态，由无线路由器分配，默认用户名和密码都是 admin。如果配置数据已经改乱，无法正常使用，可以通过复位按钮恢复出厂值（默认值）。

（1）获取物联网云应用中心 IP 地址。

第一次设置物联网云应用中心（智能家居网关），要知道无线路由器为它分配的 IP 地址。获取 IP 地址有两种方法：①启动 PC 调试终端软件（网卡已设为自动获取 IP 地址），可在右下角看到智能家居网关地址。②在无线路由器的“局域网 DHCP 服务”页面中查找。

鼠标双击桌面图标 物联网应用操作鉴定... ，启动 PC 终端调试软件，连接网关成功以后，在软件的右下角会显示网关的 IP 地址。本例 IP 地址是 192. 168. 1. 177，如图 6－26 所示。

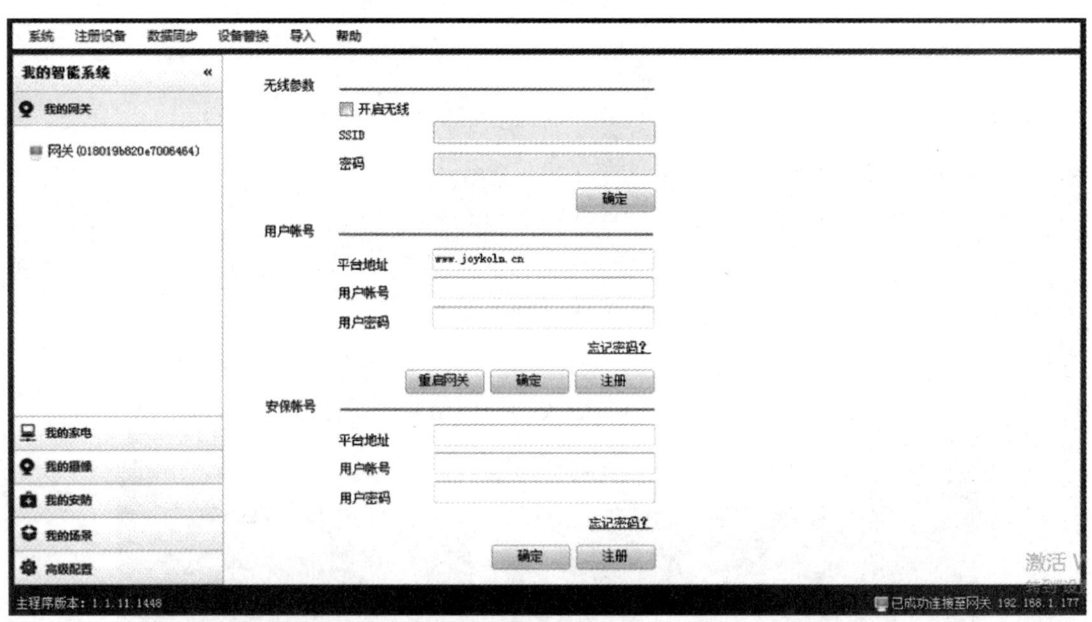

图 6－26 启动软件

（2）启动浏览器，输入：http：//192. 168. 1. 177，进入网关登录界面，如图 6－27 所示。

图 6－27　登录界面

（3）输入默认用户名密码都是“admin”，进入后台配置主界面，如图 6－28 所示。

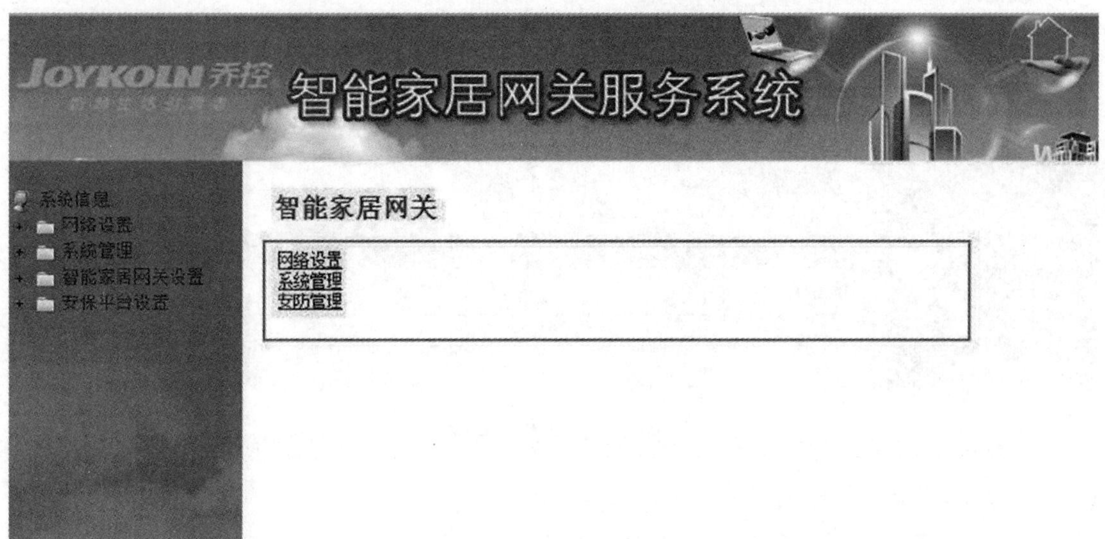

图 6－28　配置主界面

（4）在左边目录列表中，分别点击“网络设置”→“局域网”，进入局域网 IP 配置页面，按照图示填入 IP 信息，再点击“确定”，如图 6－29 所示。

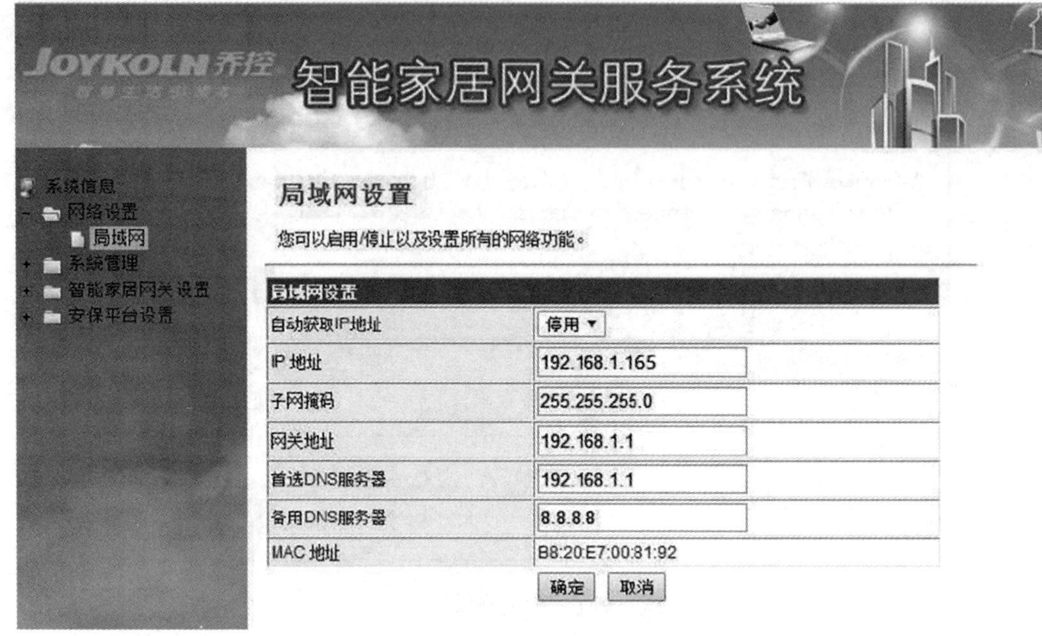

图 6－29　局域网 IP 设置

（5）点击“系统管理”→“重启系统”，如图 6－30 所示。系统重新启动大约需要 1～2 分钟。

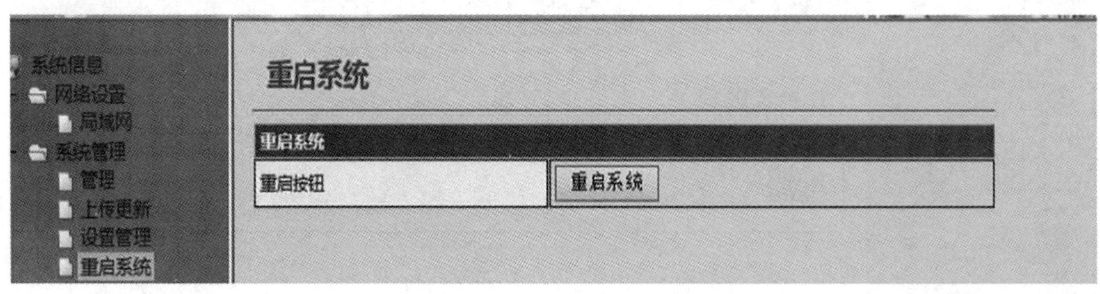

图 6－30　重启系统

4．移动终端配置与测试

启动云应用控制端软件后，要确保右上角显示网络连接成功图标。

（1）开启平板电脑 Wi-Fi 连接（默认为 IP 自动获取）。

（2）启动云应用控制端软件。如果是第一次启动，右上角的网络图标会显示断开状态，表示未能连接上网关。如图 6－31 所示。

图 6－31　移动终端网络连接失败

(3) 选择“设置”(默认密码为 123456)，再选择“常规设置”，然后在“网关 IP”填入物联网云应用中心（智能家居网关）的 IP 地址（本例是 192. 168. 1. 165），点击“保存”按钮。如图 6－32 所示。

图 6－32　设置网关 IP

（4）重启程序，这时右上角显示网络连接成功，表示平板电脑与物联网云应用中心（智能家居网关）连接正常。如图 6－33 所示。

智慧生活引领者　智能家居控制系统　用户名：管理员　退出登录
2014-06-03 16:27:41
网络连接成功

快捷方式
网络连接成功！
16:27

图 6－33　网络连接成功

（5）如果右上角还是显示网络连接失败，则需要检查以上步骤是否配置正确，或者检查无线路由器、物联网云应用中心的配置是否正确，网线是否松动等。

在其后的移动终端云应用控制端软件配置中，将不再重复这一过程，而是假设已成功连接到物联网云应用中心。

5．PC 终端配置与测试

操作之前，先检查 PC 网卡（有线网卡或无线网卡）是否为自动获取 IP（也是默认设置）。

（1）鼠标双击桌面图标 物联网应用操作鉴定...，启动 PC 终端配置软件。

（2）点击菜单“系统”，再点击“新建项目”。如图 6－34 所示。

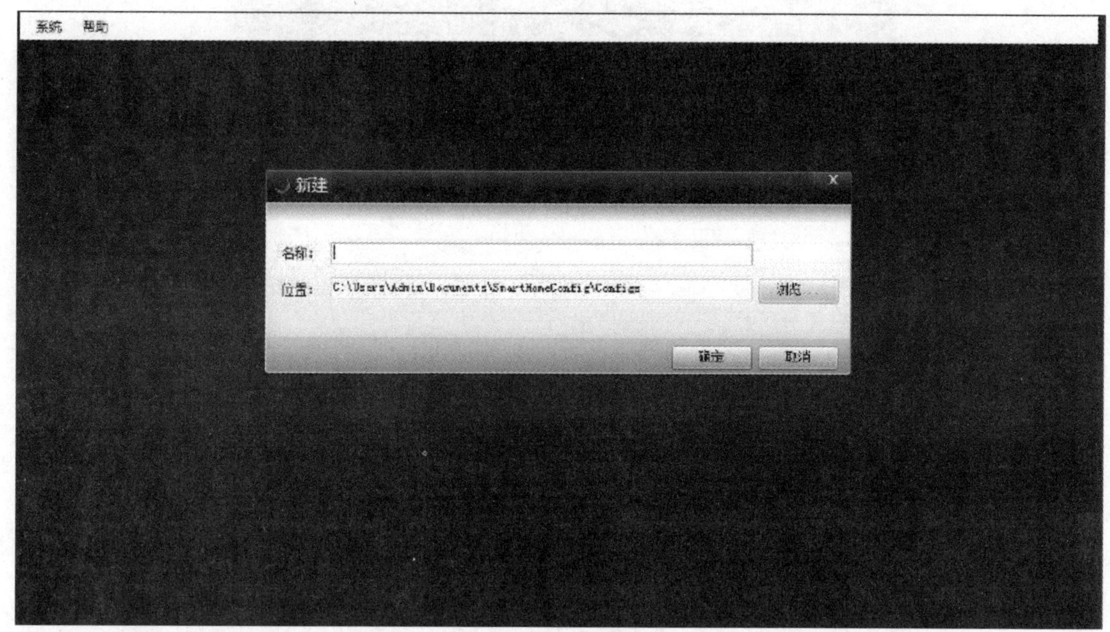

图 6 – 34　新建项目

（3）在弹出的对话框中输入项目名称及存放位置，再点击“确定”。如图 6 – 35 所示。后续操作产生的配置数据，将保存在此文件中，下次打开可以直接使用。如果每次都进行新建文件的操作，则无法使用以前的配置数据。

图 6 – 35　项目名称

（4）进入物联网云应用中心搜索状态，如果网络正常，几秒钟后会搜索到网关，如图 6 – 36 所示。

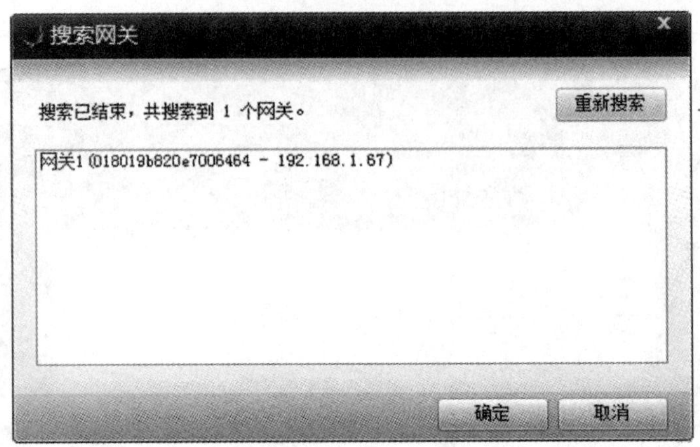

图 6－36　搜索网关

（5）选择所列网关，点击“确定”，开始连接物联网云应用中心。连接完成后，会自动把以前上传到网关的配置数据下载到本地。如图 6－37 所示。

图 6－37　连接网关

（6）数据下载更新完成后，右下角显示已成功连接到网关。如图 6－38 所示。

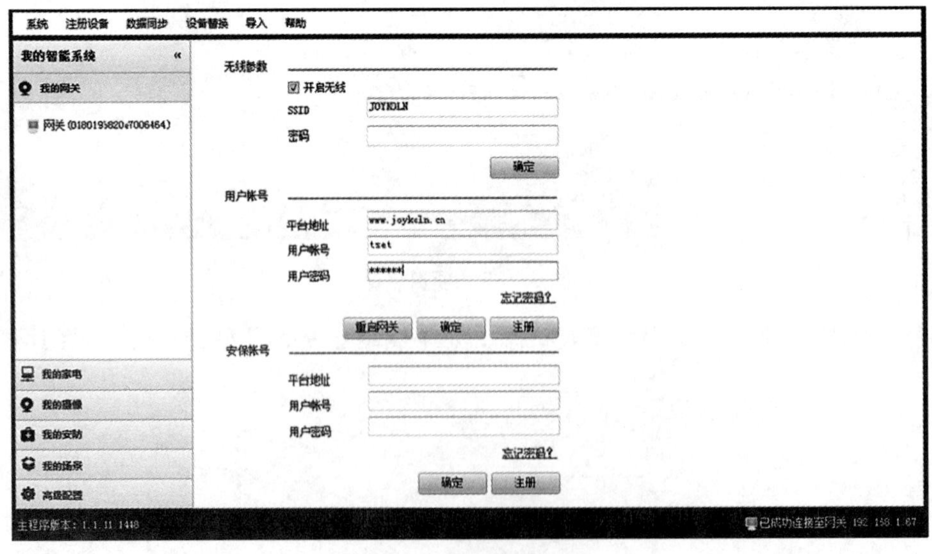

图 6－38　已连接到网关

（7）如果网络有问题，右下角会显示未连接到网关。如图 6－39 所示。需要检查智能家居网关配置是否正确、检查 Wi-Fi 是否正常工作、网线是否松动等。

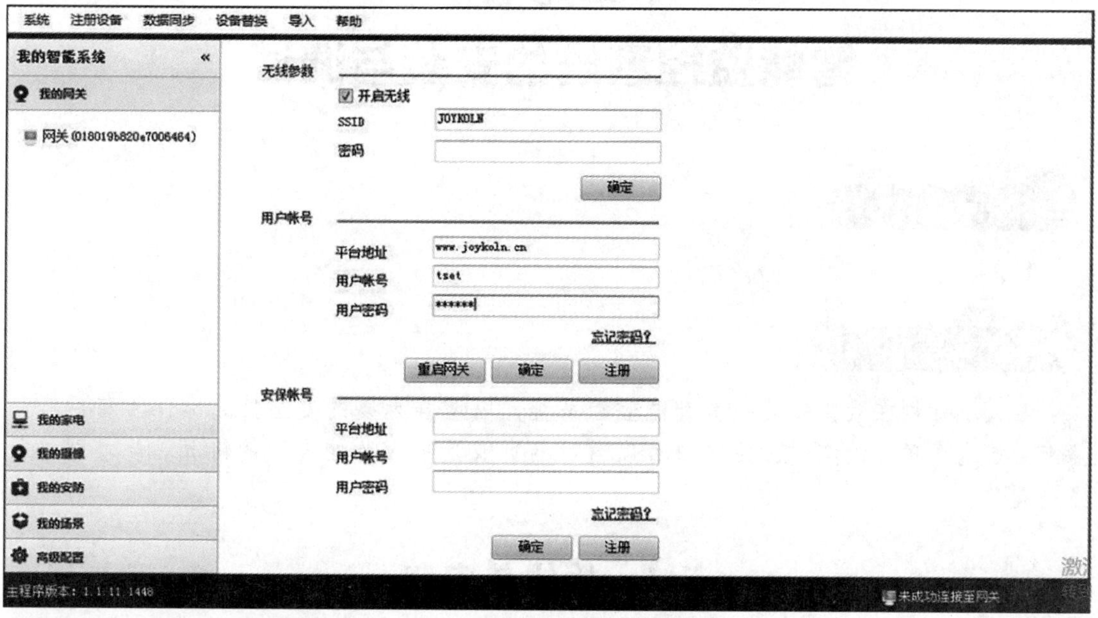

图 6－39　网关连接失败

在其后的 PC 终端配置软件中，将不再重复这一过程，而是假设已成功连接到物联网云应用中心。

考核评价

（1）系统连线正确且走线合理，操作规范。

（2）IP 地址规划合理。

（3）工作台干净整洁，工具摆放有序。

单元七
智能监控系统的安装与调试

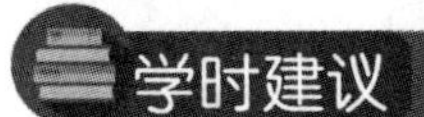

学时建议

4 学时。

情境导入

某大厦计划在大堂安装一套智能监控系统，以增强大厦的安全性。你作为售后工程师来主持这个项目的实施，使客户可以通过网页或是平板监控大厅的情况。要求网络布线美观。

7.1 接线与安装

学习目标

能正确连接智能监控系统网络。

按照图 7－1 将视频监控摄像头连接到智能家居网络，连接完成后再给设备供电。摄像头既可以连接到物联网云应用中心（智能家居网关），又可以连接到无线路由器。摄像头 IP 默认自动分配。

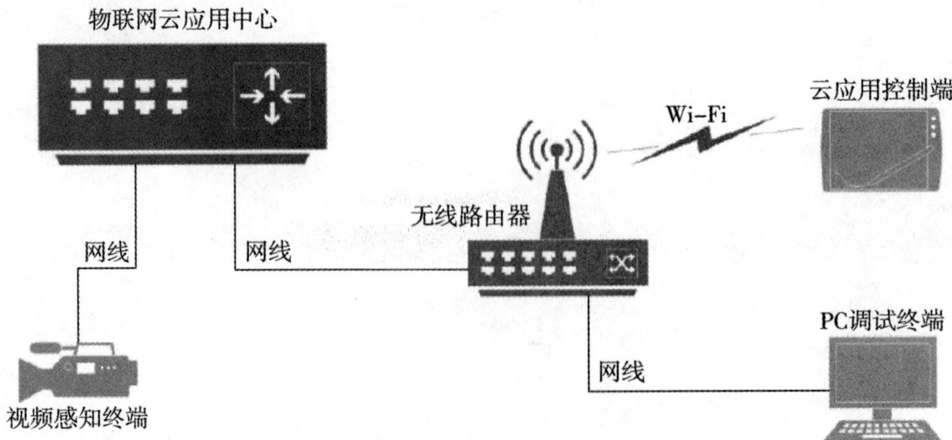

图 7－1 智能视频监控网络拓扑图

考核评价

（1）系统连线正确，走线合理，操作规范。

（2）工作台干净整洁，工具摆放有序。

7.2　PC 调试终端的配置与测试

学习目标

（1）能正确配置 PC 终端软件。

（2）能解决常见系统故障。

启动 PC 终端配置软件后，要确保右下角显示“已成功连接至网关”。如果有问题，请参见单元六“6.2　智能家居网络”相关内容。

（1）启动 PC 终端配置软件，打开以前保存的配置文件，或者新建名称为“智能监控”的项目，并连接到物联网云应用中心，如图 7－2 所示。

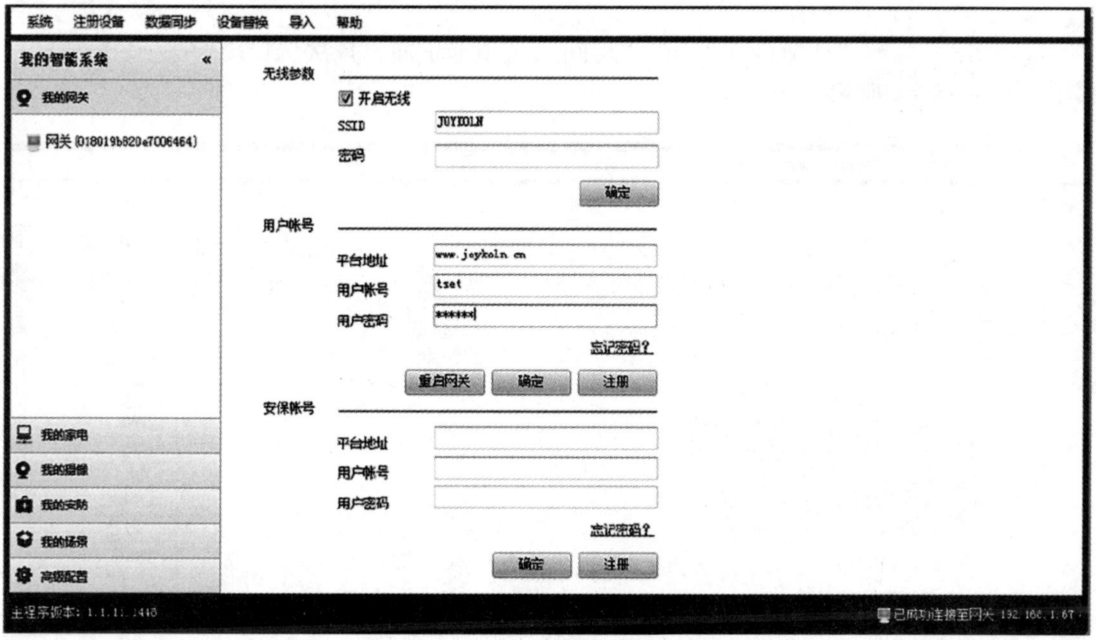

图 7－2　成功连接至网关

（2）点击“我的摄像”，如图 7－3 所示。

图 7－3　点击“我的摄像”

（3）点击菜单“注册设备”，在“房间”选项卡里面，依次选择摄像头所在的楼层、房间，如图 7－4 所示。

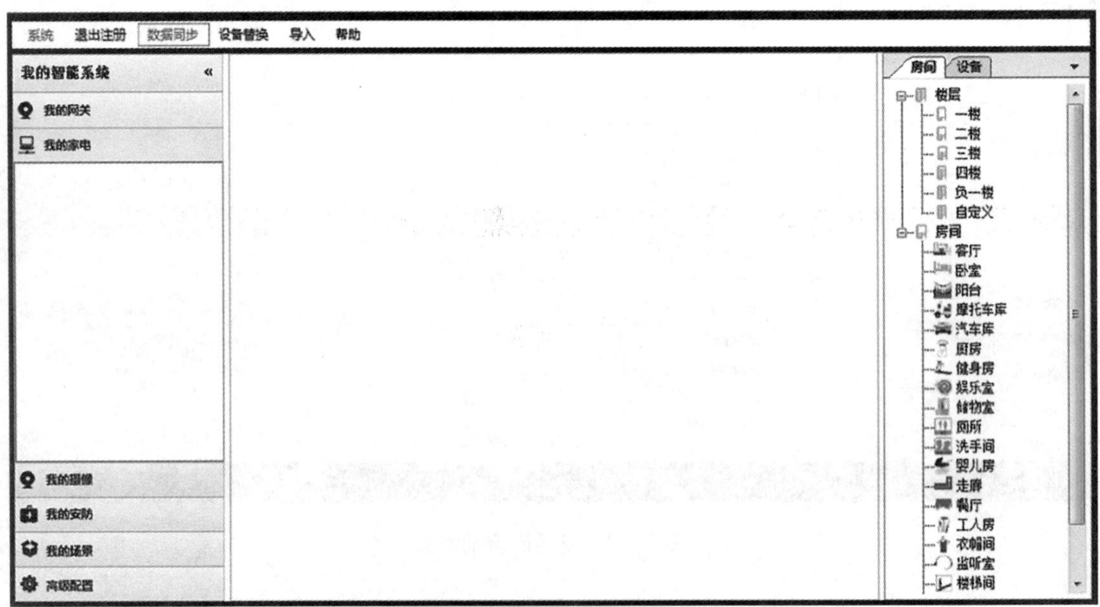

图 7－4　选择楼层、房间

注意：传输控制单元（网关信号器）在平时非注册状态时，三个指示灯的状态应该是：power 灯亮、control 灯灭、link/security 灯亮。点击注册后，要观察传输控制单元（网关信号器）的三个指示灯是否全都点亮（进入注册状态）。如果没有，则要退出注册状态，然后再次启动注册。如果再次启动后一直都没有同时亮灯，要检查电源插座、网线是否插紧，以及网络是否通畅。如图 7－5 所示。

图 7－5　传输控制单元（网关信号器）

（4）在“摄像头”选项卡里面，选择“摄像头 1”，拖放到所选房间的选项卡里面（中间空白区域），如图7－6所示。

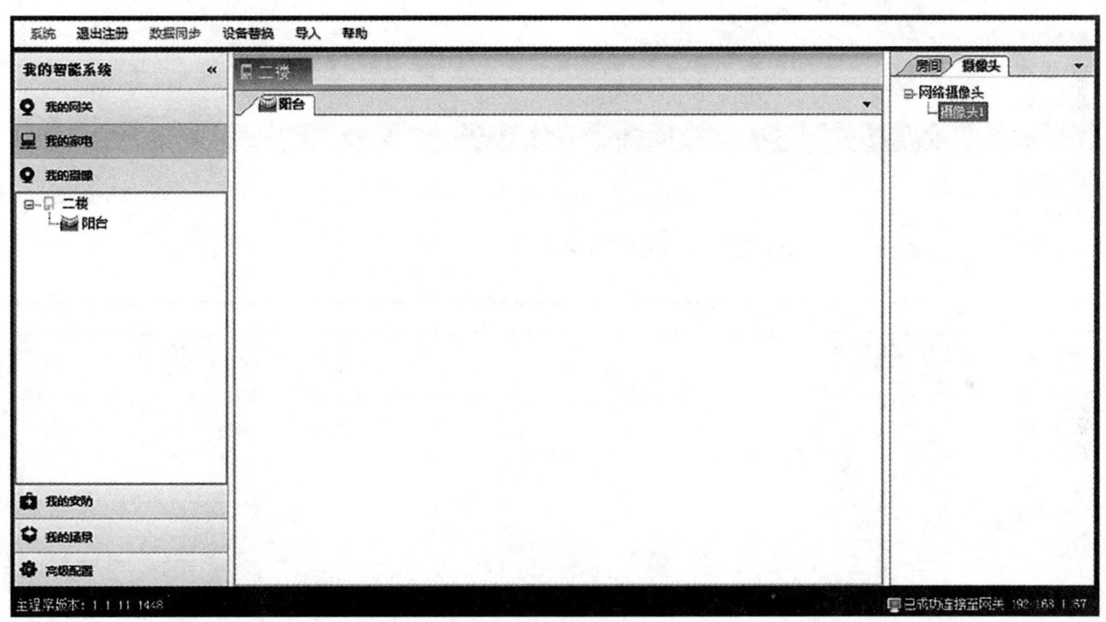

图 7－6　选择摄像头

（5）松开鼠标左键后，将弹出摄像头类型选择菜单。根据实际情况选择，如图 7－7 所示。

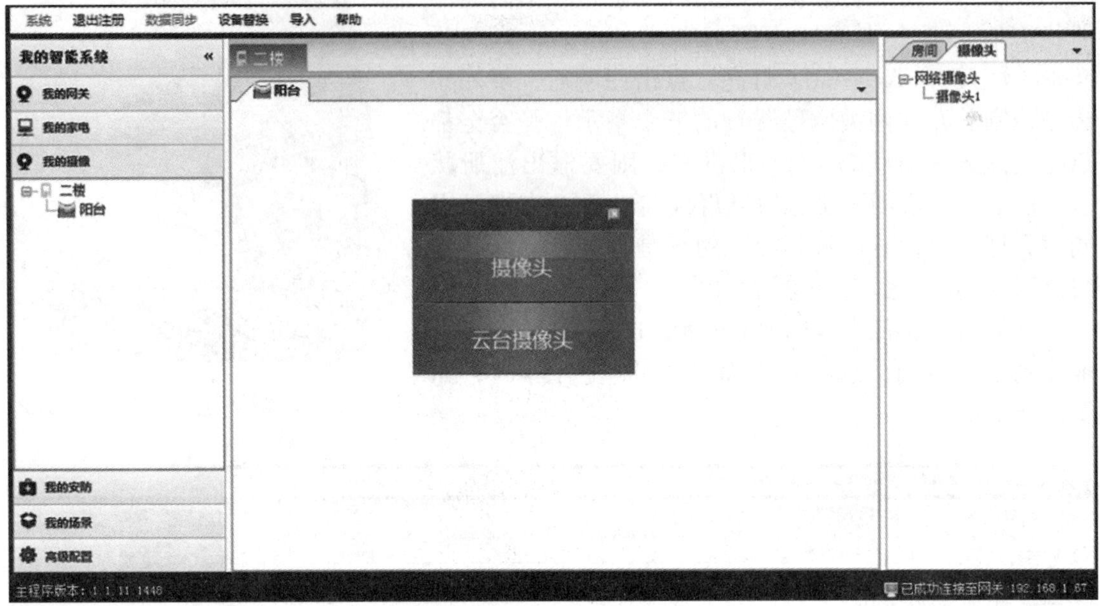

图 7-7　选择摄像头类型

（6）点击菜单“退出注册”，如图 7-8 所示。

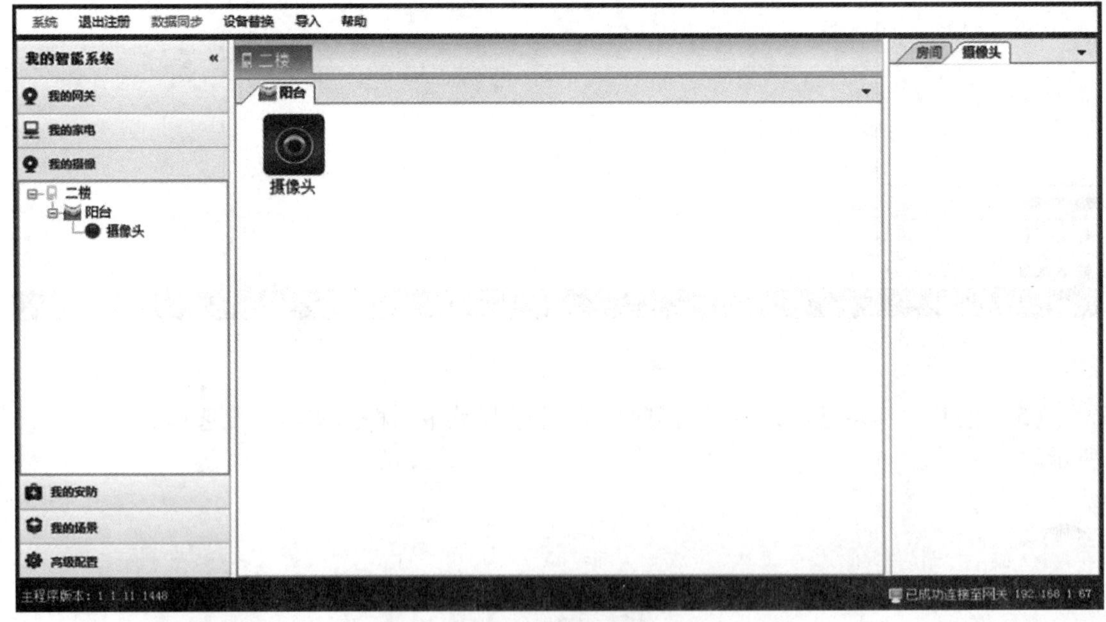

图 7-8　退出注册

（7）双击摄像头，稍等片刻，摄像头即可开始工作。如图 7-9 所示。

图 7－9　查看监控

至此，摄像头配置完毕。此时，配置数据只是保留在 PC 内存中，如果下次还需要使用此配置，有两种方法。

①点击菜单“系统”→“保存”，可保存配置文件，下次可打开继续使用。

②点击菜单“数据同步”，可将配置文件内容上传至物联网云应用中心，下次启动 PC 终端配置软件时将自动下载。

考核评价

（1）终端软件配置操作熟练、正确。

（2）系统整体功能测试正确。

（3）能独立定位、解决简单系统故障。

7.3　移动终端配置与测试

学习目标

（1）能正确配置移动终端软件。

（2）能解决常见系统故障。

启动云应用控制端软件，要确保右上角显示网络连接成功图标。如果有问题，请参见前面单元六“6.2　智能家居网络”相关内容。

（1）启动云应用控制端软件，如图 7－10 所示。

图 7－10　控制端软件网关连接成功

（2）点击“家居视频”进入视频监控界面，如图 7－11 所示。

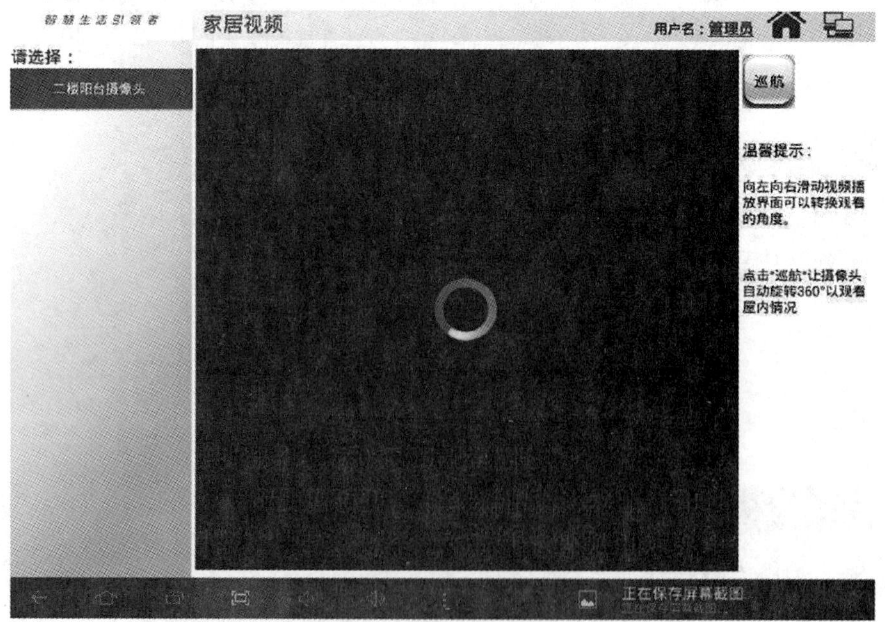

图 7－11　进入视频

（3）确认视频监控系统完成连接，并点击启动，如图 7－12 所示。

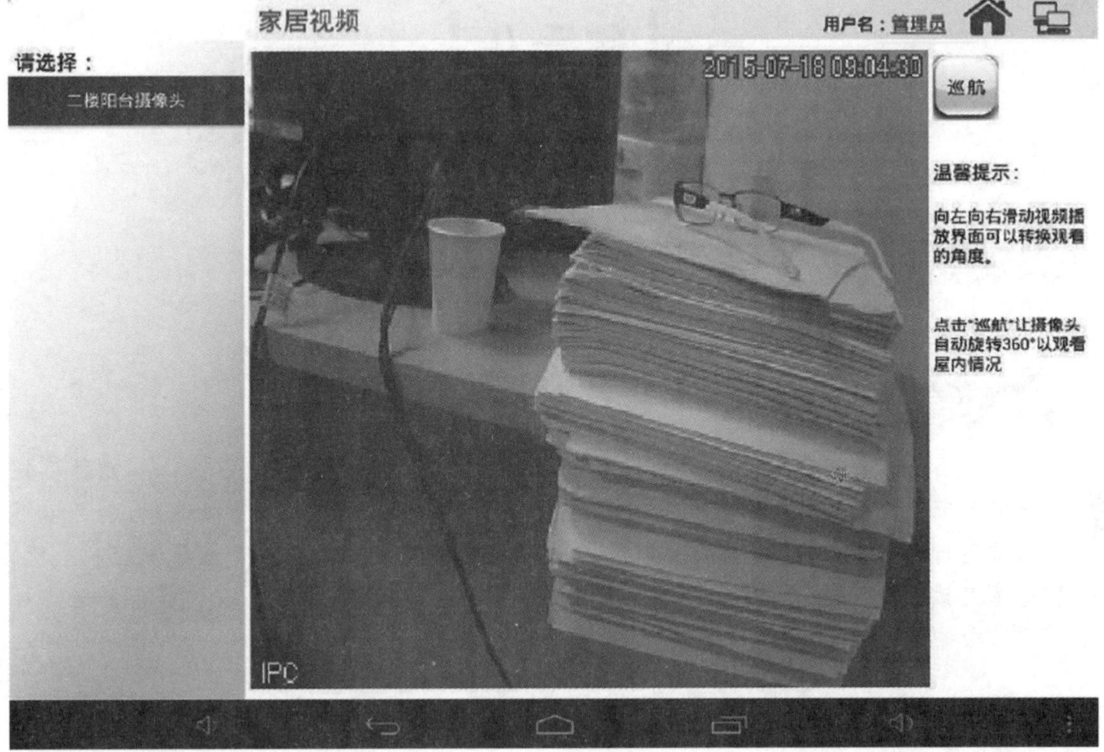

图 7－12　接收视频

至此，视频监控部分配置完毕。

考核评价

（1）移动终端软件配置操作熟练、正确。

（2）系统整体功能测试正确。

（3）能独立定位、解决简单系统故障。

单元八
智能环境控制系统的安装与调试

学时建议

6 学时。

情境导入

某酒店负责人找到你的公司，希望在酒店安装一套智能环境控制系统，智能环境控制系统包括节能控制单元（智能电源插座）、环境控制单元（智能灯光控制器）、环境感知单元（智能窗帘控制器）。客户可以通过手机、平板电脑控制房间智能环境控制系统，系统功能包括智能灯光、窗帘、节能插座。在与客户会谈之前，你应该了解有关智能环境控制系统的基本知识。

8.1 制作电源插头

学习目标

（1）熟悉常用电工工具。

（2）制作电源插头。

三相电源插头结构简单，能配合不同插座使用，制作过程如下。

（1）熟悉常用电工工具。电工工具包如图 8－1 所示。

图 8－1　电工工具

（2）准备电源线和插头，如图8－2所示。

（3）将电源线的外皮拨开，拉出电线，如图8－3所示。

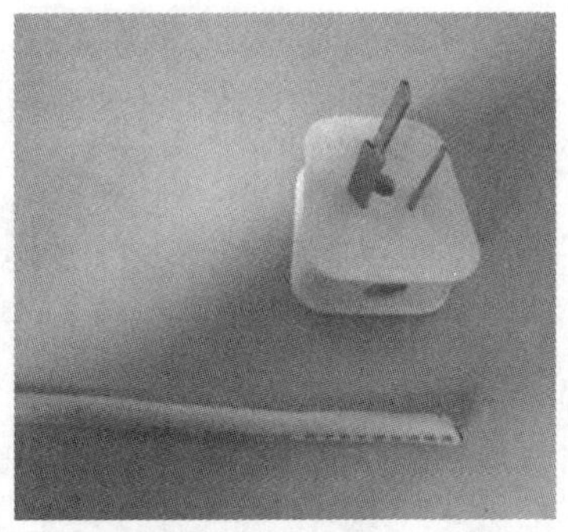

图8－2　电源线和插头

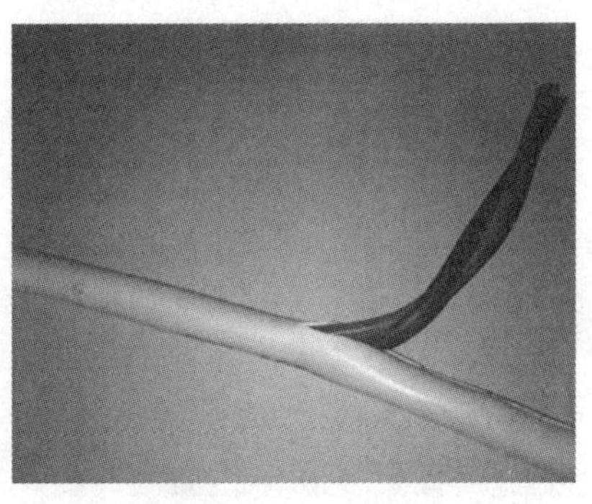

图8－3　外皮拨开

（4）将棕色、蓝色电源线的外皮使用剥线钳剥开，露出铜丝1～2厘米。如图8－4和图8－5所示。

图8－4　剥开电源线外皮

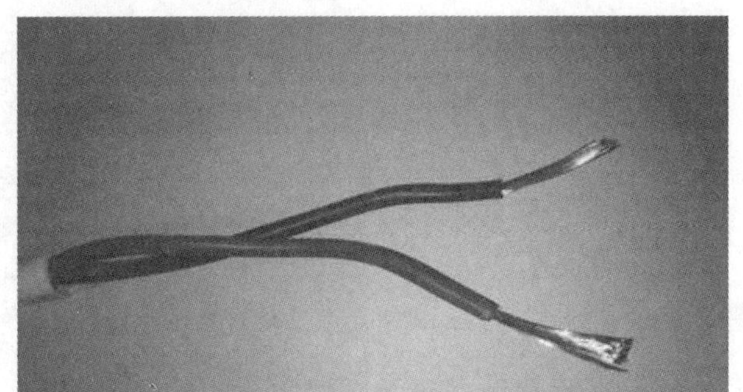

图8－5　露出一段铜丝

（5）用螺丝刀拆开插头的固定螺钉，观察插头的内部结构。如图8－6和图8－7所示。

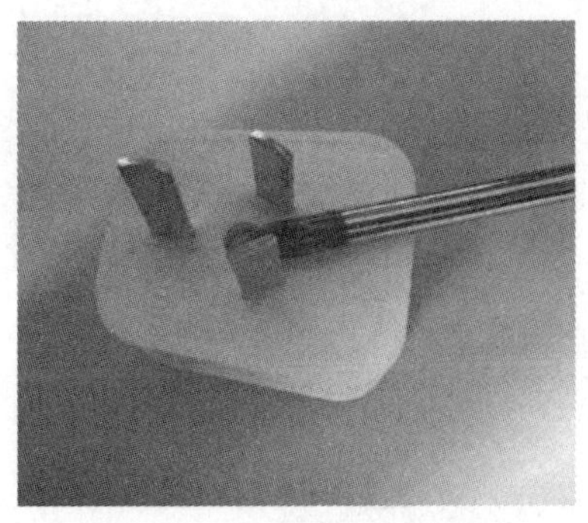

图8－6　拆开插头螺钉

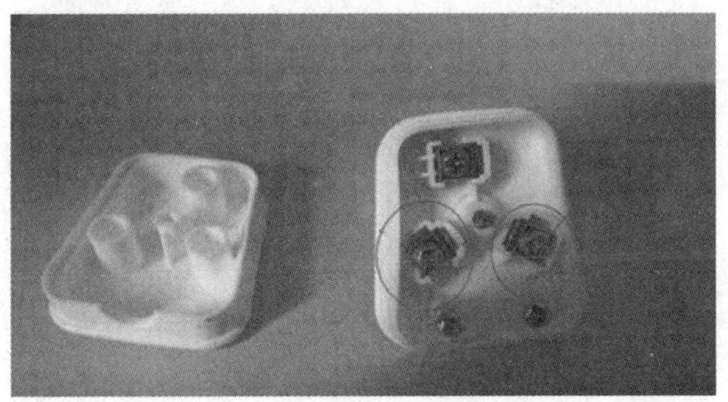

图8－7　插头的内部结构

（6）拆掉进线卡扣。如果不拆掉卡扣，后盖就无法安装上。如图8－8所示。

（7）铜丝要拧成一股，无冒头、支线，以免发生短路。将电线按颜色标识安装，再安装上卡扣，固定螺丝要适当拧紧。如图 8－9 所示。

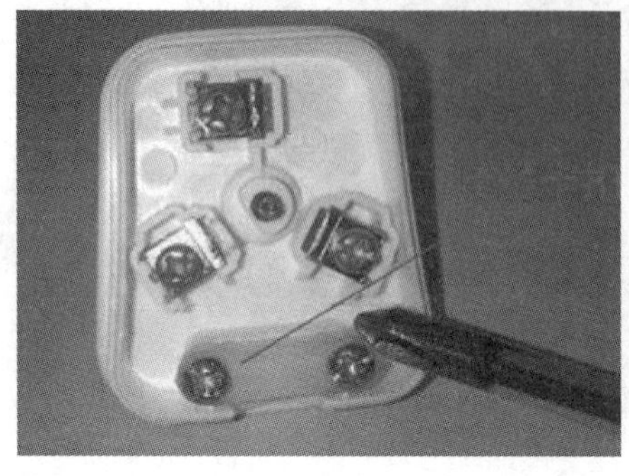

图 8－8　拆掉压线卡扣

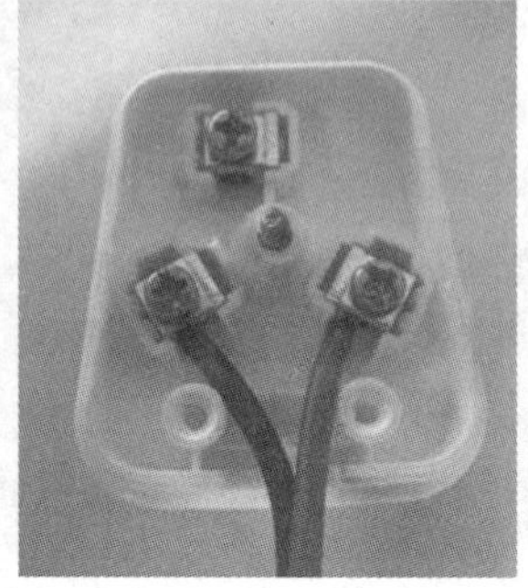

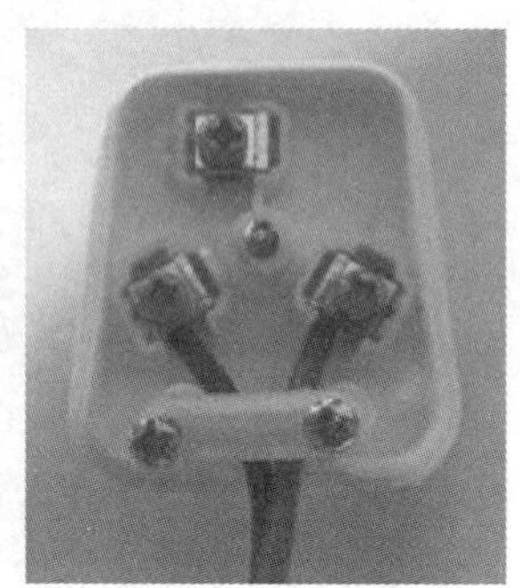

图 8－9　安装电线

（8）将后盖螺钉安装好，电源插头就制作好了。

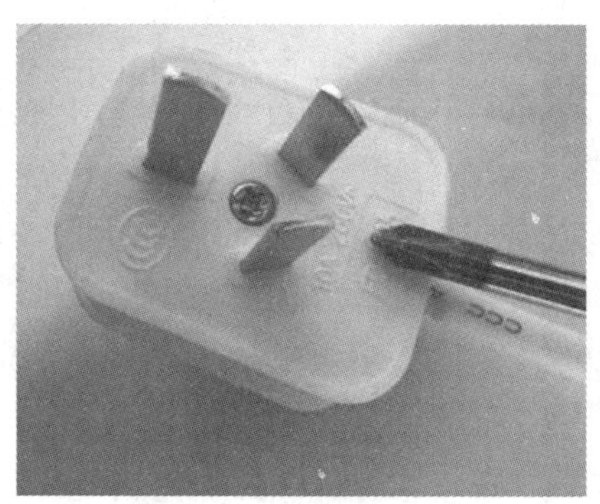

图 8－10　电源插头制作完成

考核评价

（1）电源插头制作过程规范，工具使用熟练。

（2）电源插头能正常使用。

8.2　节能控制单元的安装与调试

学习目标

（1）能按照示意图进行系统连线。

（2）能正确配置终端软件。

（3）能解决常见系统故障。

1. 接线与安装

本任务涉及直接使用 220V 交流电，为防止出现人身伤亡事故，要求在动手操作之前，必须确保已断开电源（电源插头拔出）。线路接好后，先自查一遍，再请教师检查一遍，确认线路无误且电线铜丝未露出接线柱，再接通电源。

按照图 8－11 进行系统连接。节能控制单元（智能电源插座）将通过传输控制单元连接到物联网云应用中心。

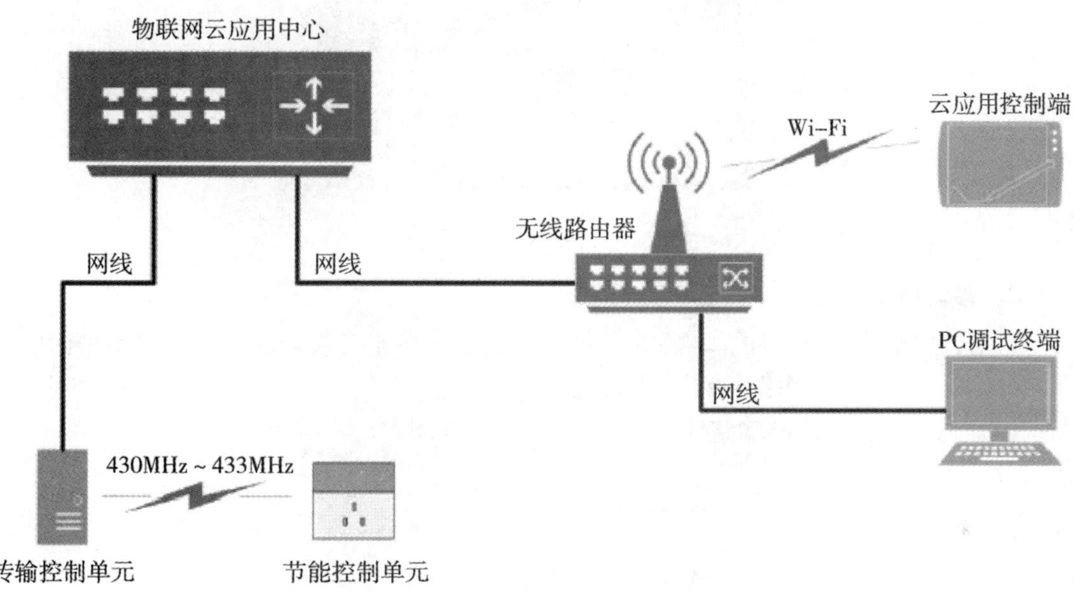

图 8－11　智能电源插座网络示意图

节能控制单元有四个接线柱，从左到右的作用见表 8－1。

表 8－1　接线柱的作用

接线柱 1（黑）	接线柱 2（红）	接线柱 3（黑）	接线柱 4（红）
控制单元 220 V 交流电零线 N	控制单元 220 V 交流电火线 L	未使用	未使用

智能电源插座接线如图 8－12 所示。

图 8－12　智能电源插座接线

2. 移动终端配置

启动云应用控制端软件后，要确保右上角显示网络连接成功图标。否则参见前面单元六“6.2　智能家居网络连接”相关内容。

（1）启动云应用控制端软件，选择“设置”，如图 8－13 所示。

2014-05-29 10:54:32

图 8－13　网关连接成功

（2）选择“房间与设备控制”。如图 8－14 所示。

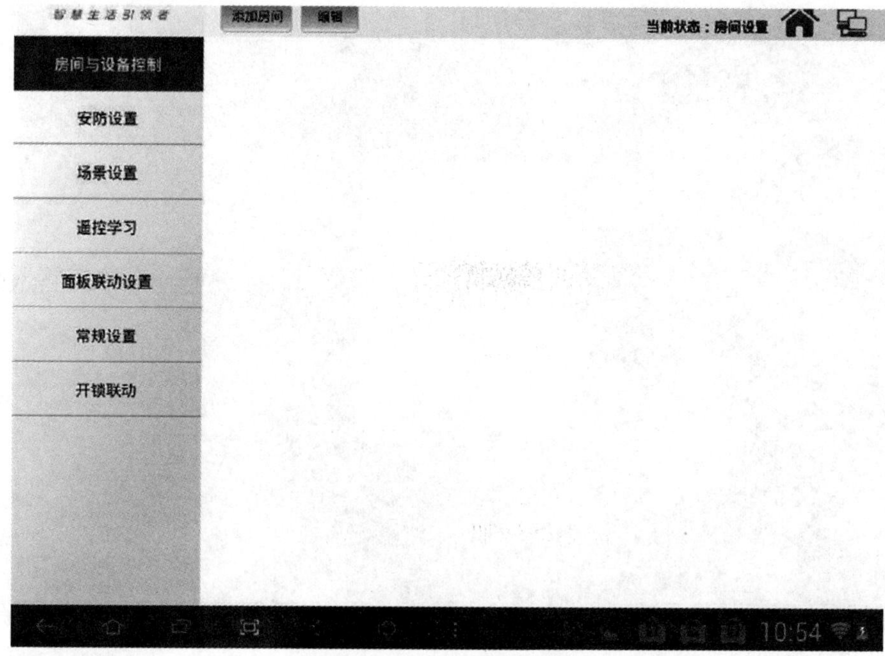

图8－14　房间与设备控制

（3）选择“添加房间”。如图8－15所示。

图8－15　添加房间

（4）选择楼层位置。如图8－16所示。

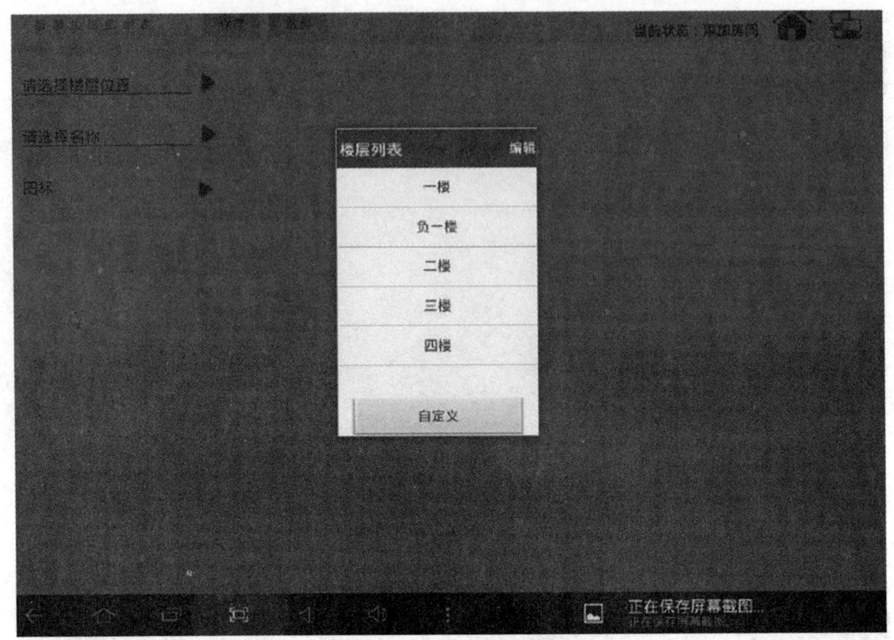

图 8－16　选择楼层位置

（5）选择房间，也可以自定义房间。如图 8－17 所示。

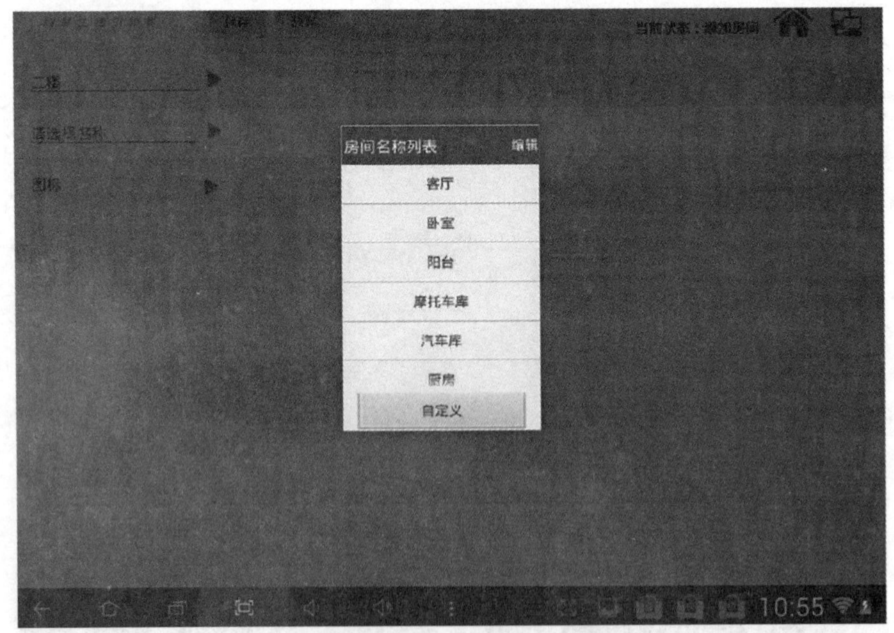

图 8－17　选择房间

（6）点击“保存”按钮。如图 8－18 所示。

图8－18　保存房间信息

（7）点击进入已选择的房间后，选择“添加设备”。如图8－19所示。

图8－19　为房间添加设备

（8）选择左边列表“插座”类别，然后勾选右边“插座”设备。如图8－20所示。

图 8－20　选择插座类型

(9) 点击“保存”按钮。如图 8－21 所示。

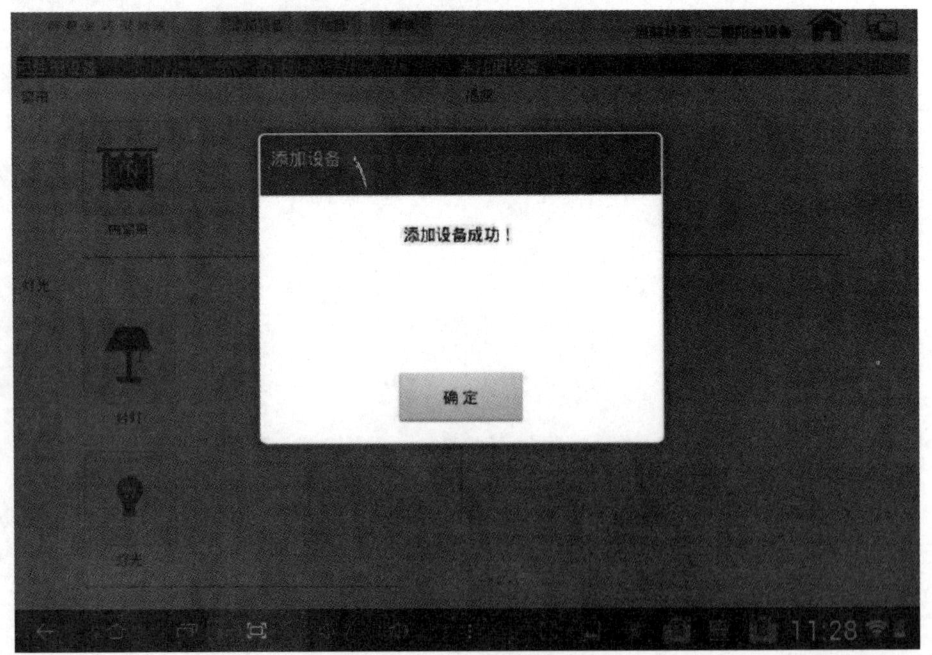

图 8－21　保存添加的设备

(10) 所选“插座”设备已经自动添加到右边“未注册设备”里面。如图 8－22 所示。

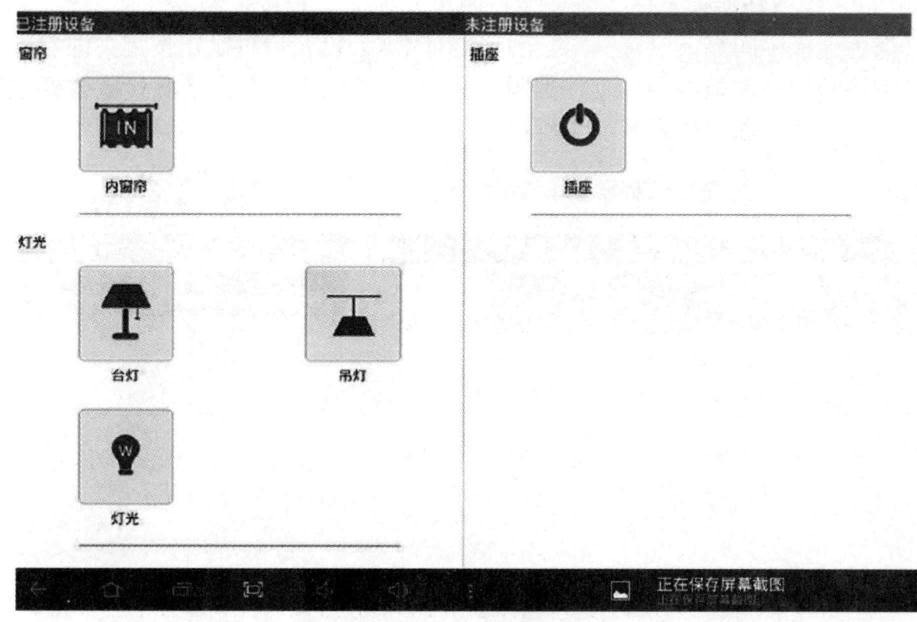

图 8－22　未注册设备

（11）点击“注册”，进入设备注册模式。此时要注意观察传输控制单元（网关信号器）的三个灯是否同时点亮。否则要退出注册，再次进入注册，直到三个灯同时点亮，如图 8－23 所示。

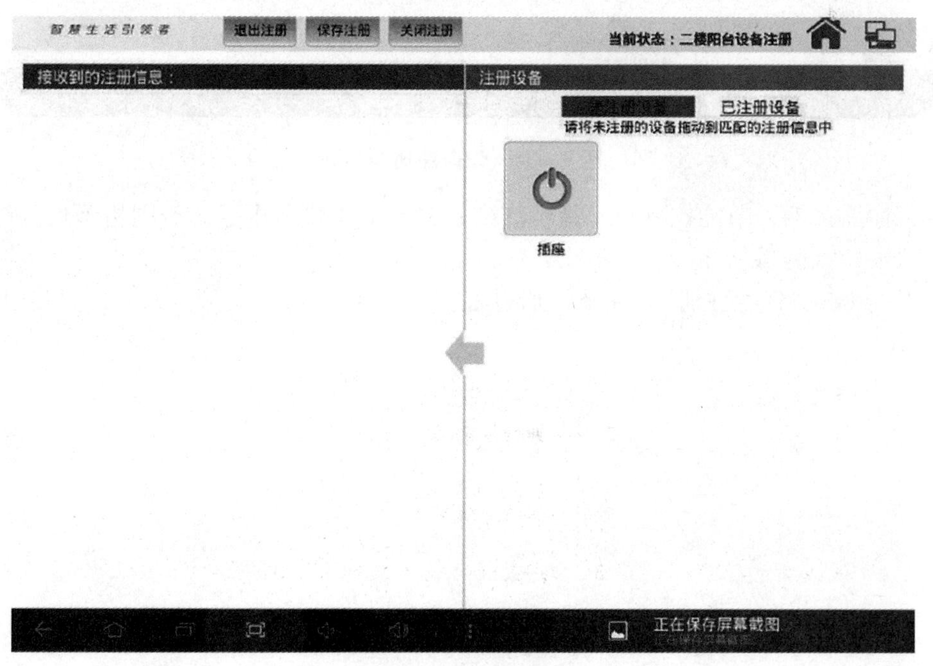

图 8－23　设备注册模式

（12）进入设备注册模式后，将节能控制单元通电，长按控制器注册按键（ON/OFF键，位于黑色面板中间靠下位置），直至指示灯闪烁，松开后再次短按键，即启动控制器注册。移动终端屏幕左边将会出现注册设备信息，将右边的未注册设备拖放到左边的实际设备上去，进行关联，如图 8－24 所示。

图 8－24　设备注册与关联

如果注册成功，节能控制单元指示灯恢复普通工作状态指示。否则指示灯闪烁三下，提示注册失败，需重新注册。

（13）点击“保存注册”，完成注册过程。如图 8－25 所示。

图8-25 设备注册完成

至此，节能控制单元配置完毕。此时，配置数据只是保留在移动终端中，可上传到“云端”，“共享”给所有用户终端使用。回到主界面并依次选择“设置”→“常规设置”→“上传”，可将配置文件内容上传至物联网云应用中心保存。移动终端可通过点击“下载”按钮，将配置文件内容下载到本地使用。使用PC调试终端的时候，此数据将自动下载到PC终端，可以立即使用。

（14）测试。

在主界面选择“家居控制”→“开关”，点击“插座”，可控制电源插座的开关。如图8-26所示。

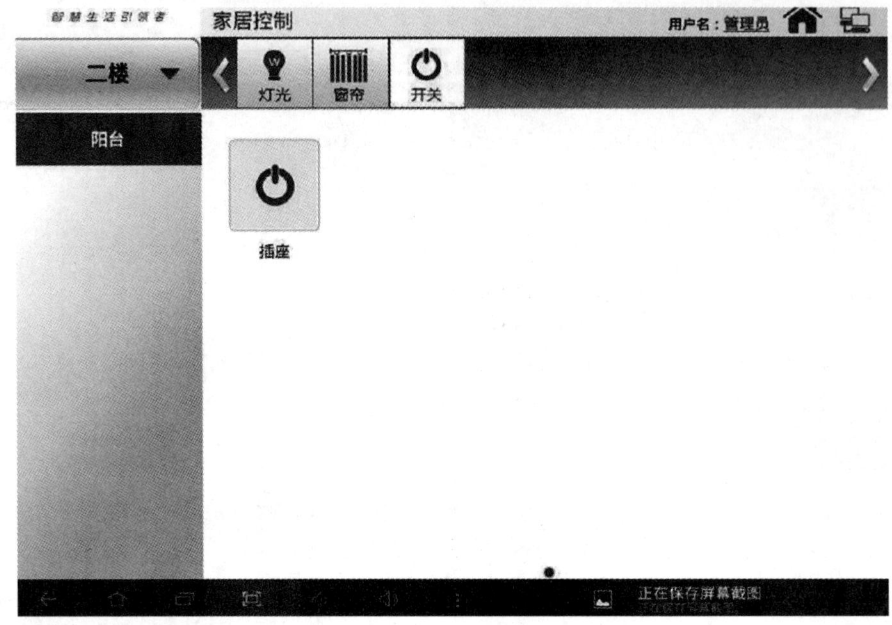

图 8－26　测试插座控制

3. PC 调试终端配置

启动 PC 终端配置软件后，要确保屏幕右下角显示“已成功连接至网关”。否则参见单元六“6.2　智能家居网络连接”相关内容。

（1）启动 PC 终端配置软件，打开以前保存的配置文件，或者新建名称为“智能插座”的项目，并连接到物联网云应用中心，如图 8－27 所示。

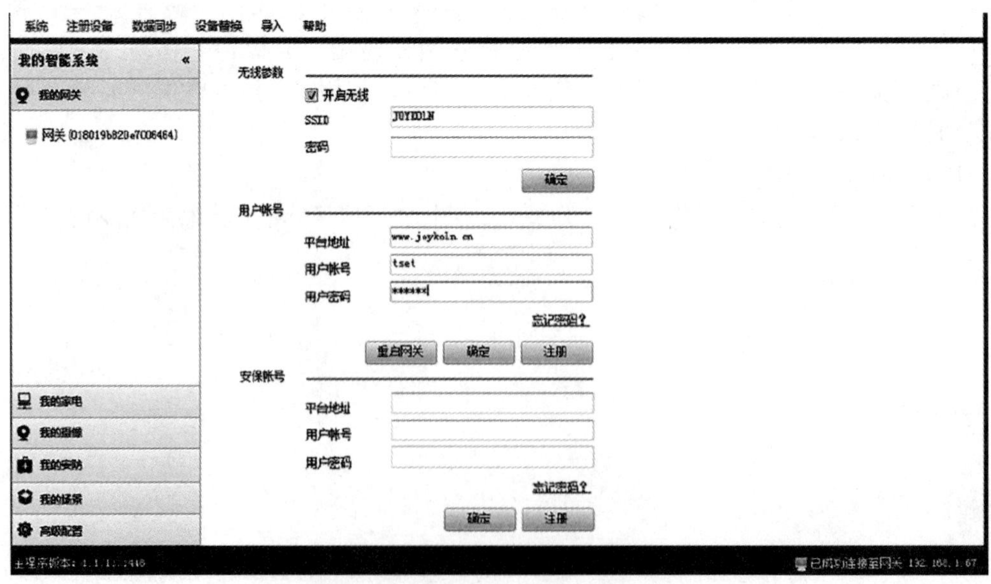

图 8－27　启动 PC 终端配置软件

（2）选择“我的家电”。如图8－28所示。

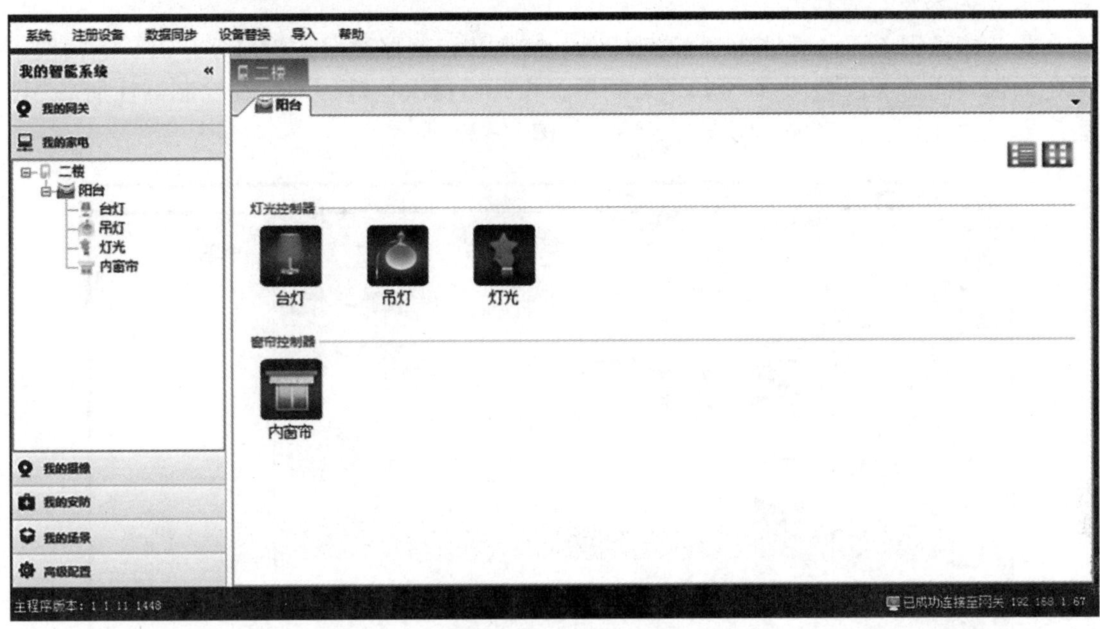

图8－28　我的家电

（3）点击菜单“注册设备”，进入设备注册模式。此时要注意观察传输控制单元（网关信号器）的三个灯是否同时点亮。否则要退出注册，再次进入注册，直到三个灯同时点亮。如图8－29所示。

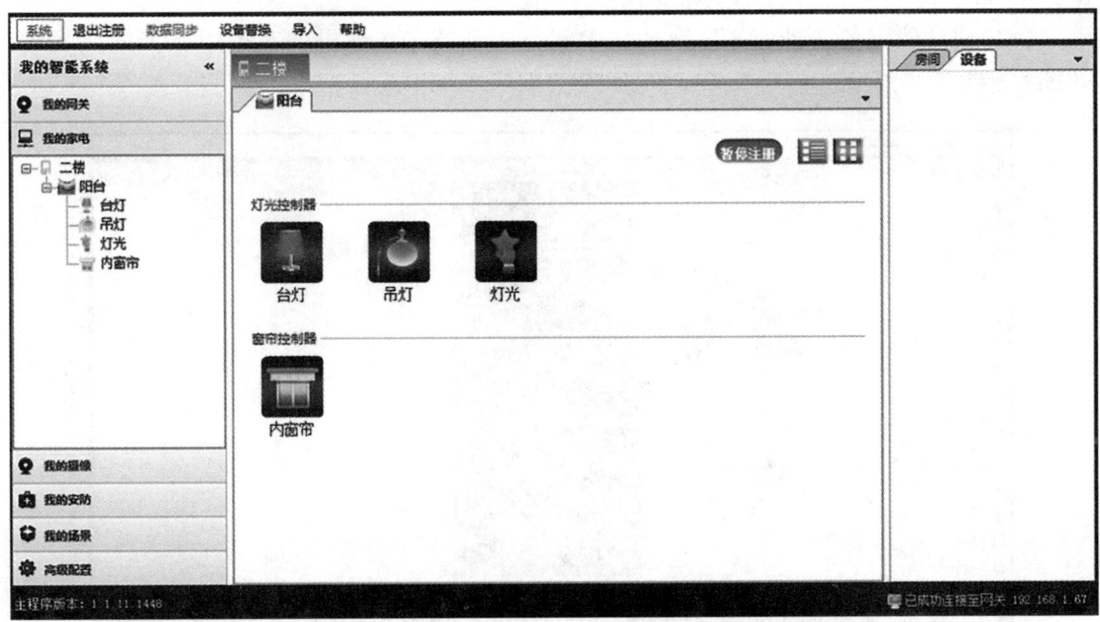

图8－29　进入注册模式

（4）在屏幕右侧，在“房间”选项卡里面，依次选择楼层、房间，再选择“设备”选项卡（内容暂时为空）。

将节能控制单元（智能电源插座）通电，长按控制器注册按键（ON/OFF 键，位于黑色面板中间靠下位置），直至指示灯闪烁，松开后再次按键，即启动控制器注册。“设备”选项卡里面将会出现注册设备名称。如图 8－30 所示。

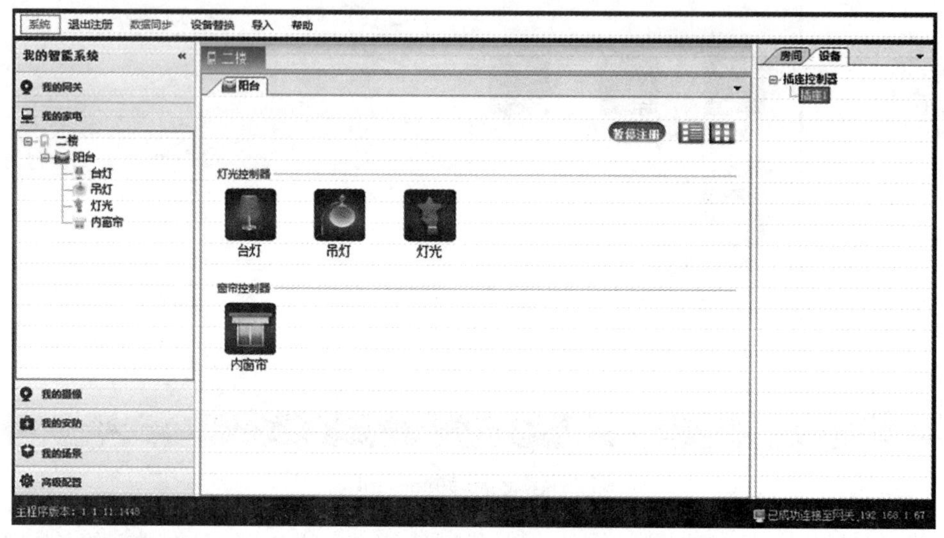

图 8－30 注册插座设备

如果注册成功，节能控制单元（智能电源插座）指示灯恢复普通工作状态指示。否则指示灯闪烁三下，提示注册失败，需要重新注册。

（5）将注册设备“插座 1”拖放到中间空白区域，在弹出的菜单中选择插座类型。如图 8－31 所示。

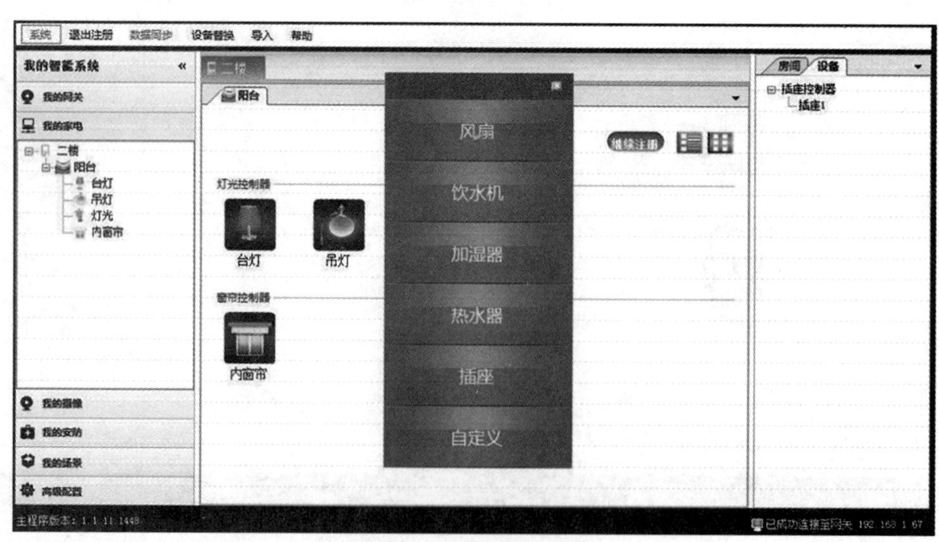

图 8－31 选择插座类型

（6）点击菜单“退出注册”，回到控制模式。如图 8－32 所示。

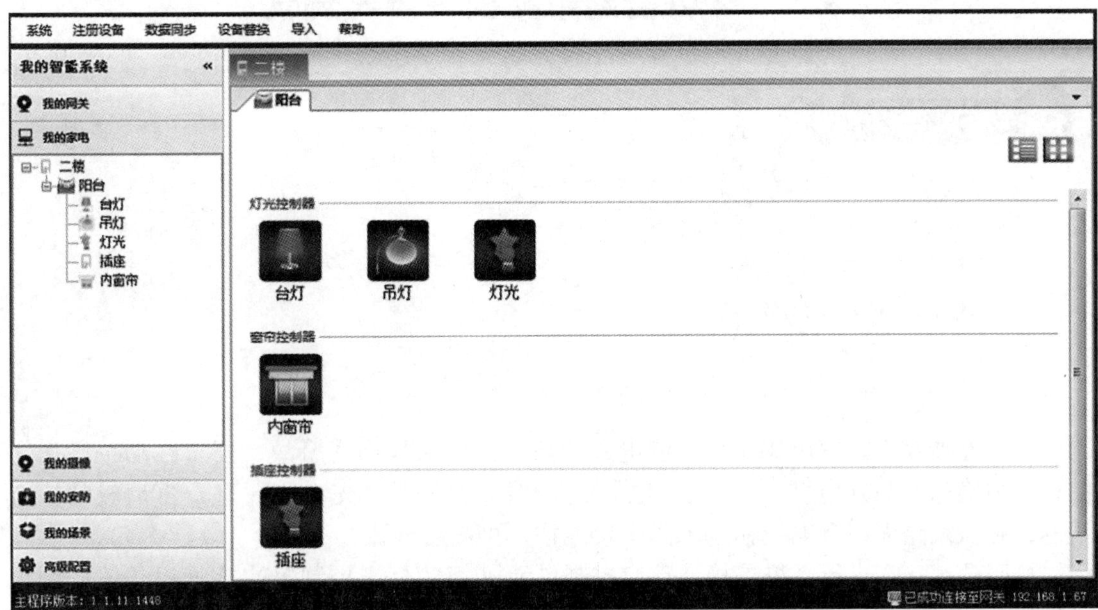

图 8－32 完成设备注册

至此，节能控制单元（智能电源插座）配置完毕。此时，配置数据只是保留在 PC 调试终端中，可上传到“云端”，“共享”给所有用户终端使用。点击菜单“数据同步”，可将配置文件内容上传至物联网云应用中心保存。再次启动 PC 调试终端的时候，此数据将自动下载到 PC 终端，可以立即使用。移动终端可通过点击“下载”按钮，将配置文件内容下载到本地使用。

（7）测试。

单击“插座”图标，可控制电源插座的开关。

考核评价

（1）系统连线正确，走线合理，操作规范。

（2）终端软件配置操作熟练、正确。

（3）系统整体功能测试正确。

（4）能独立定位、解决简单系统故障。

（5）工作台干净整洁，工具摆放有序。

8.3 环境控制单元的安装与调试

学习目标

(1) 能制作符合要求的电源线和网线。
(2) 能按照示意图进行系统连线。
(3) 能正确配置终端软件。
(4) 能解决常见系统故障。

1. 接线与安装

本任务涉及直接使用220 V交流电，为防止出现人身伤亡事故，要求在动手操作之前，必须确保已断开电源（电源插头拔出）。线路接好后，先自查一遍，再请教师检查一遍，确认线路无误且电线铜丝未露出接线柱，再接通电源。

按照图8-33进行系统连接，环境控制单元（智能灯光控制器）将通过传输控制单元连接到物联网云应用中心。

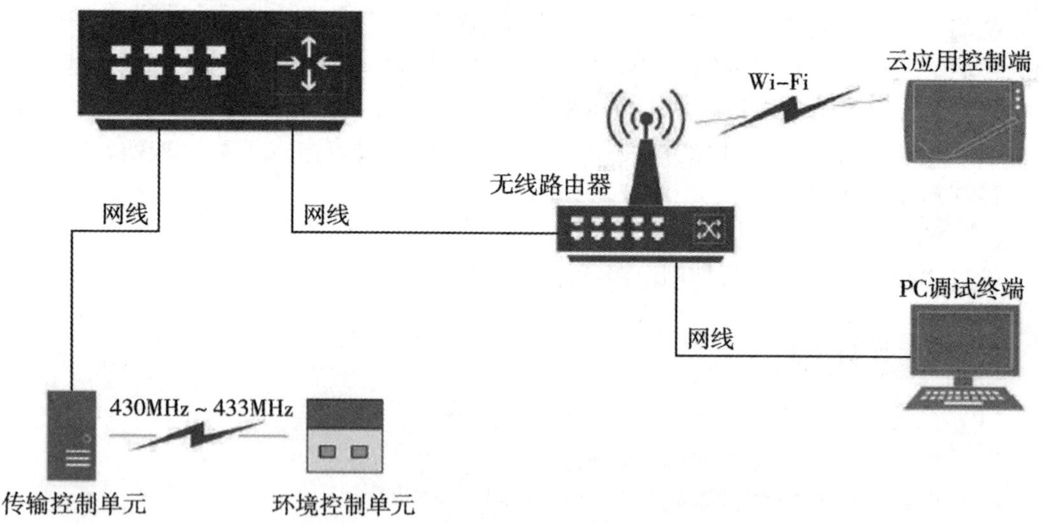

图8-33 智能灯光控制网络示意图

环境控制单元有四个接线柱，从左到右的作用见表8-2。

接线柱1（黑）	接线柱2（红）	接线柱3（黑）	接线柱4（红）
控制单元的220 V交流电零线N，A、B灯也共用此零线	220 V交流电火线L	B灯的220 V交流电火线L	A灯的220 V交流电火线L

环境控制单元电源接线如图 8－34 所示。

图 8－34　环境控制单元电源接线

2．移动终端配置

启动云应用控制端软件后，要确保右上角显示网络连接成功图标。否则参见前面单元六“6. 2　智能家居网络连接”相关内容。

（1）启动云应用控制端软件，选择“设置”。如图 8－35 所示。

图 8－35　网关连接成功

（2）选择“房间与设备控制”，如图 8－36 所示。如果在已有房间内添加设备，可直接点击房间进入；如果没有房间或要在不同的房间内添加设备，要先选择“添加房间”。

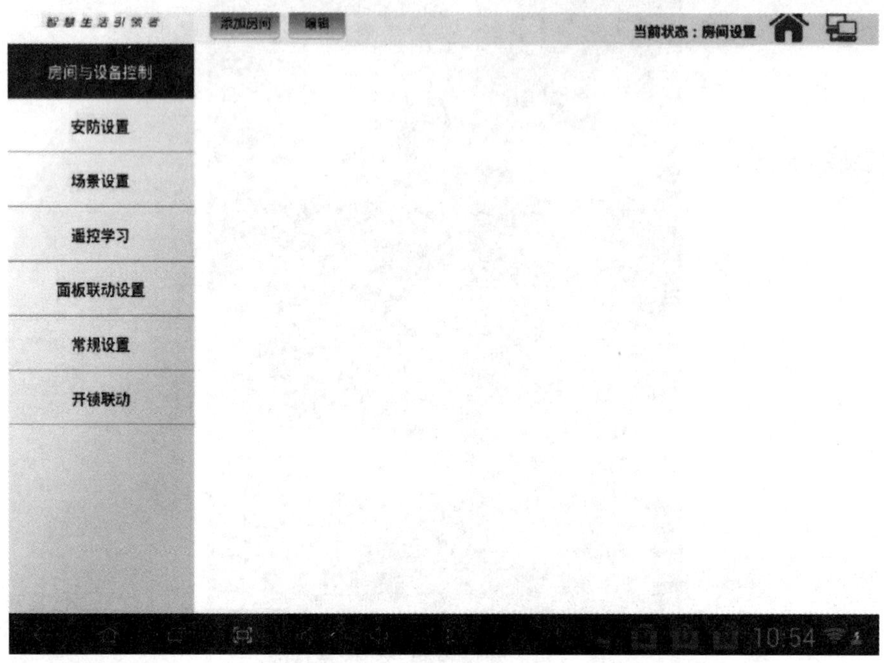

图 8－36　房间与设备控制

（3）点击进入房间后，选择“添加设备”。如图 8－37 所示。

图 8－37　为房间添加设备

（4）选择左边列表“灯光”类别，勾选右边灯光设备。如果实训设备中只有两路灯光控制，就选择两盏灯。如图 8－38 所示。

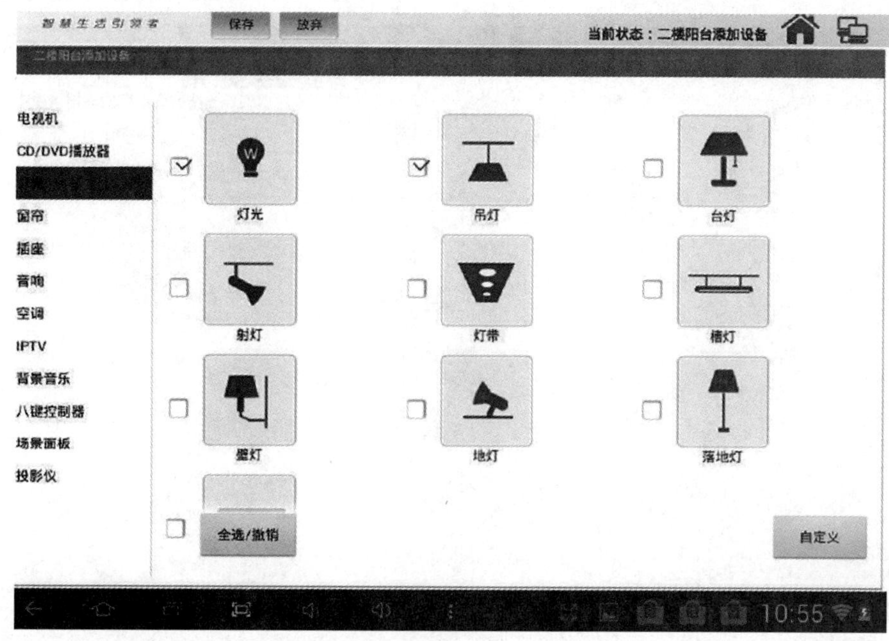

图 8－38　选择灯光设备

（5）点击“保存”按钮。如图 8－39 所示。

图 8－39　保存添加的设备

（6）所选灯光设备已经自动添加到右边“未注册设备”里面。如图 8－40 所示。

图 8－40 未注册设备

（7）点击“注册”，进入设备注册模式。此时要注意观察传输控制单元的三个灯是否同时点亮。否则要退出注册，再次进入注册，直到三个灯同时点亮。

将环境控制单元（智能灯光控制器）通电，长按控制器注册按键，直至指示灯闪烁，松开后再次按键，即启动控制器注册。移动终端屏幕左边将会出现注册设备信息。如图 8－41 所示。

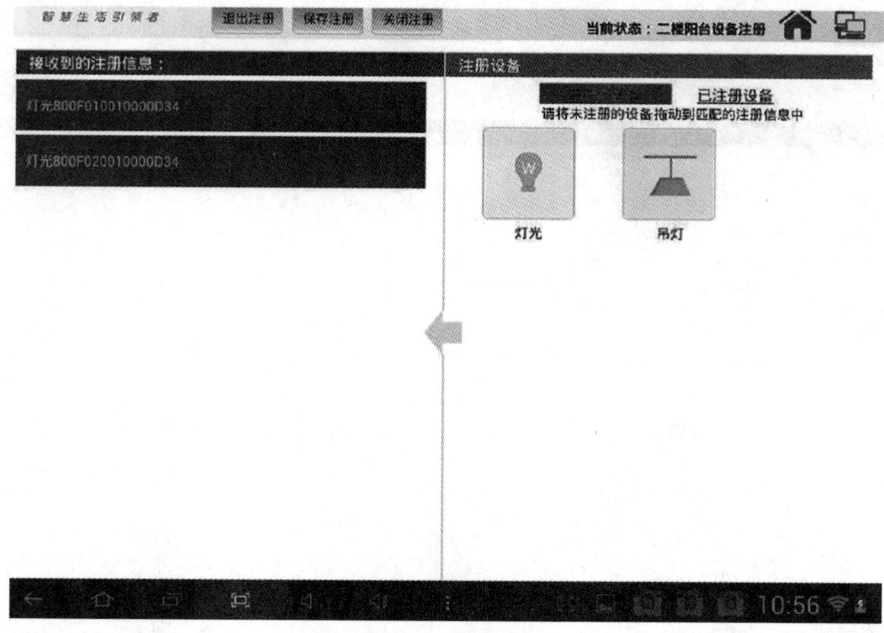

图 8－41 设备注册

如果注册成功，环境控制单元（智能灯光控制器）指示灯恢复普通工作状态指示。否则指示灯闪烁三下，提示注册失败，需要重新注册。

（8）将右边的未注册设备拖放到左边的实际设备上去，进行关联，注意对应，避免出错。如图 8－42 所示。

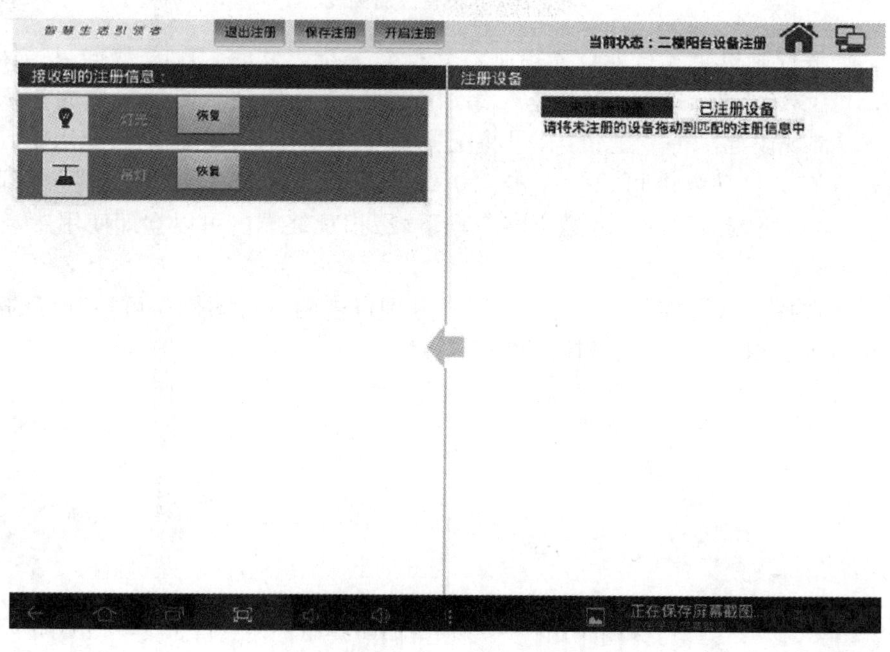

图 8－42 设备关联

（9）点击“保存注册”，完成注册过程。如图 8－43 所示。

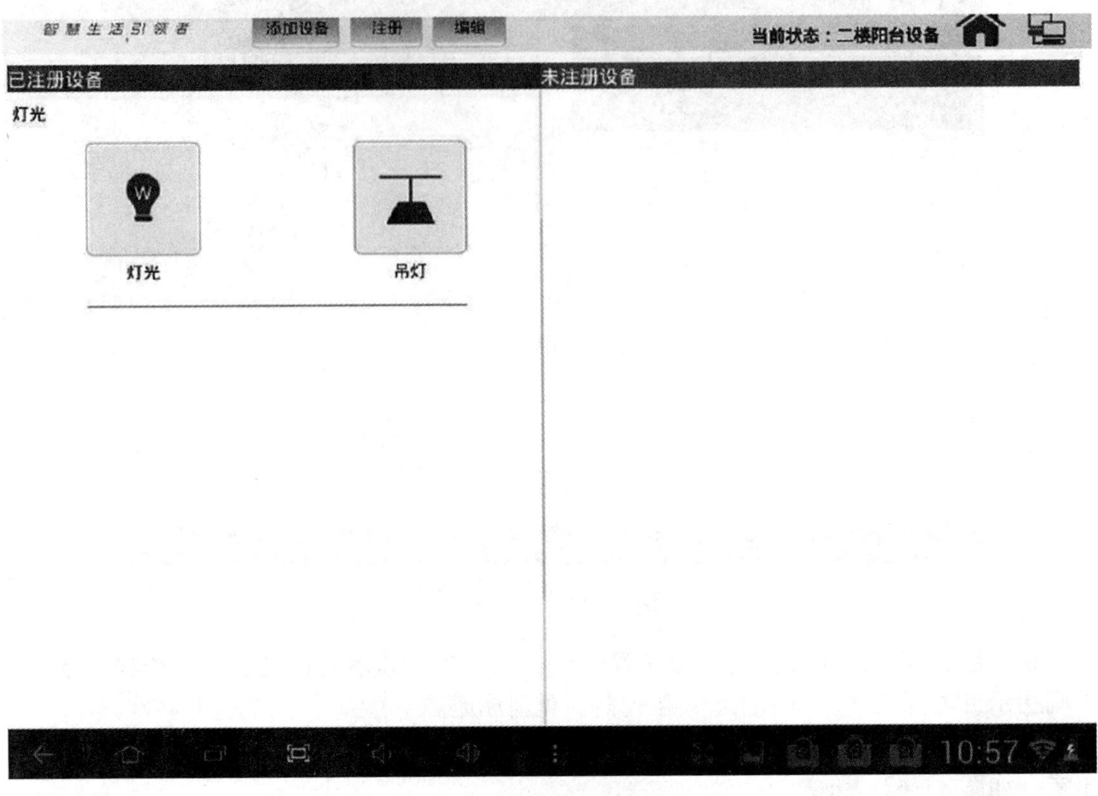

图 8－43　设备注册完成

至此，环境控制单元（智能灯光控制器）配置完毕。此时，配置数据只是保留在移动终端中，可上传到“云端”，“共享”给所有用户终端使用。回到主界面并依次选择“设置”→“常规设置”→“上传”，可将配置文件内容上传至物联网云应用中心（智能家居网关）保存。移动终端可通过点击“下载”按钮，将配置文件内容下载到本地使用。使用 PC 调试终端的时候，此数据将自动下载到 PC 终端，可以立即使用。

（10）测试。

在主界面选择“家居控制”→“灯光”，分别点击两盏灯图标，可控制灯的亮、灭，如图 8－44 所示。图 8－45 显示测试的实际效果。

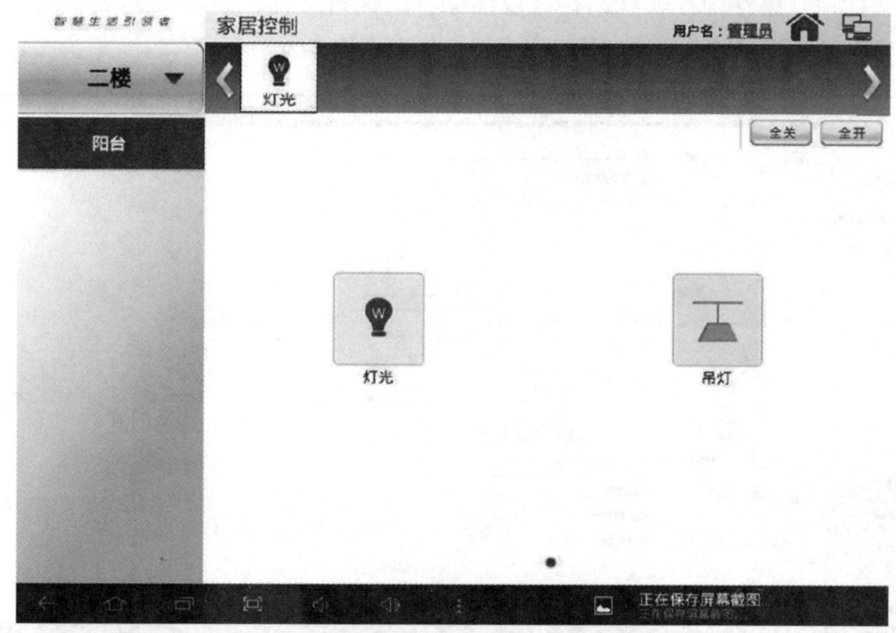

图 8－44　测试灯光控制

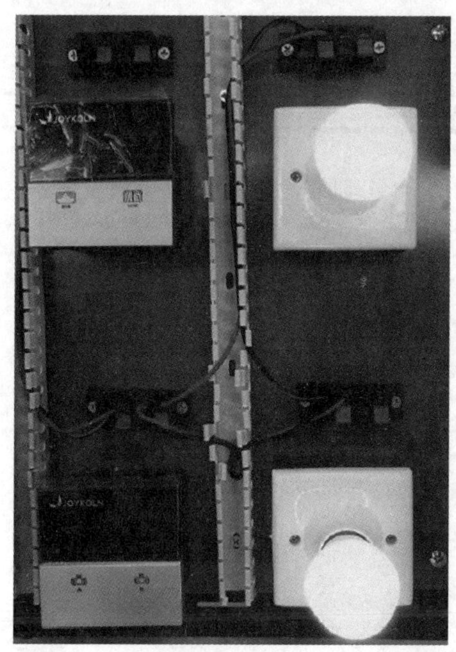

图 8－45　测试灯光控制的实际效果

3. PC 调试终端配置

启动 PC 终端配置软件后，要确保右下角显示“已成功连接至网关”。否则参见前面单元六“6.2　智能家居网络连接”相关内容。

（1）启动 PC 终端配置软件，打开以前保存的配置文件，或者新建名称为“智能灯光”的项目，并连接到物联网云应用中心。如图 8－46 所示。

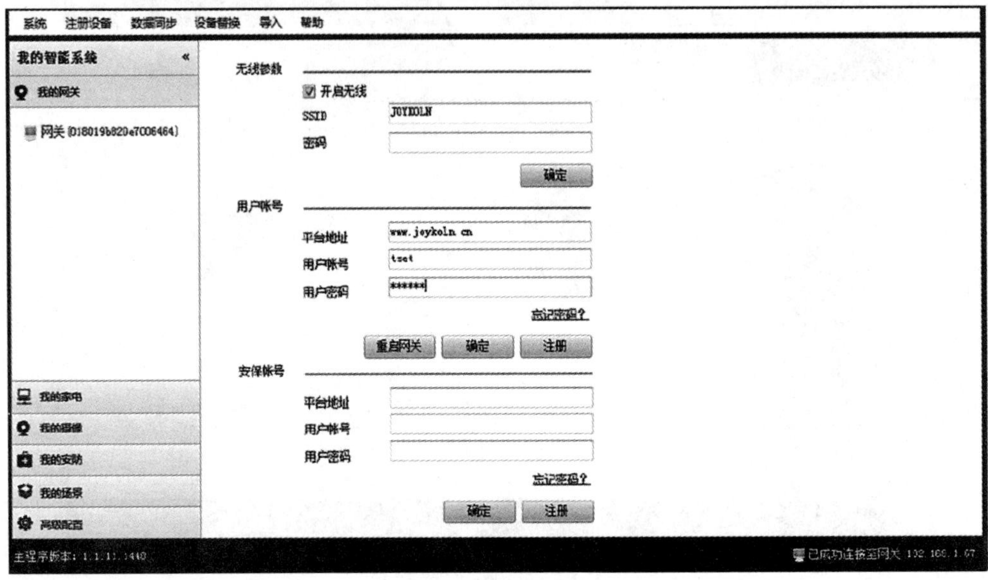

图 8－46　启动 PC 终端配置软件

（2）选择“我的家电”，如图 8－47 所示。

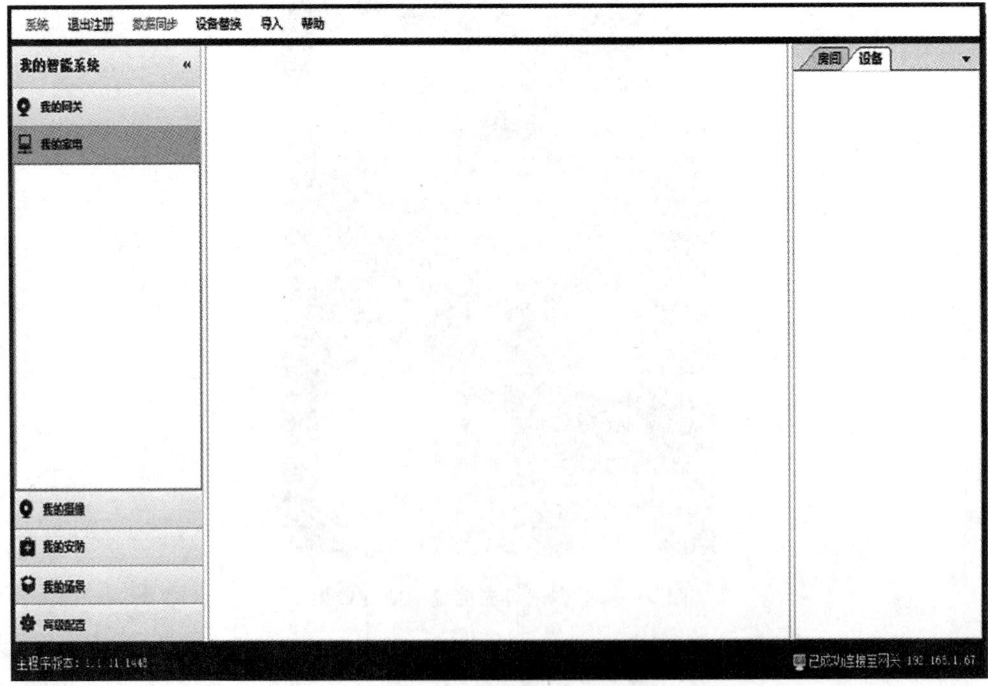

图 8－47　我的家电

（3）点击菜单“注册设备”，进入设备注册模式。此时要注意观察传输控制单元（网关信号器）的三个灯是否同时点亮，否则要退出注册，并再次进入注册，直到三个灯同时点亮。

在屏幕右侧“房间”选项卡里面，依次选择楼层、房间。如图8－48所示。

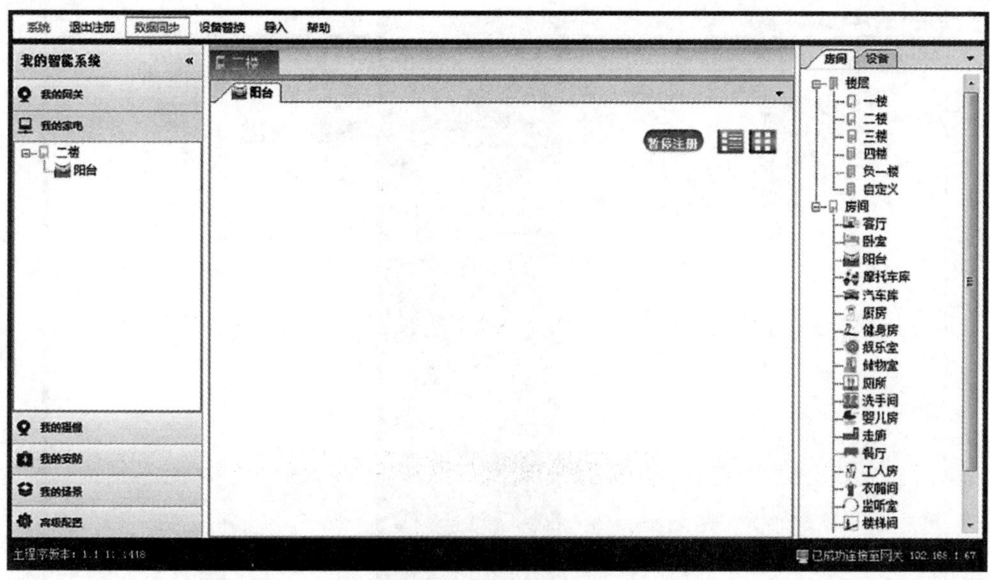

图8－48　房间选择

（4）选择“设备”选项卡（内容暂时为空）。将环境控制单元（智能灯光控制器）通电，长按控制器注册按键，直至指示灯闪烁，松开后再次按键，即启动控制器注册。“设备”选项卡里面将会出现注册设备名称。如图8－49所示。

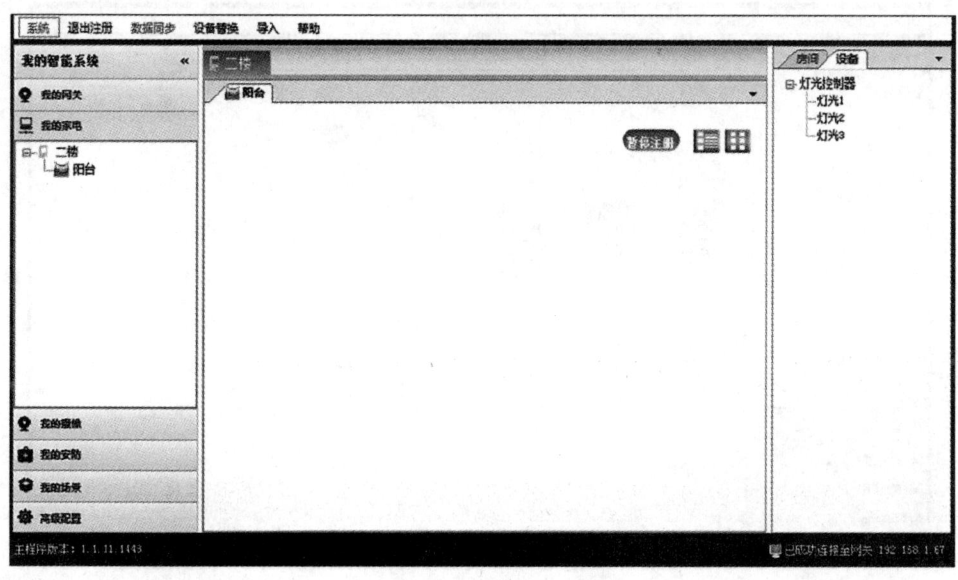

图8－49　注册设备

如果注册成功，环境控制单元（智能灯光控制器）指示灯恢复普通工作状态指示，否则指示灯闪烁三下，提示注册失败，需要重新注册。

（5）将右边的注册设备“灯光1”和“灯光2”分别拖放到中间空白区域，在弹出的菜单中选择灯光类型（根据实际情况选择）。如图8-50所示。

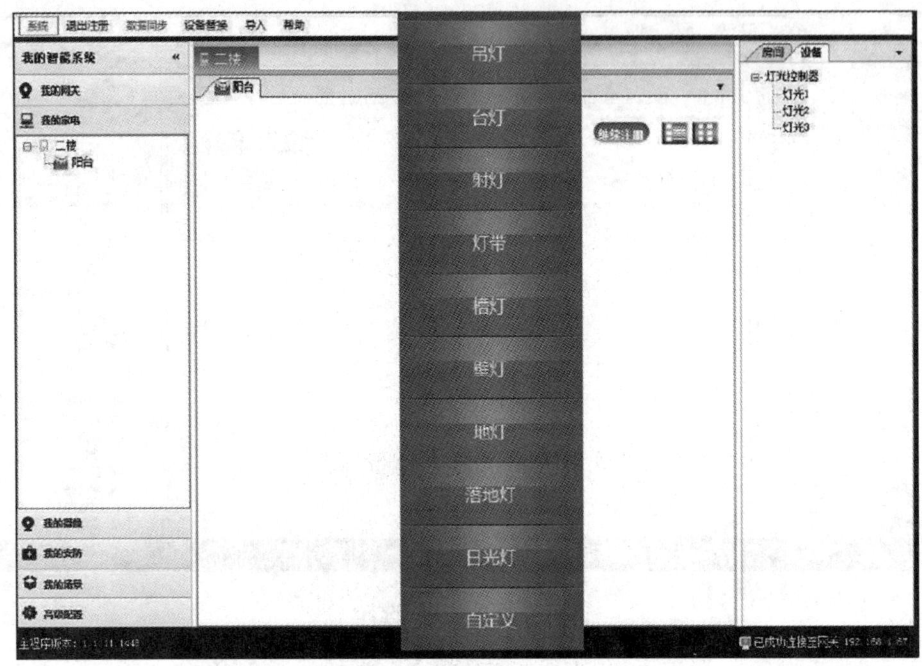

图8-50　选择灯光类型

（6）点击菜单“退出注册”，回到控制模式。如图8-51所示。

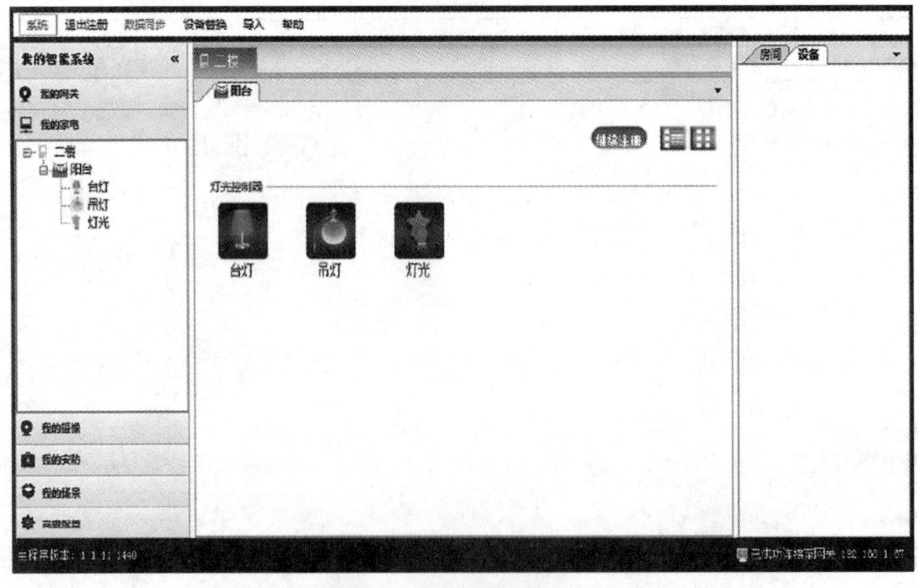

图8-51　完成设备注册

至此，环境控制单元（智能灯光控制器）配置完毕。此时，配置数据只是保留在PC调试终端中，可上传到“云端”，“共享”给所有用户终端使用。点击菜单“数据同步”，可将配置文件内容上传至物联网云应用中心（智能家居网关）保存。再次启动PC调试终端的时候，此数据将自动下载到PC终端，可以立即使用。移动终端可通过点击“下载”按钮，将配置文件内容下载到本地使用。

（7）测试。

点击各个灯的图标，可通过电源插座控制灯亮、灯灭。如果设备注册为可调灯光，“+”为增强灯光亮度，“-”为减弱灯光亮度。如图8-52所示。

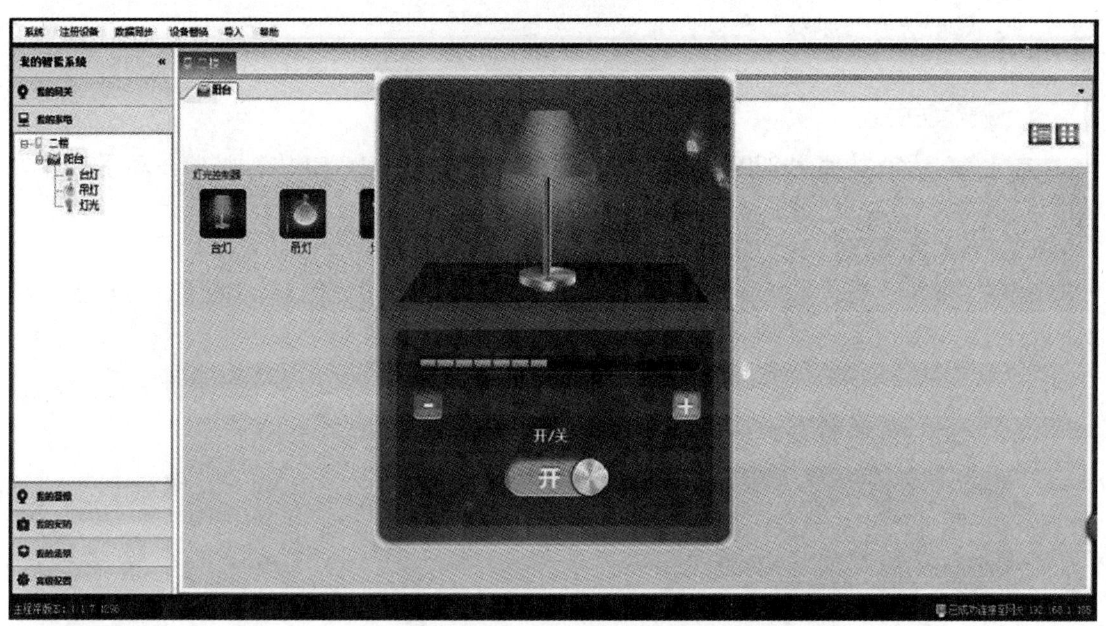

图8-52　灯光控制测试

考核评价

（1）电源线、网线制作规范，工具使用熟练。

（2）系统连线正确，走线合理，操作规范。

（3）终端软件配置操作熟练、正确。

（4）系统整体功能测试正确。

（5）能独立定位、解决简单系统故障。

（6）工作台干净整洁，工具摆放有序。

8.4 环境感知单元的安装与调试

学习目标

(1) 能制作符合要求的电源线和网线。

(2) 能按照示意图进行系统连线。

(3) 能正确配置终端软件。

(4) 能解决常见系统故障。

1. 接线与安装

本任务涉及直接使用220V交流电，为防止出现人身伤亡事故，要求在动手操作之前，必须确保已断开电源（电源插头拔出）。线路接好后，先自查一遍，再请教师检查一遍，确认线路无误且电线铜丝未露出接线柱，再接通电源。

按照图8-53进行系统连接。环境感知单元（智能窗帘控制器）将通过传输控制单元（网关信号器）连接到物联网云应用中心（智能家居网关）。

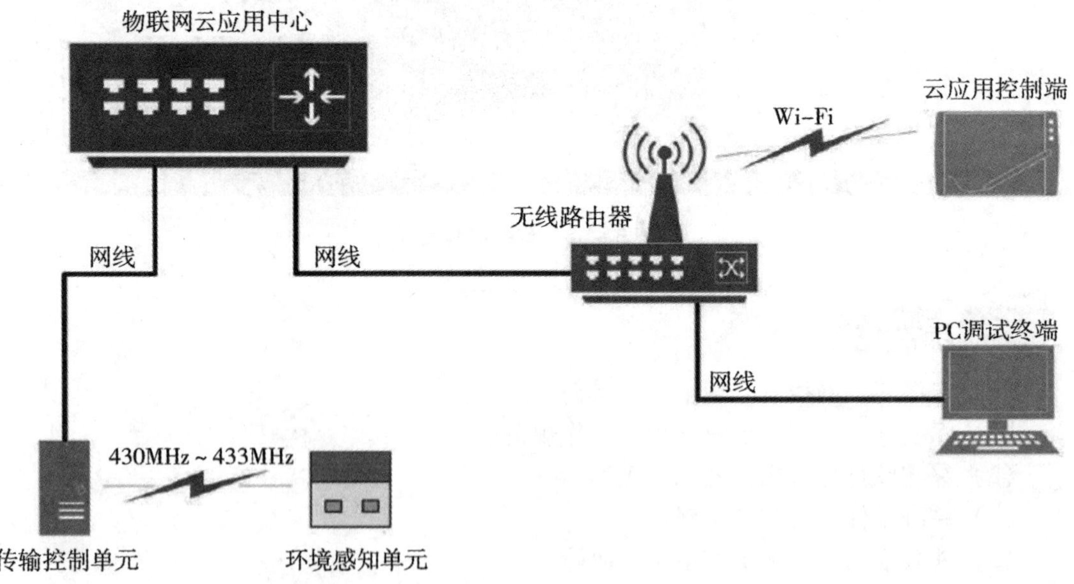

图8-53 智能窗帘控制网络示意图

窗帘电机与导轨结构如图 8－54 所示，窗帘控制器电源接线如图 8－55 所示。窗帘电机控制线需要与环境感知单元（智能窗帘控制器）连接。

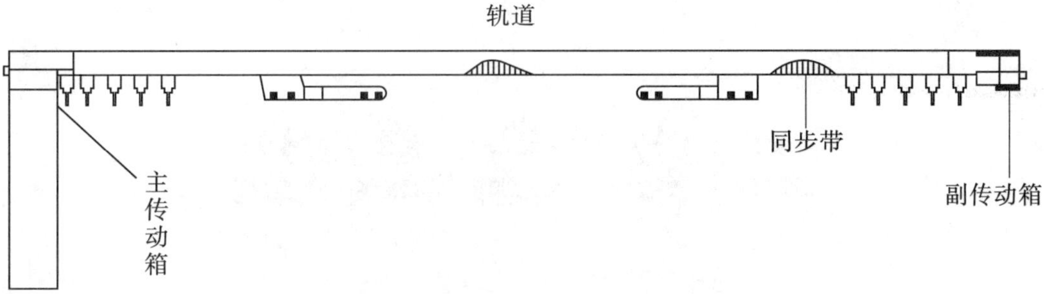

轨道

同步带

主传动箱

副传动箱

图 8－54　窗帘电机和导轨

图 8－55　窗帘控制器电源接线

环境感知单元有四个接线柱，从左到右的作用见表 8－3。

接线柱 1（黑）	接线柱 2（红）	接线柱 3（黑）	接线柱 4（红）
控制单元的 220 V 交流电零线 N	控制单元的 220 V 交流电火线 L	—	—
窗帘电机的 220 V 交流电零线 N（蓝色线）	窗帘电机的 220 V 交流电火线 L（红色线）	窗帘电机的反向旋转控制线（黑色线）	窗帘电机的正向旋转控制线（褐色线）

2. 移动终端配置

启动云应用控制端软件后，要确保右上角显示网络连接成功图标。如果有问题，请参见前面单元六“6.2　智能家居网络”相关内容。

（1）启动云应用控制端软件，选择“设置”。如图 8－56 所示。

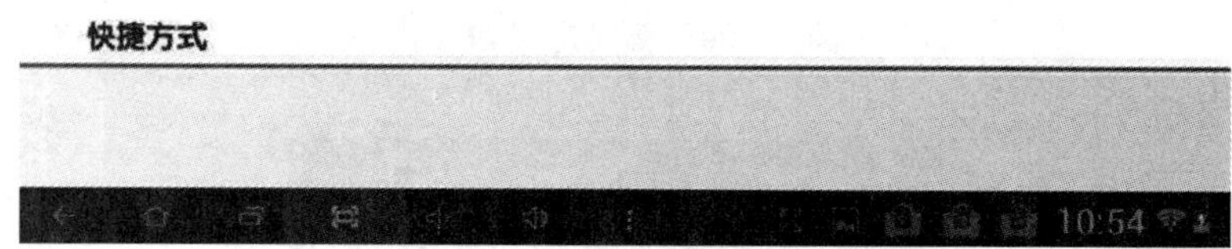

图 8－56　网关连接成功

（2）选择“房间与设备控制”，如图 8－57 所示。如果在已有房间内添加设备，可直接点击房间进入；如果没有房间或要在不同的房间内添加设备，则要先选择“添加房间”。

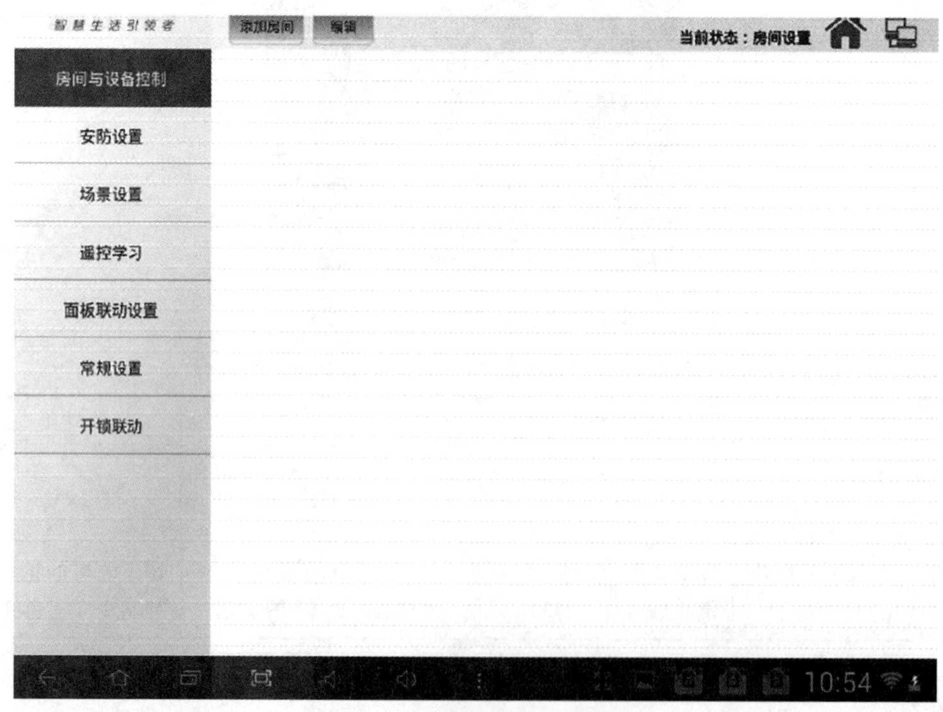

图 8－57　房间与设备控制

（3）点击进入房间后，选择“添加设备”。如图 8－58 所示。

图 8－58　为房间添加设备

（4）选择屏幕左边列表“窗帘”类别，勾选右边具体窗帘设备。如图 8－59 所示。

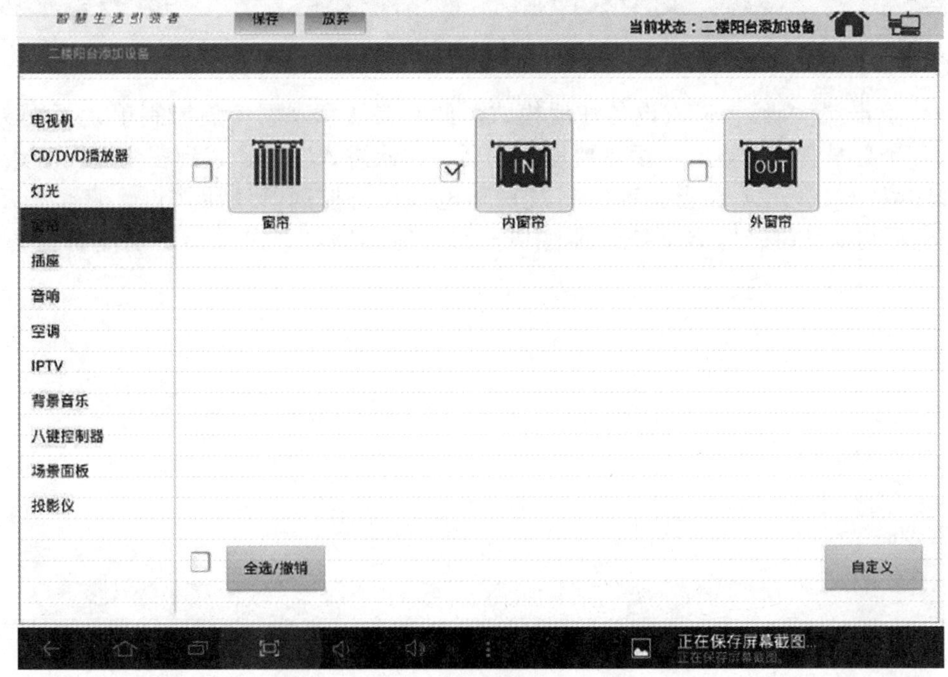

图 8－59　选择窗帘设备

（5）点击“保存”按钮，所选择的窗帘设备已经自动添加到右边“未注册设备”里面。如图 8－60 所示。

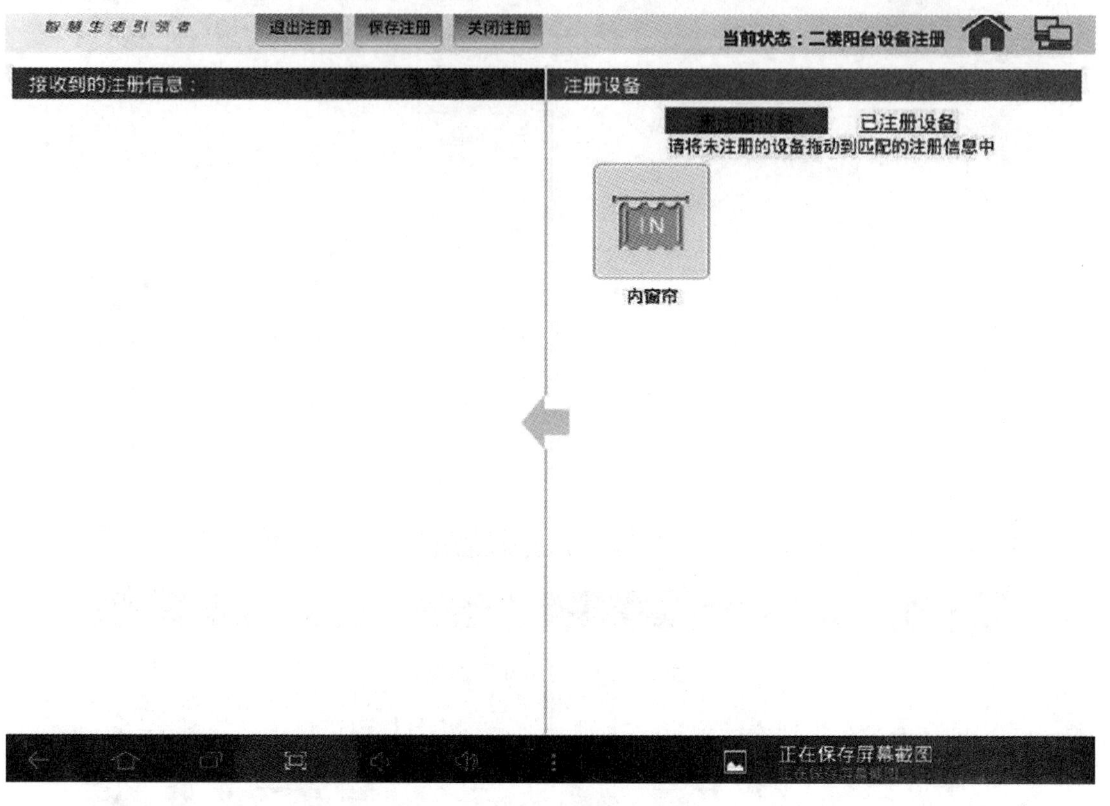

图 8－60　保存添加的设备

（6）点击“注册”，进入设备注册模式。此时要注意观察传输控制单元（网关信号器）的三个灯是否同时点亮，否则要退出注册，再次进入注册，直到三个灯同时点亮。

将环境感知单元（智能窗帘控制器）通电，长按控制器注册按键，直至指示灯闪烁，松开后再次按键，即启动控制器注册。移动终端屏幕左边将会出现注册设备信息，如图 8－61 所示。

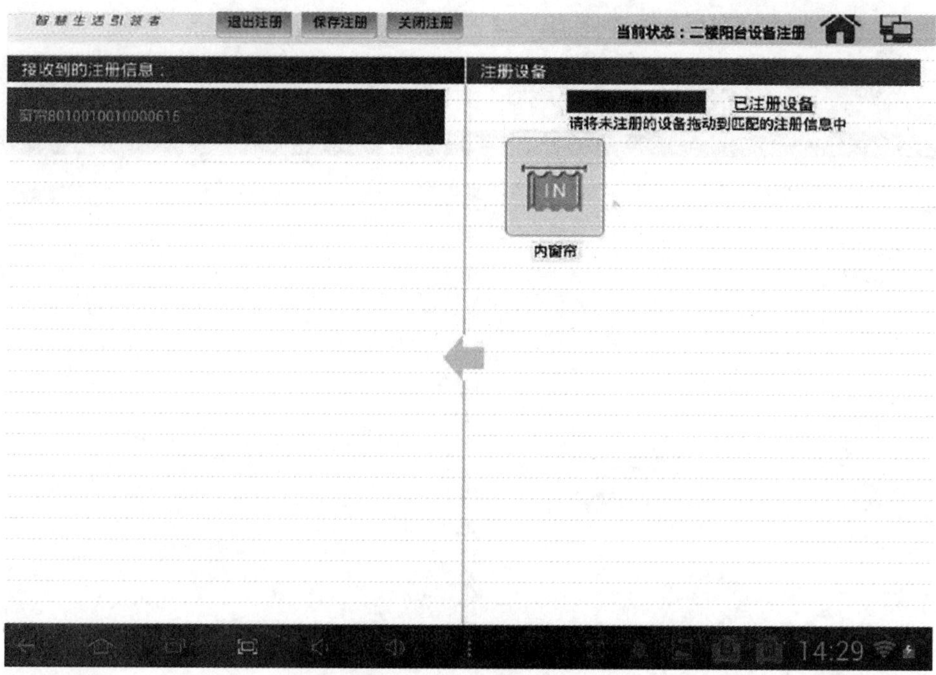

图 8－61　未注册设备

如果注册成功，环境控制单元（智能灯光控制器）指示灯恢复普通工作状态指示，否则指示灯闪烁三下，提示注册失败，需要重新注册。

（7）将右边的未注册设备拖放到左边的实际设备上去，进行关联。如图 8－62 所示。

图 8－62　设备关联

（8）点击“保存注册”，完成注册过程。如图 8－63 所示。

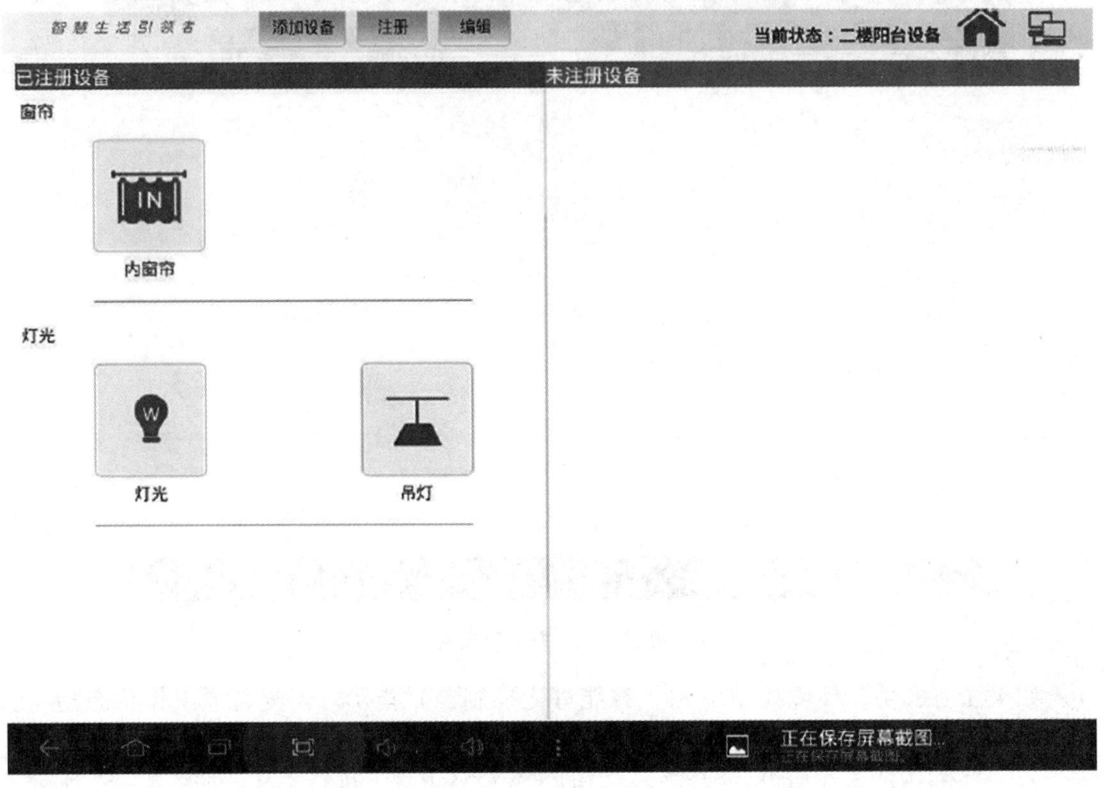

图 8－63　设备注册完成

至此，环境感知单元（智能窗帘控制器）配置完毕。此时，配置数据只是保留在移动终端中，可上传到“云端”，“共享”给所有用户终端使用。回到主界面并依次选择“设置”→“常规设置”→“上传”，可将配置文件内容上传至物联网云应用中心（智能家居网关）保存。移动终端可通过点击“下载”按钮，将配置文件内容下载到本地使用。使用 PC 调试终端的时候，此数据将自动下载到 PC 终端，可以立即使用。

（9）测试。

在主界面选择“家居控制”→“窗帘”，点击“开”（电机正转）、“关”（电机反转）、“暂停”按钮，分别控制窗帘打开、关闭、暂停，如图 8－64 所示。

图 8－64　测试窗帘控制

如果窗帘控制与实际要求相反，有两种调整方法：

①重新接正反转控制线。

②调整控制器按钮功能：同时长按“OPEN”和“CLOSE”按钮，直至指示灯闪烁，松开后再次短按“OPEN”按钮。

3. PC 调试终端配置

启动 PC 终端配置软件后，要确保右下角显示“已成功连接至网关”。否则参见前面单元六“6.2　智能家居网络连接”相关内容。

（1）启动 PC 终端配置软件，打开以前保存的配置文件，或者新建名称为“智能窗帘”的项目，并连接到物联网云应用中心。如图 8－65 所示。

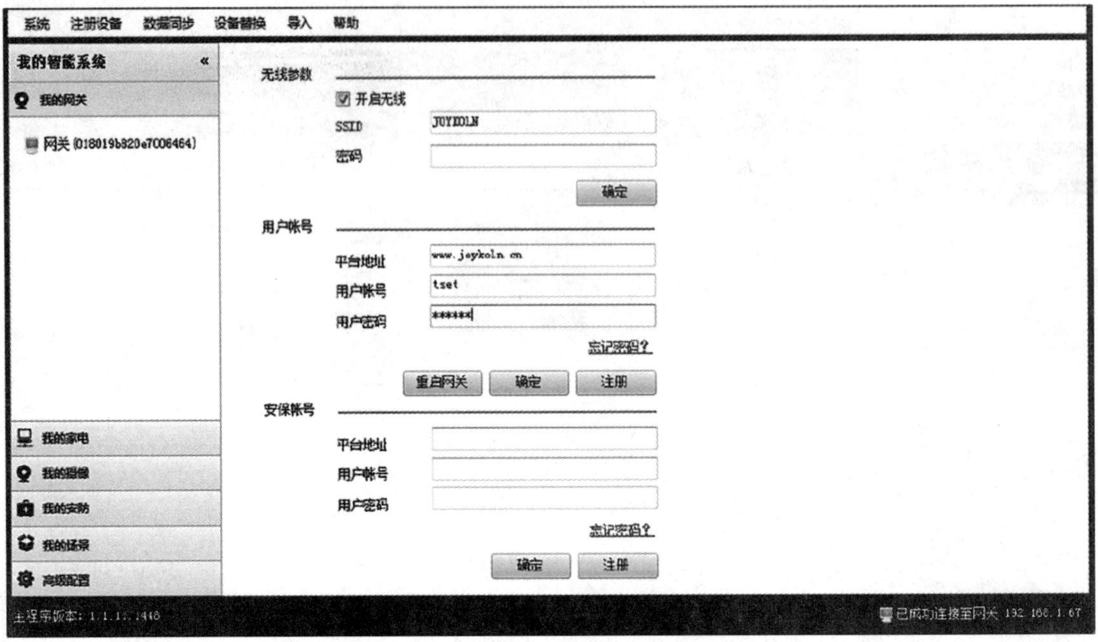

系统 注册设备 数据同步 设备替换 导入 帮助

我的智能系统

我的网关

网关(018019b820e7006464)

无线参数

开启无线

SSID JUYEOLN

密码

确定

用户帐号

平台地址 www.jeykoln.cn

用户帐号 tset

用户密码 ******

忘记密码?

重启网关 确定 注册

安保帐号

平台地址

用户帐号

用户密码

忘记密码?

确定 注册

我的家电

我的摄像

我的安防

我的场景

高级配置

主程序版本：1.1.11.1448

已成功连接至网关 192.168.1.67

图 8－65　启动 PC 终端配置软件

（2）选择“我的家电”。如图 8－66 所示。

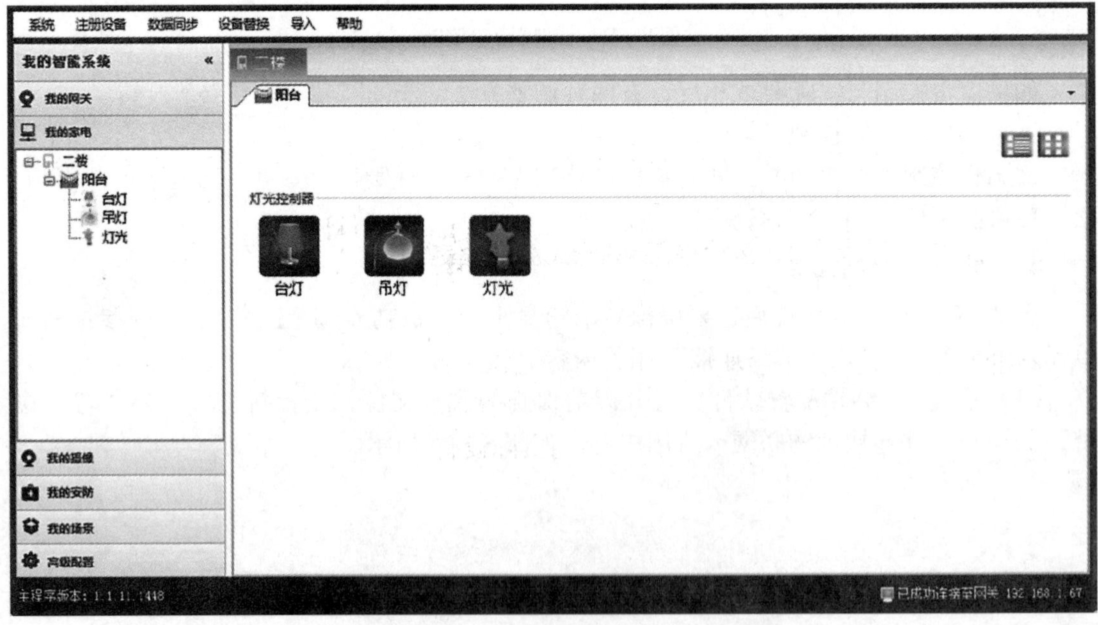

图 8－66　我的家电

（3）点击菜单“注册设备”，进入设备注册模式。此时要注意观察传输控制单元（网关信号器）的三个灯是否同时点亮，如果没有则要退出注册，并再次进入注册，直到三个灯同时点亮。在屏幕右侧“房间”选项卡里面，依次选择楼层、房间。如图 8－67 所示。

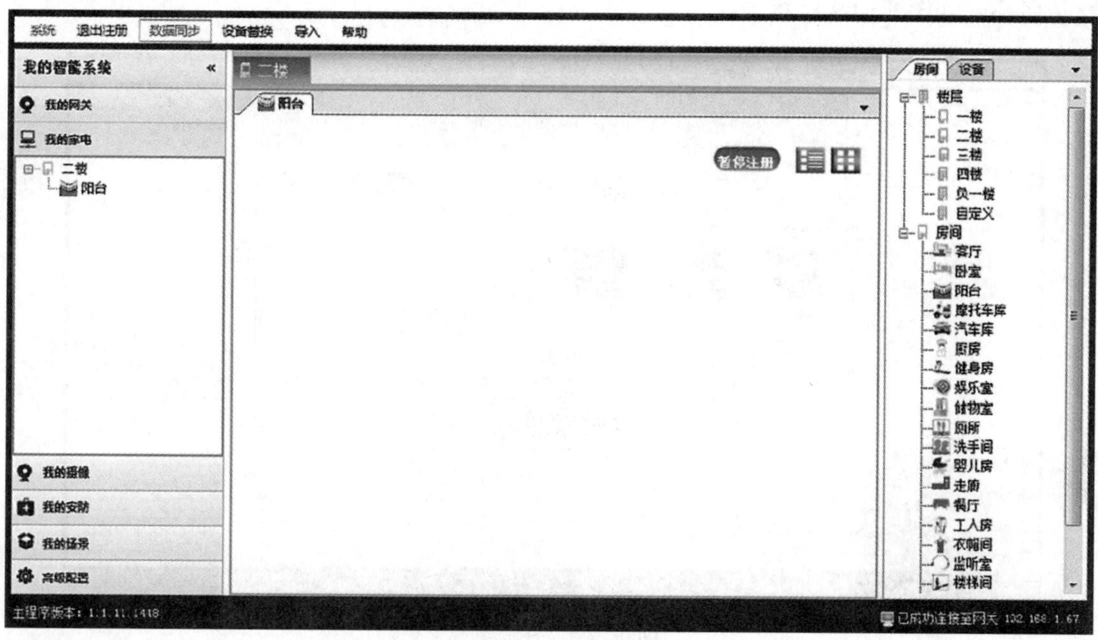

图 8－67　房间选择

（4）选择“设备”选项卡（内容暂时为空）。如图 8－68 所示。

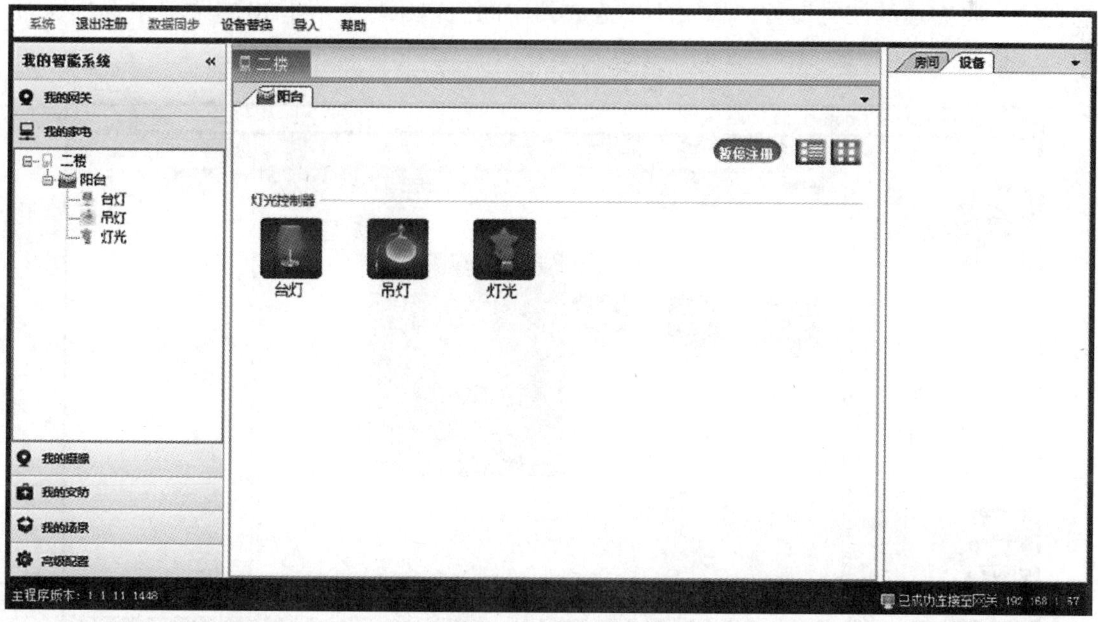

图 8－68　准备注册设备

（5）将环境感知单元（智能窗帘控制器）通电，长按控制器注册按键，直至指示灯闪烁，松开后再次短按该按键，即启动控制器注册。“设备”选项卡里面将会出现注册设备名称，如图8－69所示。

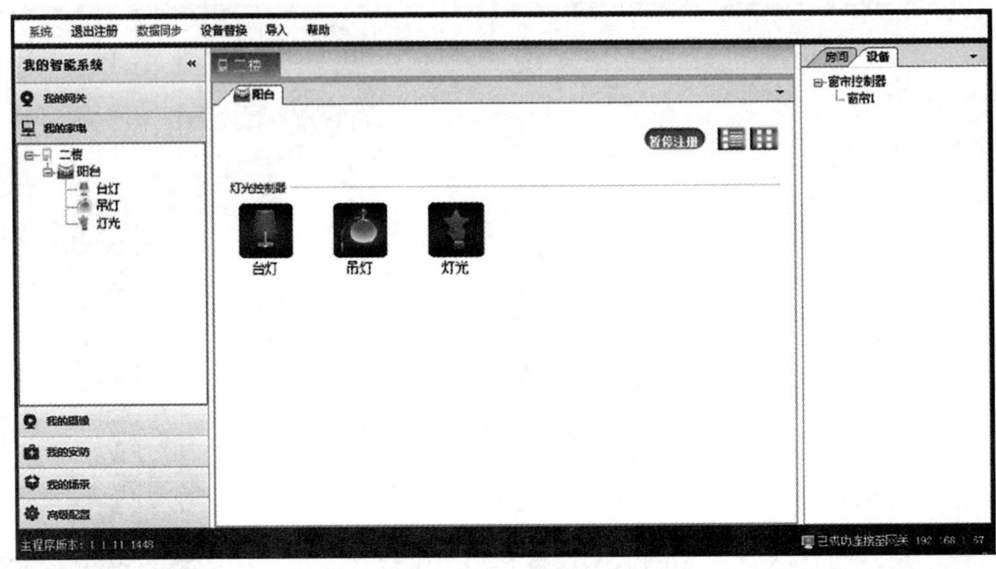

图8－69　注册设备

（6）如果成功注册，环境感知单元（智能窗帘控制器）指示灯恢复普通工作状态指示。否则指示灯闪烁三下，提示注册失败，需要重新注册。

（7）将右边的注册设备“窗帘1”拖放到中间空白区域，在弹出的菜单中选择窗帘类型（根据实际情况选择）。如图8－70所示。

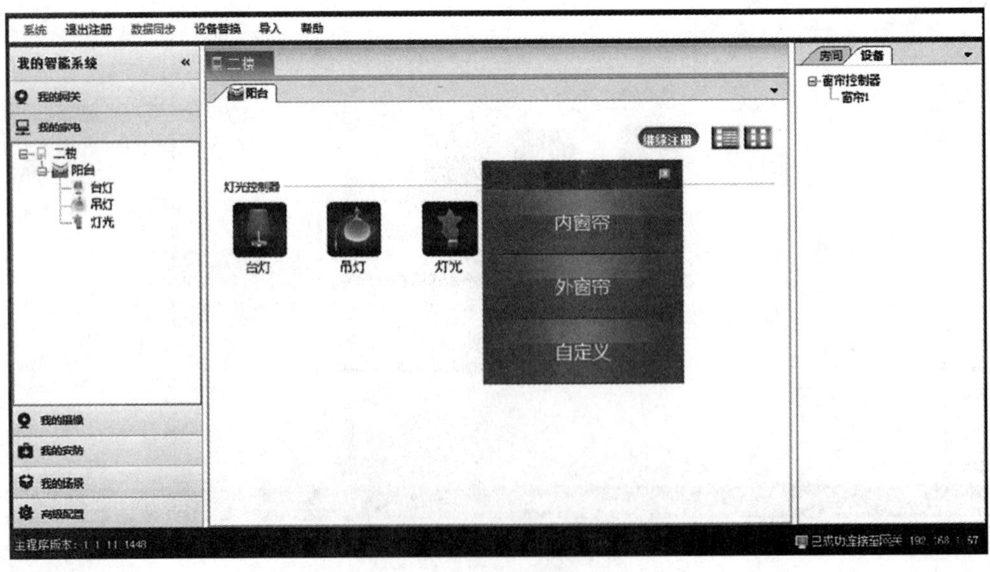

图8－70　选择窗帘类型

（8）点击菜单“退出注册”，回到控制模式。如图 8－71 所示。

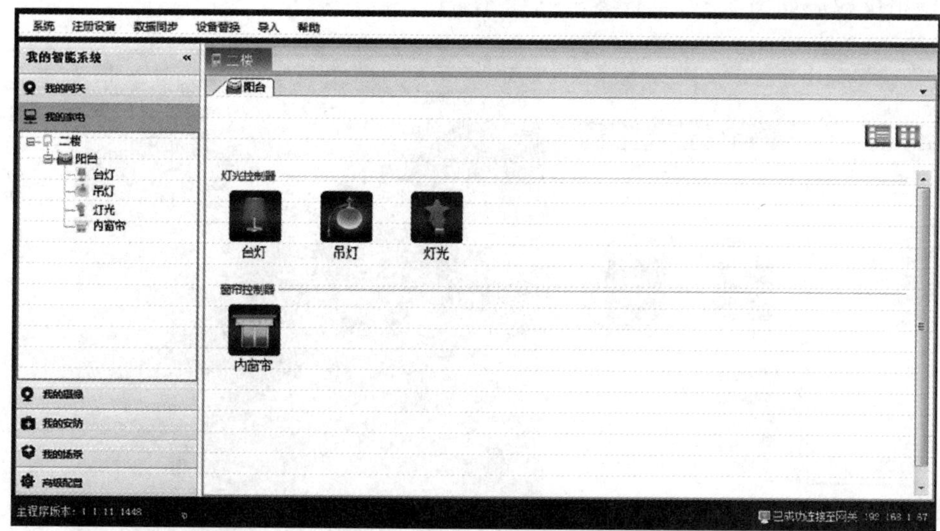

图 8－71 完成设备注册

至此，环境感知单元（智能窗帘控制器）配置完毕。此时，配置数据只是保留在 PC 调试终端中，可上传到“云端”，“共享”给所有用户终端使用。点击菜单“数据同步”，可将配置文件内容上传至物联网云应用中心（智能家居网关）保存。再次启动 PC 调试终端的时候，此数据将自动下载到 PC 终端，可以立即使用。移动终端可通过点击“下载”按钮，将配置文件内容下载到本地使用。

（9）测试。

①点击窗帘图标，出现窗帘控制窗口。如图 8－72 所示。

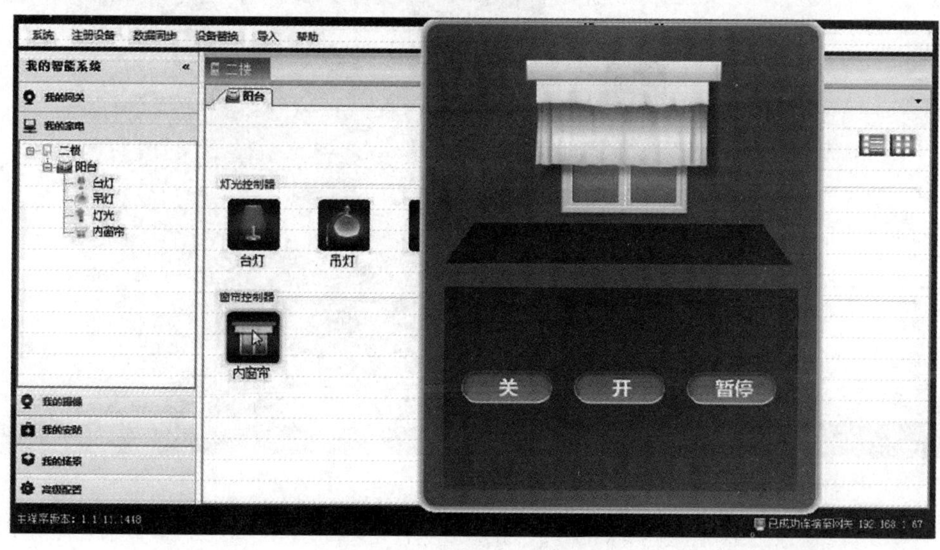

图 8－72 启动窗帘控制测试

②对窗帘进行“开”“关”“暂停”操作，注意操作时不能过急，窗帘电机及导轨需要时间做出反应。如图 8－73、图 8－74 所示。

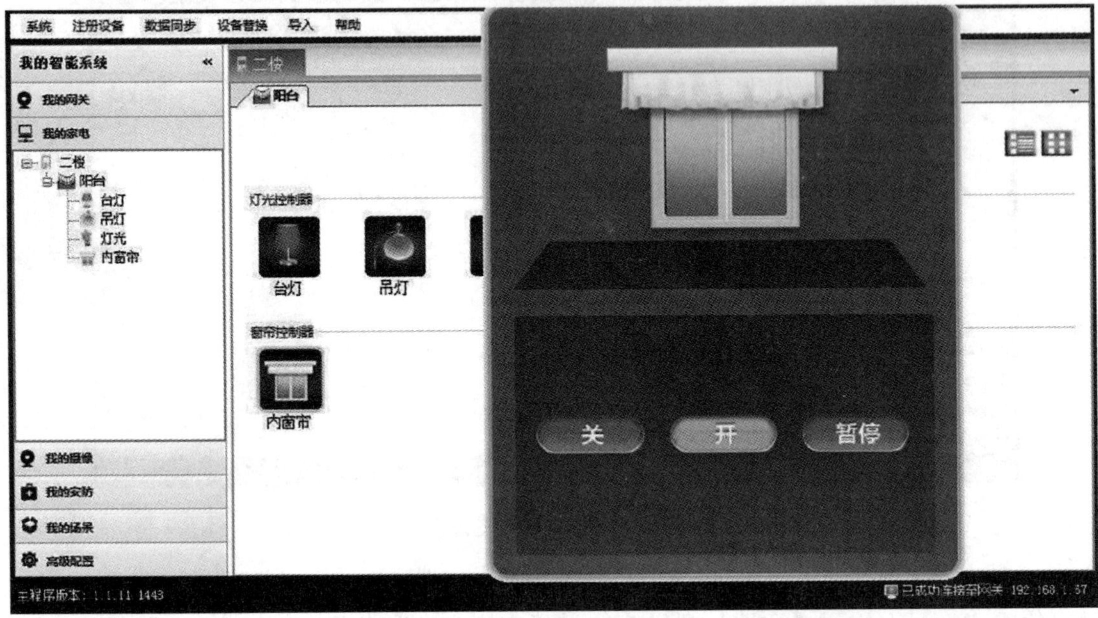

图 8－73　窗帘打开状态

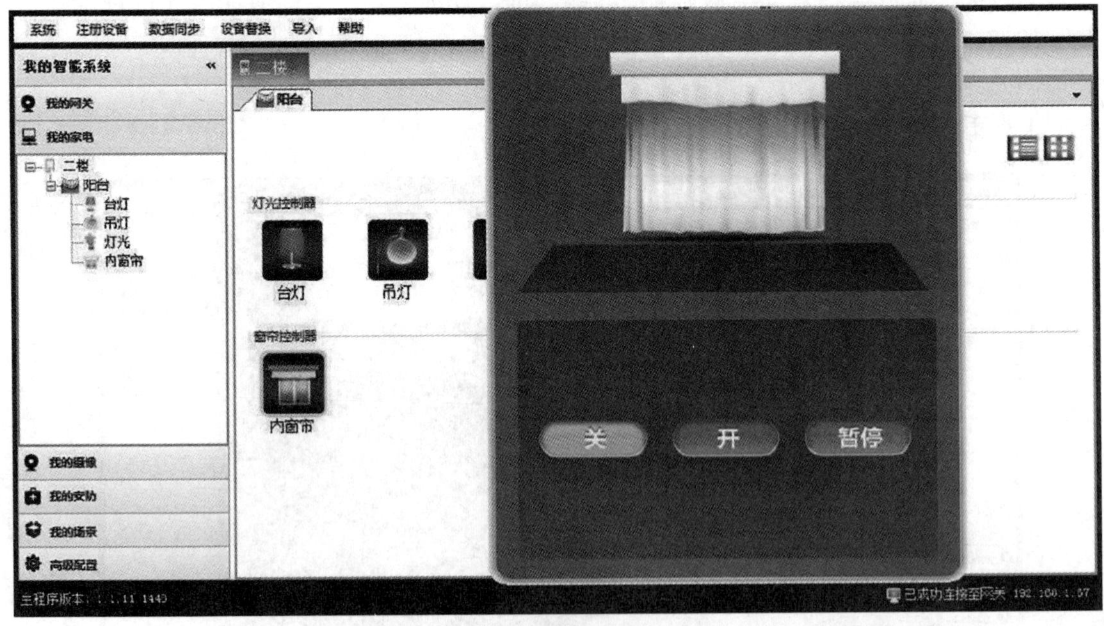

图 8－74　窗帘关闭状态

考核评价

（1）电源线、网线制作规范，工具使用熟练。
（2）系统连线正确，走线合理，操作规范。
（3）终端软件配置操作熟练、正确。
（4）系统整体功能测试正确。
（5）能独立定位、解决简单系统故障。
（6）工作台干净整洁，工具摆放有序。

单元九
智能安防红外报警系统的安装与调试

学时建议

4 学时。

情境导入

某住户家中已有一套智能环境控制系统，计划再安装一套智能安防系统，你作为售后工程师来主持这个项目的实施。客户可以通过手机或是平板电脑控制房间智能安防系统，可以实现智能环境和智能安防的联动使用。你的任务是为客户提供一个最佳的施工方案，结合实际场景，根据相关资料表述自己的设想。

9.1 人体红外传感器的接线与安装

学习目标

(1) 能制作符合要求的信号线和网线。

(2) 能按照示意图进行系统连线。

(3) 人体红外传感器安装位置合理。

本任务涉及直接使用220V 交流电，为防止出现人身伤亡事故，要求在动手操作之前，必须确保已断开电源（电源插头拔出）。线路接好后，学生先自查一遍，教师再检查一遍，确认线路无误且电线铜丝未露出接线柱，再接通电源。

1. 系统连接示意图

按照图 9 - 1 进行系统连接。人体红外传感器（感知终端）将通过传输接口单元连接到物联网云应用中心。

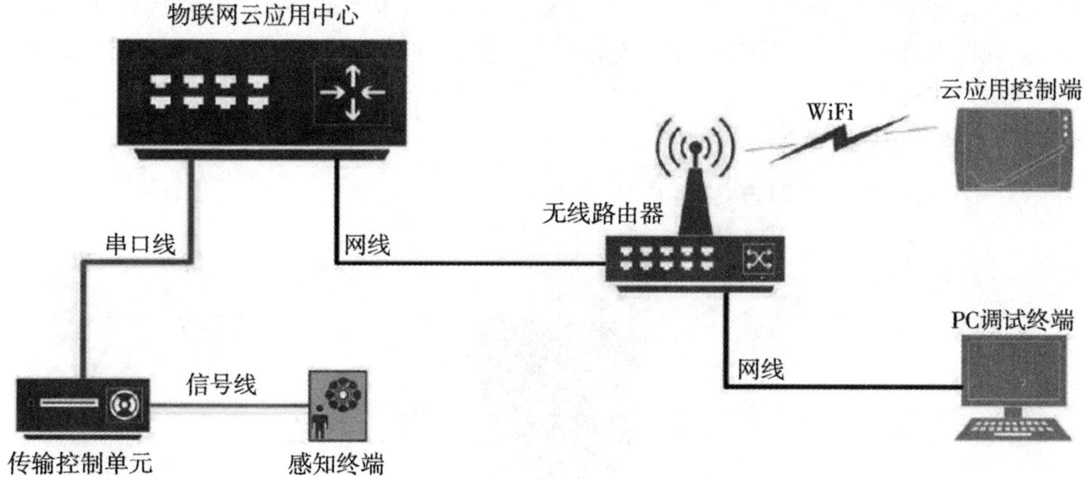

图9－1　智能安防网络拓扑图

2. 相关安装要求

（1）感知终端应安装牢固、稳定、无晃动，对探测区域可直视，取得理想的探测范围，探测范围不可有障碍物。

（2）感知终端的位置应距离地面2.0～2.2米，远离空调、冰箱、火炉等设备。

（3）红外探头应与室内行走线路成一定角度，红外探头对径向移动反应最不灵敏，而对于切向移动最为敏感。在现场选择合适的位置，既需要避免误报也要尽量保证最佳灵敏度。

3. 信号线连接

信号线连接如图9－2所示。

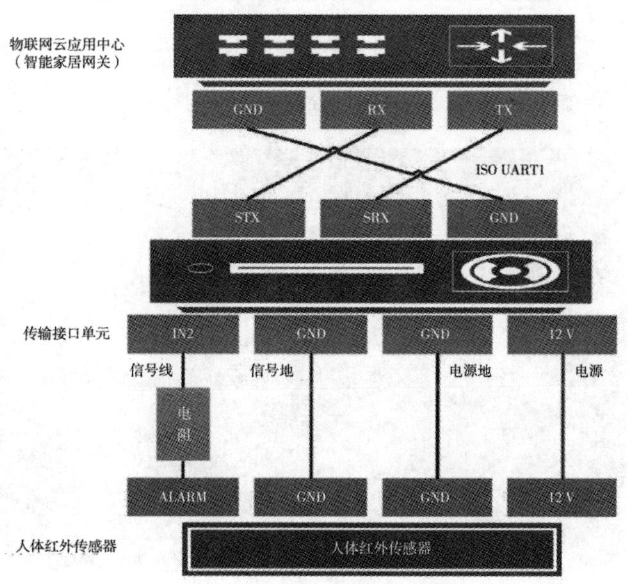

图9－2　信号线连接示意图

需注意的是，TAMPER（防拆信号）线暂未用到；电阻为7.5Ω；连接12V直流电之前，要确保电源处于断开状态；线路接好后，需要再次检查线路是否接错，并请教师确认无误后，再打开电源。

4. 信号线连接实物图

（1）人体红外传感器接线，如图9－3所示。

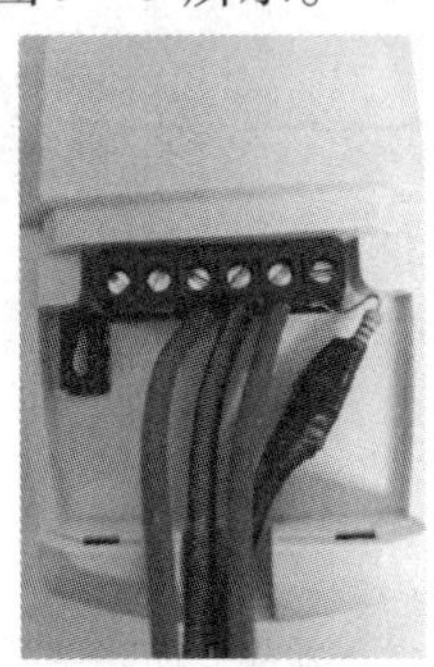

图9－3 人体红外传感器接线

（2）传输接口单元接线，如图9－4所示。

图9－4 传输接口单元接线

（3）传输接口单元与物联网云应用中心接线，如图9－5所示。

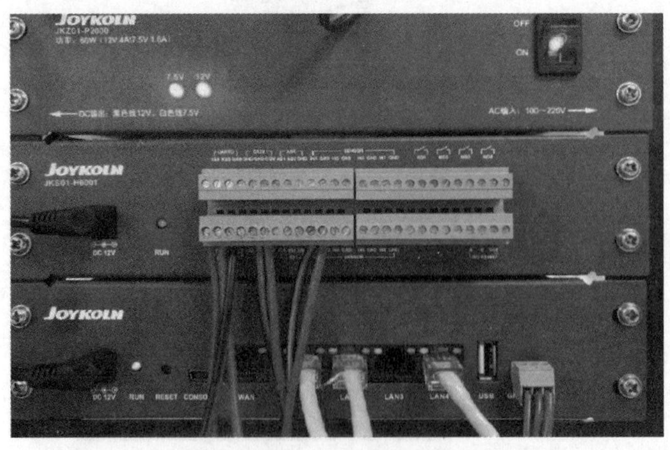

图9－5 传输接口单元与物联网云应用中心接线

考核评价

(1) 信号线、网线制作规范，工具使用熟练。
(2) 系统连线正确，走线合理，操作规范。
(3) 人体红外传感器安装位置合理。

9.2　物联网云应用中心设置

学习目标

(1) 能正确配置终端软件。
(2) 能解决常见系统故障。

1. 打开后台页面

在浏览器的地址栏中输入物联网云应用中心（智能家居网关）的IP地址，打开后台设置页面。如图9-6所示。

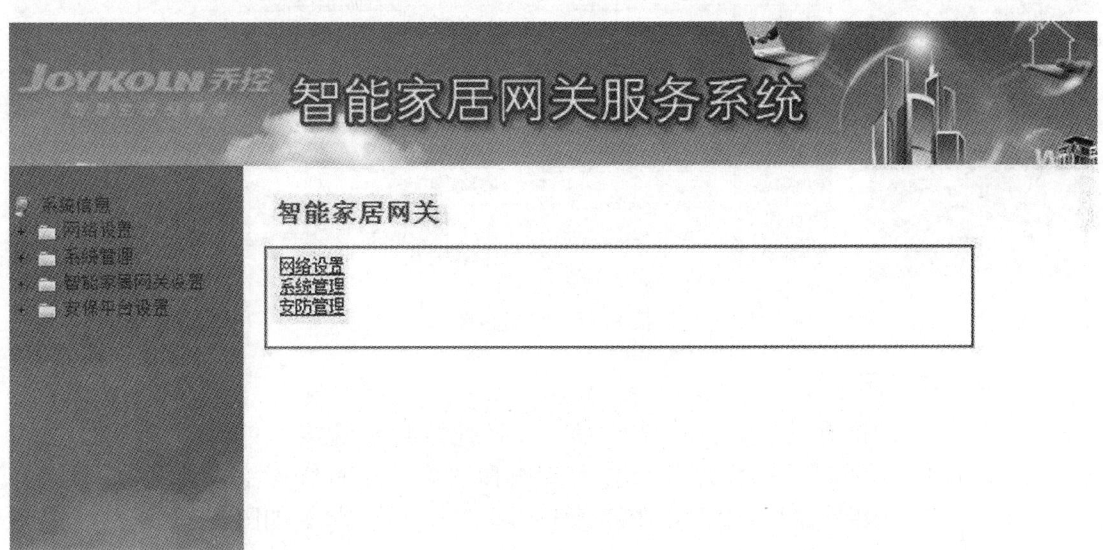

图9-6　智能家居网关设置

本书示例中的IP地址是192.168.1.165。如果物联网云应用中心（智能家居网关）的IP地址是由路由器自动分配的，可使用以下两种方法获取IP地址：

①打开PC调试终端软件，可在右下角看到智能家居网关地址。

②在无线路由器的IP分配（或DHCP）页面中查找。

2. 防区选择及属性设置

系统可设置八个防区，可以任意分配。假设人体红外传感器所在的防区为“防区一”。位置是已设置好的房间，如果没有房间可选，可以选择或手动添加；属性选择“立即”；其他选项可根据实际情况选择。如图 9－7 所示。

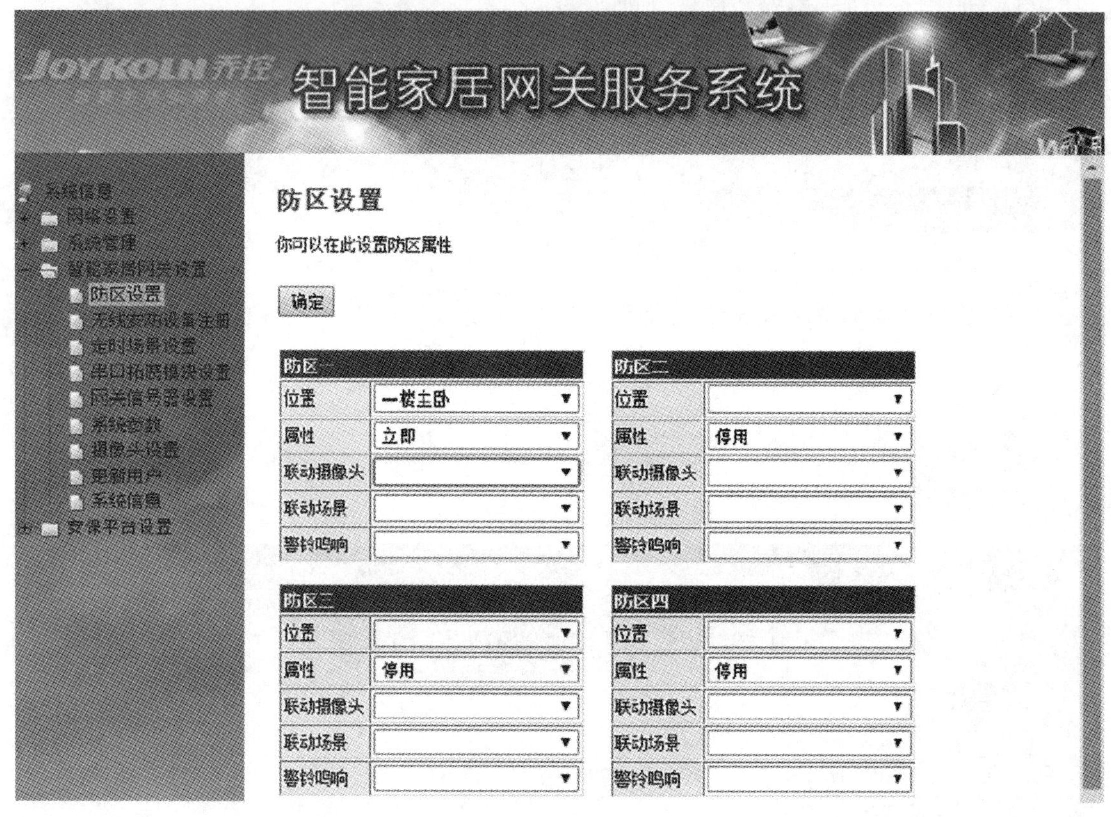

图 9－7 防区设置

3. 探头与防区设置

本实训安装的是有线人体红外传感器，并且连接到传输接口单元的“IN2”接口（即第二路信号输入口）。因此探头位置需要选择“第二路有线探头设备”，并且选择“防区 1”，以关联传感器与防区（防区 1 使用 IN2 口的传感器）。如图 9－8 所示。

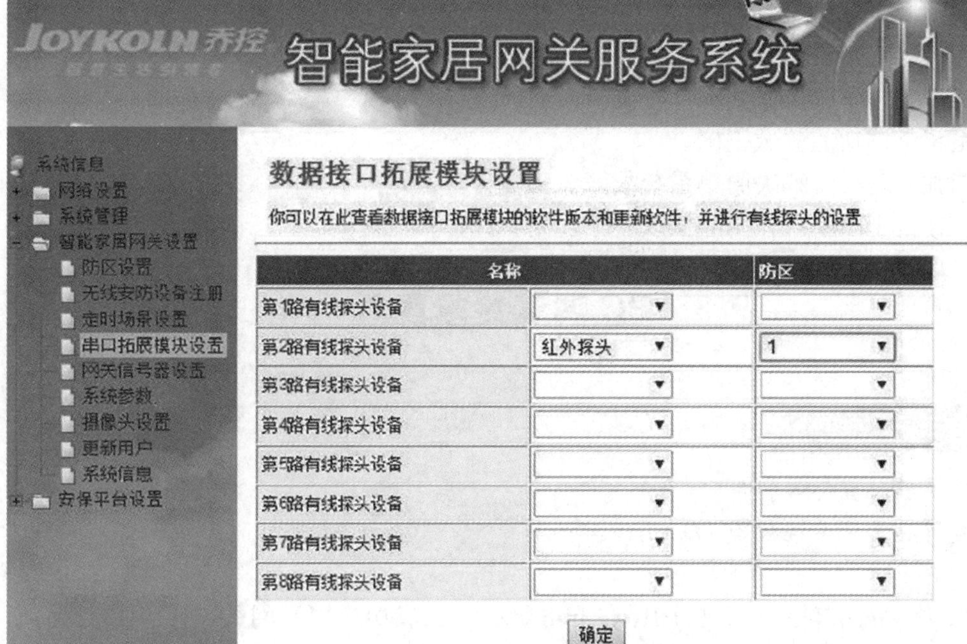

图 9－8　探头设备及防区关联

4. 退出

参数设置成功后，点击“确定”后退出。如图 9－9 所示。

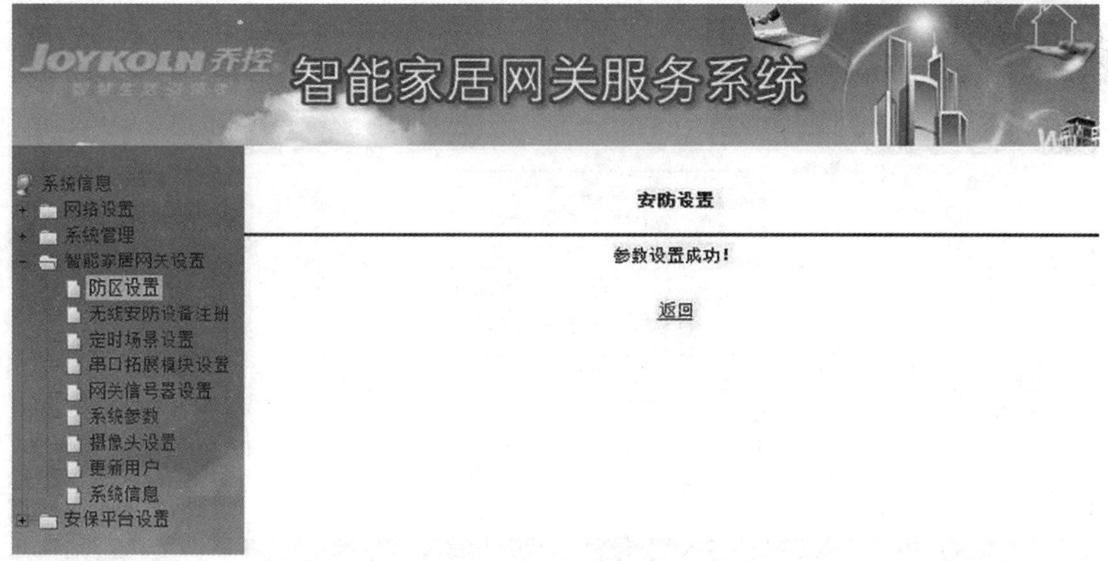

图 9－9　参数设置成功

注：如果需要调整布防延时，选择“系统参数”→“布防设置后”，选择“5 秒”，点击“确定”。

考核评价

（1）终端软件配置操作熟练、正确。
（2）系统整体功能测试正确。
（3）能独立定位、解决简单系统故障。
（4）工作台干净整洁，工具摆放有序。

9.3 PC调试终端配置

学习目标

（1）能正确配置终端软件。
（2）能解决常见系统故障。

启动PC终端配置软件后，要确保右下角显示“已成功连接至网关”。否则参见前面单元六“6.2 智能家居网络连接”相关内容。

（1）启动PC终端配置软件，打开以前保存的配置文件，或者新建名称为“智能安防”的项目，并连接到物联网云应用中心。如图9－10所示。

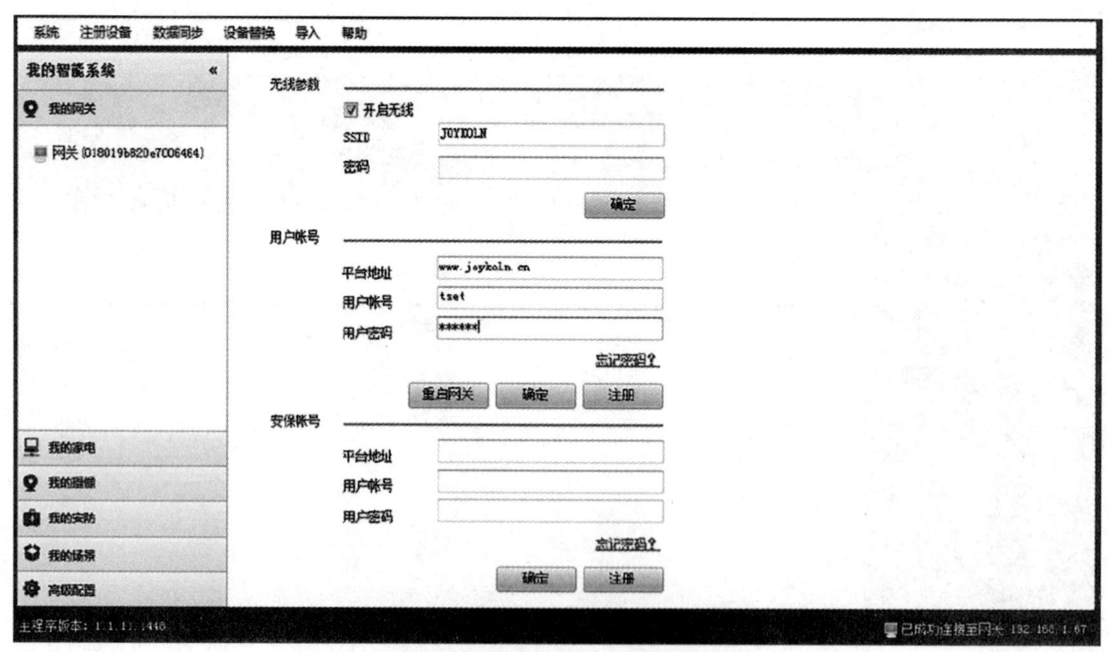

图9－10 启动PC终端配置软件

（2）单击“我的安防”。如图9－11所示。

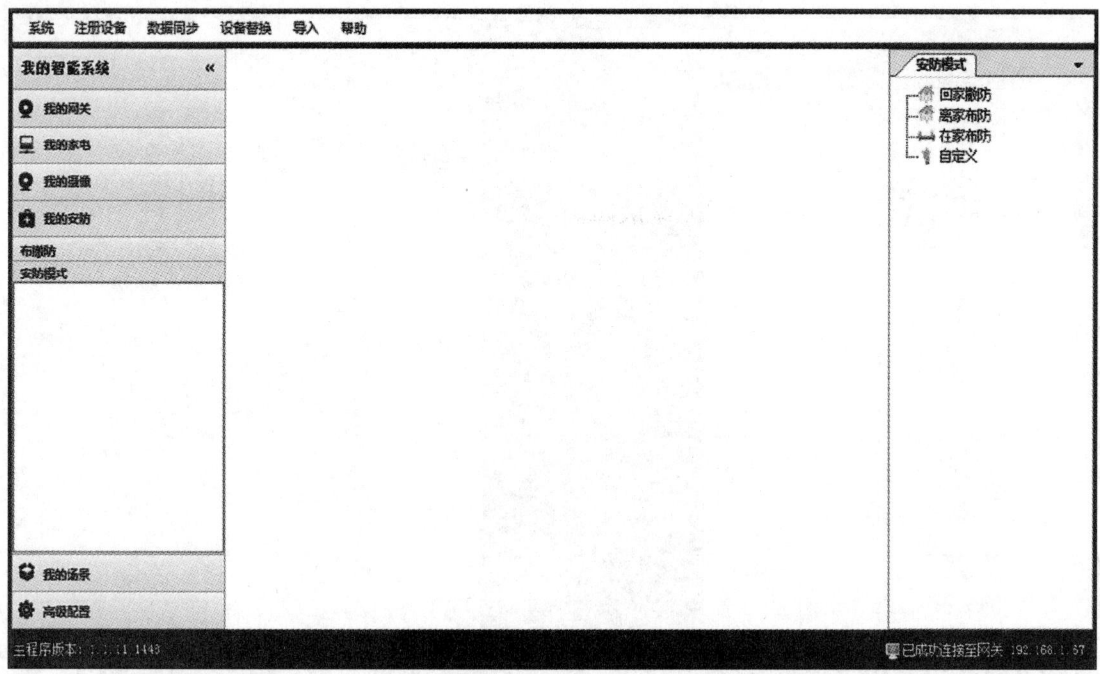

图 9－11　我的安防

（3）单击菜单“注册设备”进入设备注册模式。如图 9－12 所示。

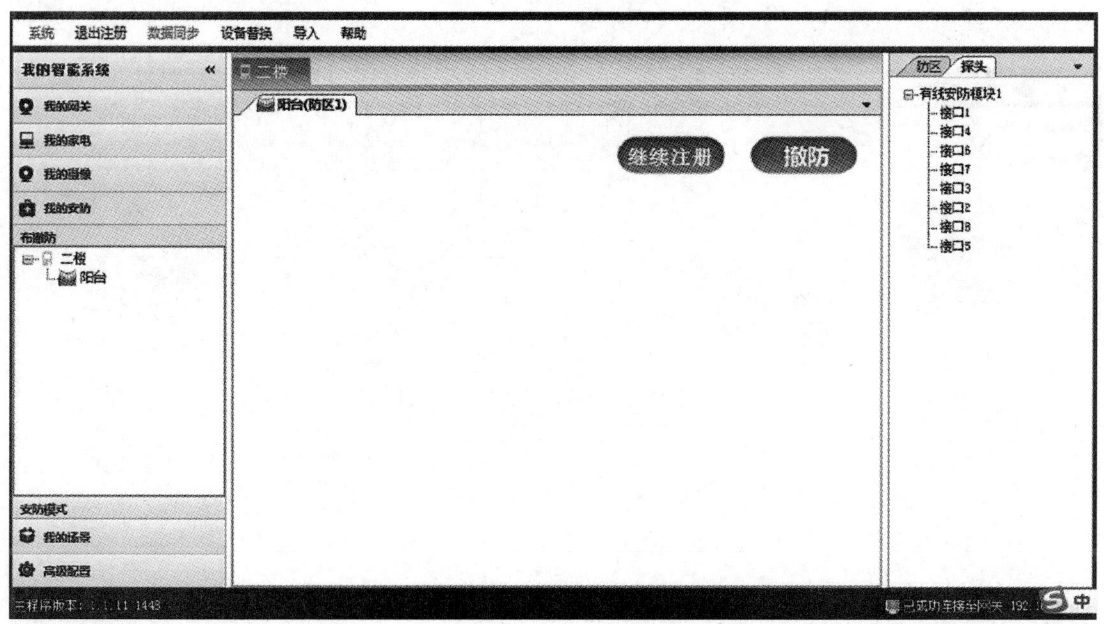

图 9－12　设备注册

（4）将右边的注册设备“接口 2”（已连接人体红外传感器）拖放到中间空白区域，在弹出的菜单中选择红外探头。如图 9－13 所示。

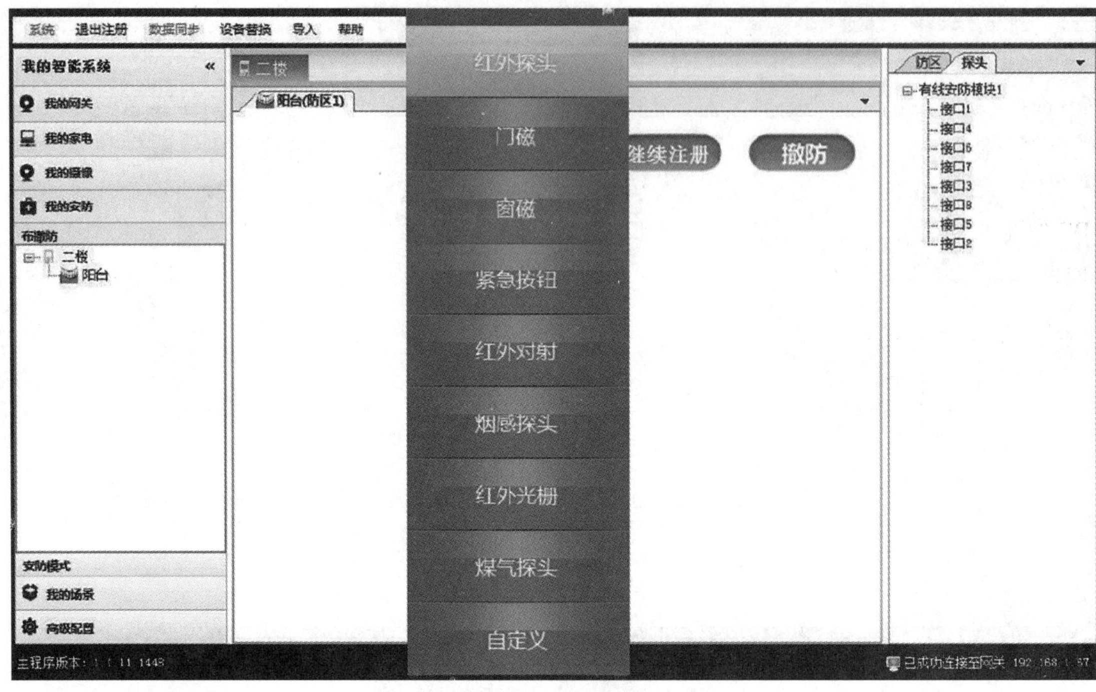

图 9－13　选择红外探头

（5）点击菜单“退出注册”，回到控制模式。单击“布防”按钮，红外探头进入布防状态（开始工作状态）。如图 9－14 所示。

图 9－14　红外探头布防

当有人进入布防区域，红外探头将产生报警信号。如果设置了联动摄像头，系统将会启动录像并保存；如果设置了联动警报器，警报器将会发出警报声。

至此，智能安防红外报警配置完毕。此时，配置数据只是保留在 PC 调试终端中，可上传到“云端”，“共享”给所有用户终端使用。点击菜单“数据同步”，可将配置文件内容上传至物联网云应用中心保存。再次启动 PC 调试终端的时候，此数据将自动下载到 PC 终端，可以立即使用。移动终端可通过点击“下载”按钮，将配置文件内容下载到本地使用。

考核评价

（1）终端软件配置操作熟练、正确。

（2）系统整体功能测试正确。

（3）能独立定位、解决简单系统故障。

（4）工作台干净整洁，工具摆放有序。

9.4　移动终端配置

学习目标

（1）能正确配置终端软件。

（2）能解决常见系统故障。

启动云应用控制端软件后，要确保右上角显示网络连接成功图标。如果有问题，请参见前面单元六“6.2　智能家居网络连接”相关内容。

（1）启动云应用控制端软件，选择“设置”。如图 9－15 所示。

图 9－15　网关连接成功

（2）选择“常规设置”，并选择“数据下载”，从物联网云应用中心（智能家居网关）下载 PC 端上传的安防配置数据。如图 9－16 所示。

图 9－16　下载安防配置数据

（3）返回主界面，选择“安防控制”。如图 9－17 所示。

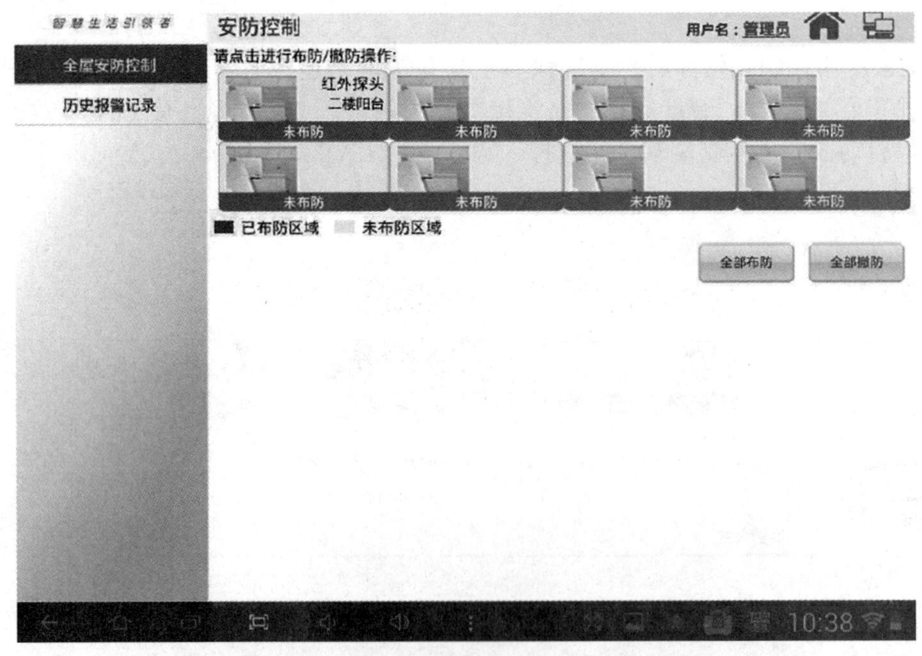

图 9－17　安防控制

（4）单击“防区一”（网关后台已配置），防区一进入布防状态。如图9－18所示。

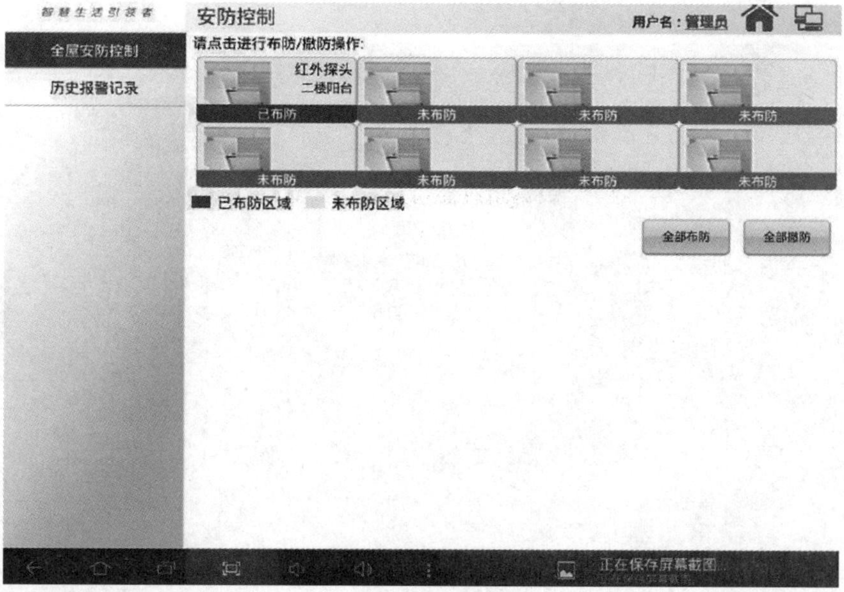

图9－18　布防

（5）测试。

①当人靠近红外探头，将在移动终端显示报警信息。如图9－19所示。

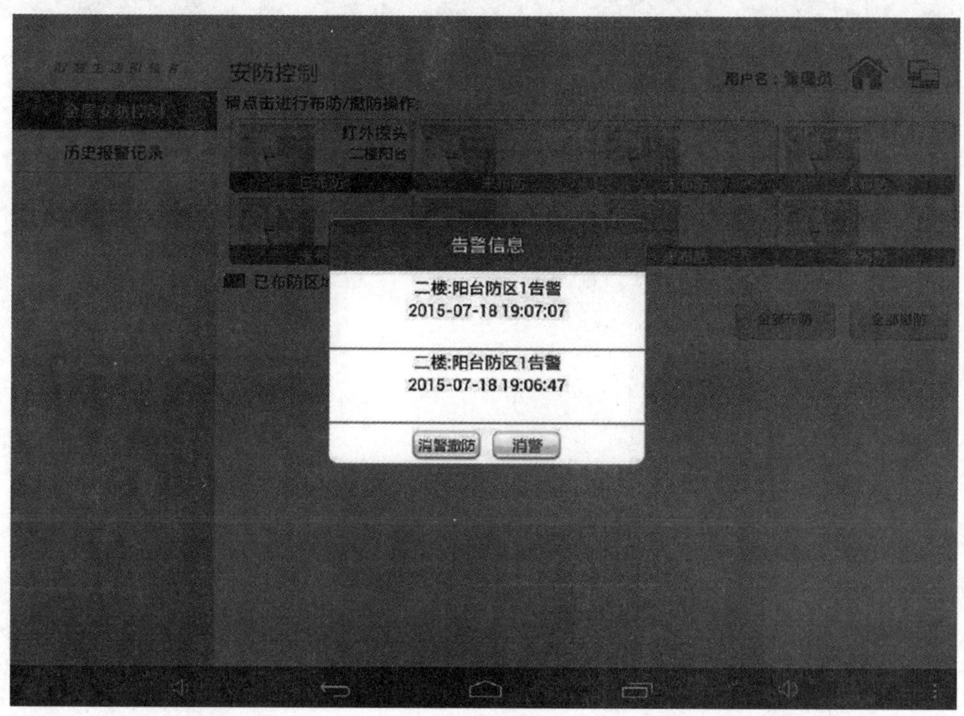

图9－19　显示报警

②可选择“消警”（只是消除警报）或“消警撤防”（既消除警报，又撤销布防）。如果需要输入密码，默认为123456。如图9－20所示。

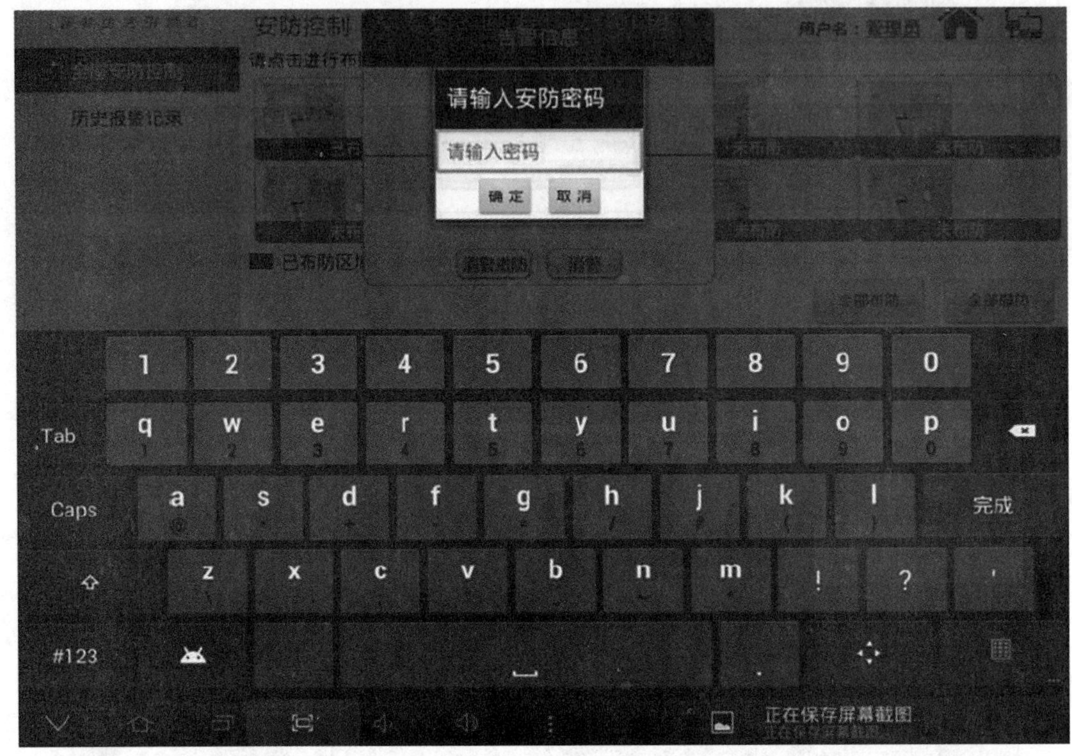

图9－20　消警或撤防

（6）PC调试终端不能显示报警窗口（对话框），因此需要移动终端来显示。移动终端如果不从物联网云应用中心（智能家居网关）下载安防配置数据，而是独立配置，也可以完成。配置过程与PC配置类似（过程略）。

单元十
情景控制单元（场景控制器）的安装与调试

学时建议

4学时。

情境导入

某公司计划给会议室安装一套智能控制系统，希望系统提供场景控制功能，提供四路场景（会客、影音、日常、离开）。你的任务是为客户提供一个最佳的解决方案，结合实际场景，根据相关资料表述自己的设想。

10.1 接线与安装

学习目标

（1）能制作符合要求的电源线和网线。

（2）能按照示意图进行系统连线。

本任务涉及直接使用220V交流电，为防止出现人身伤亡事故，要求在动手操作之前，必须确保已断开电源（电源插头拔出）。线路接好后，学生先自查一遍，教师再检查一遍，确认线路无误且电线铜丝未露出接线柱，再接通电源。

本任务是在前面所述智能家居的设备都安装和配置完成的前提下进行。场景控制是基于已有单个设备控制的整体控制，是多个设备同时控制的“快捷方式”。情景控制单元（场景控制器）网络连接如图10－1所示。

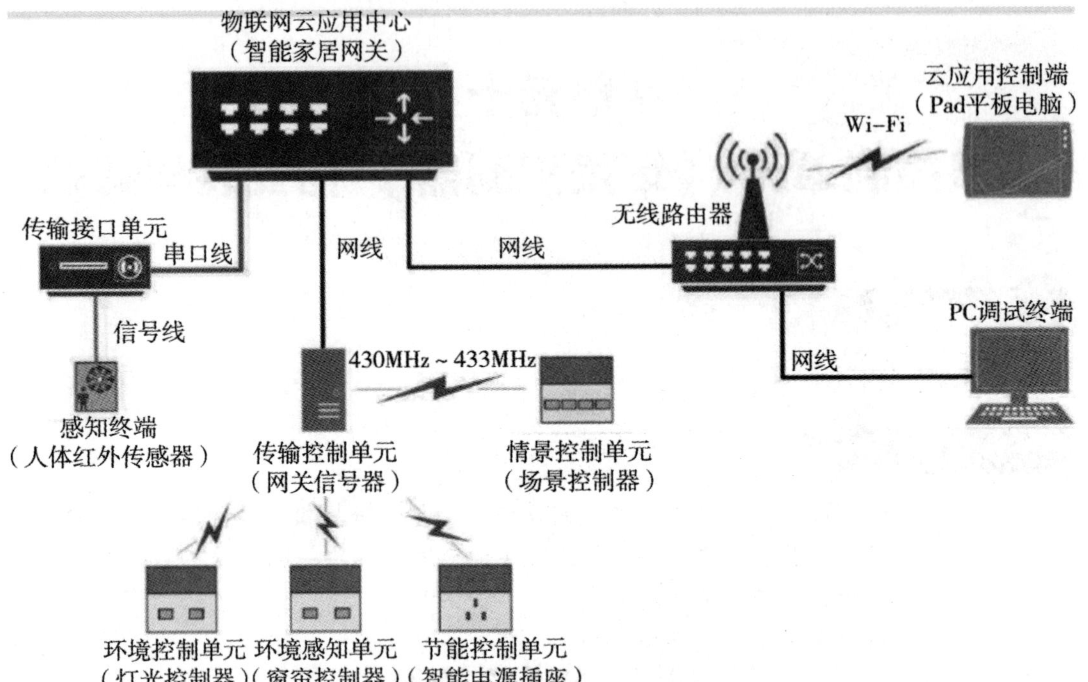

图 10－1　情景控制网络示意图

2. 接线柱连接

情景控制单元有四个接线柱，从左到右的作用见表 10－1。

接线柱 1（黑）	接线柱 2（红）	接线柱 3（黑）	接线柱 4（红）
控制单元的 220V 交流电零线 N	控制单元的 220V 交流电火线 L	未使用	未使用

情景控制单元接线如图 10－2 所示。

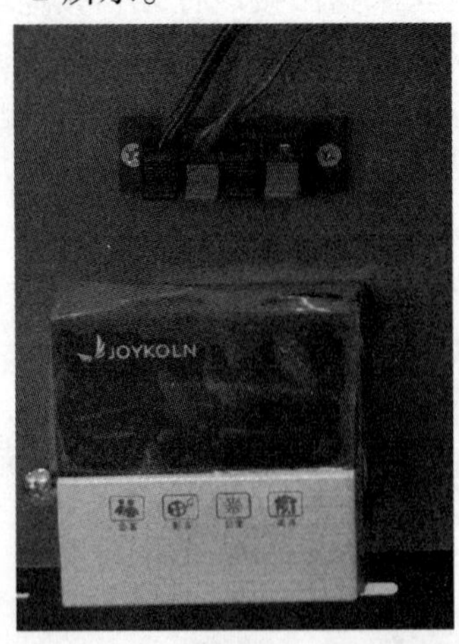

图 10－2　情景控制单元接线

（1）电源线、网线制作规范，工具使用熟练。

（2）系统连线正确，走线合理，操作规范。

10.2　移动终端配置

学习目标

（1）能正确配置终端软件。

（2）能解决常见系统故障。

启动云应用控制端软件后，要确保右上角显示网络连接成功图标。否则参见前面单元六“6.2　智能家居网络连接”相关内容。

本任务只配置了“回家”“离家”两个场景，其他场景的配置方法基本一样。也可以自定义场景，然后再配置。

（1）启动云应用控制端软件，选择“设置”。如图10－3所示。

2014-06-05 18:01:20

快捷方式

18:01

图10－3　网关连接成功

（2）选择“场景设置”，再选择“添加场景”。如图10－4所示。

图 10－4　场景设置

（3）点击“选择场景名称”。如图 10－5 所示。

图 10－5　选择场景名称

（4）在弹出的窗口中，选择“回家”场景。如图 10－6 所示。

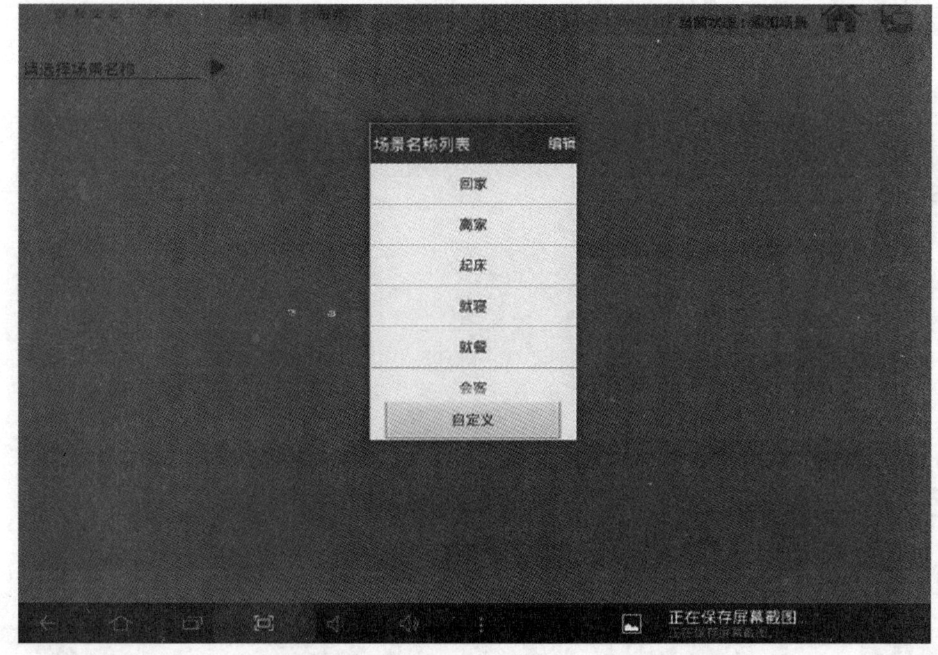

图 10－6　场景名称

（5）点击“保存”。如图 10－7 所示。

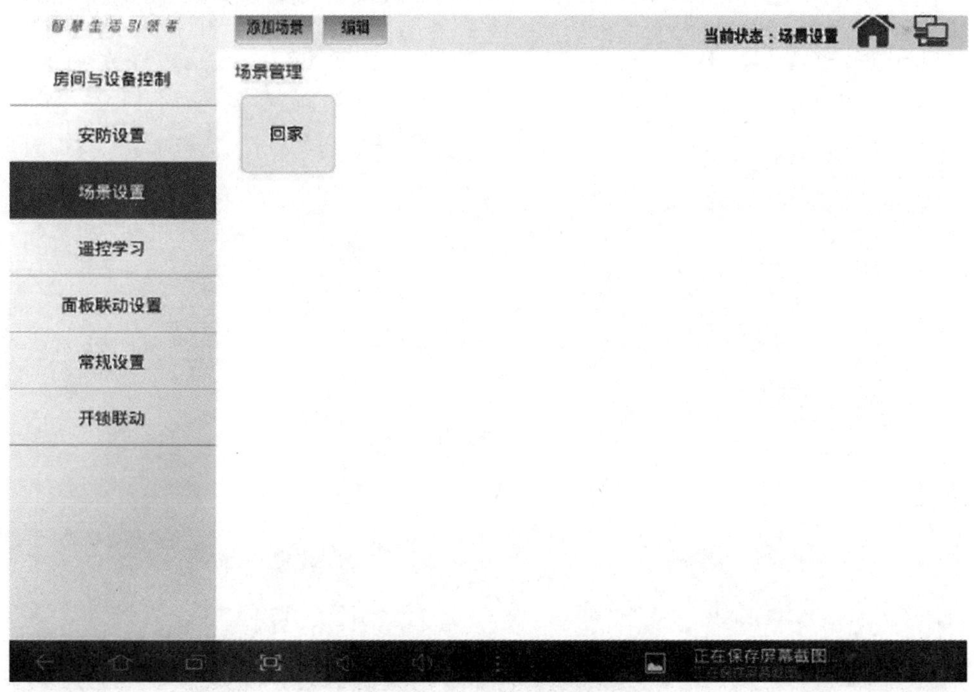

图 10－7　保存回家场景

（6）同样再选择一个“离家”场景。如图 10－8 所示。

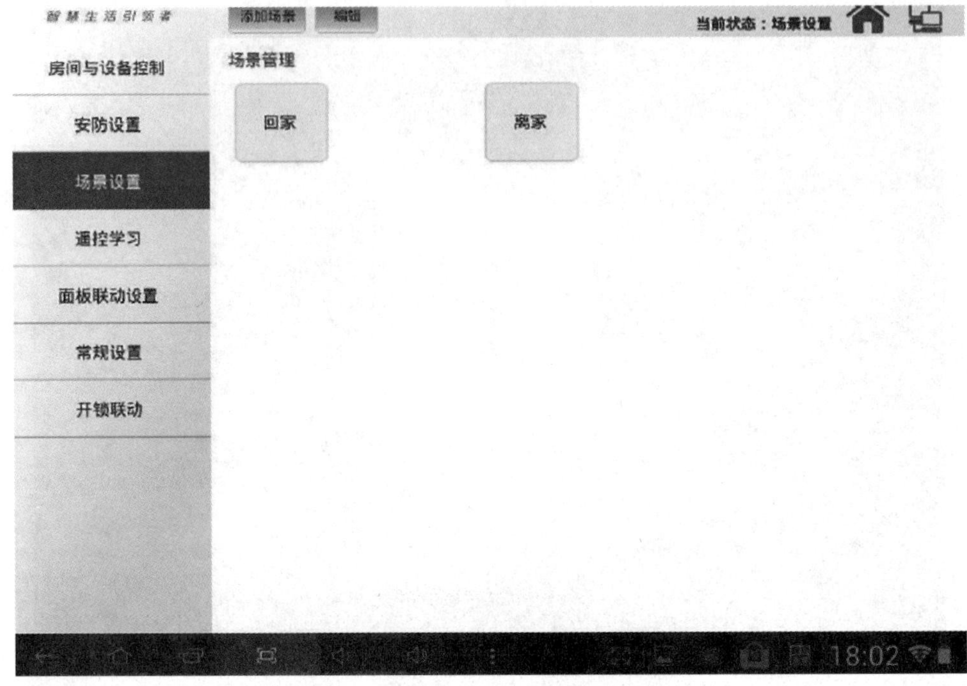

图 10－8　保存离家场景

（7）点击“回家”场景，并查看左边的所有已经配置好的设备。如图 10－9 所示。

图 10－9　查看设备

（8）点击需要配置的设备，设置此设备在回家场景下的状态（开关、延时）。如图 10－10、图 10－11 所示。

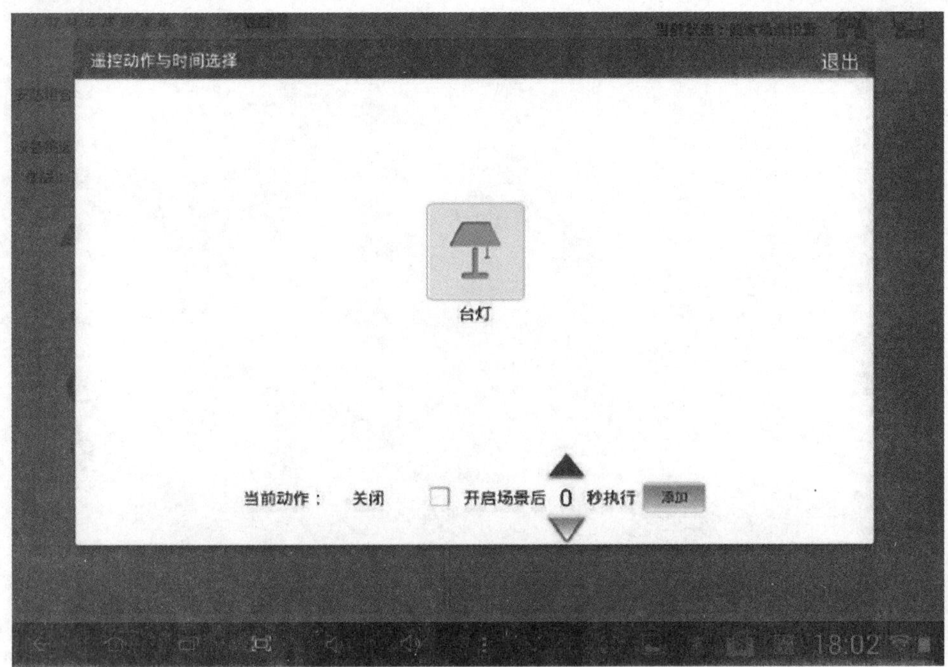

图 10－10　设备状态（关）

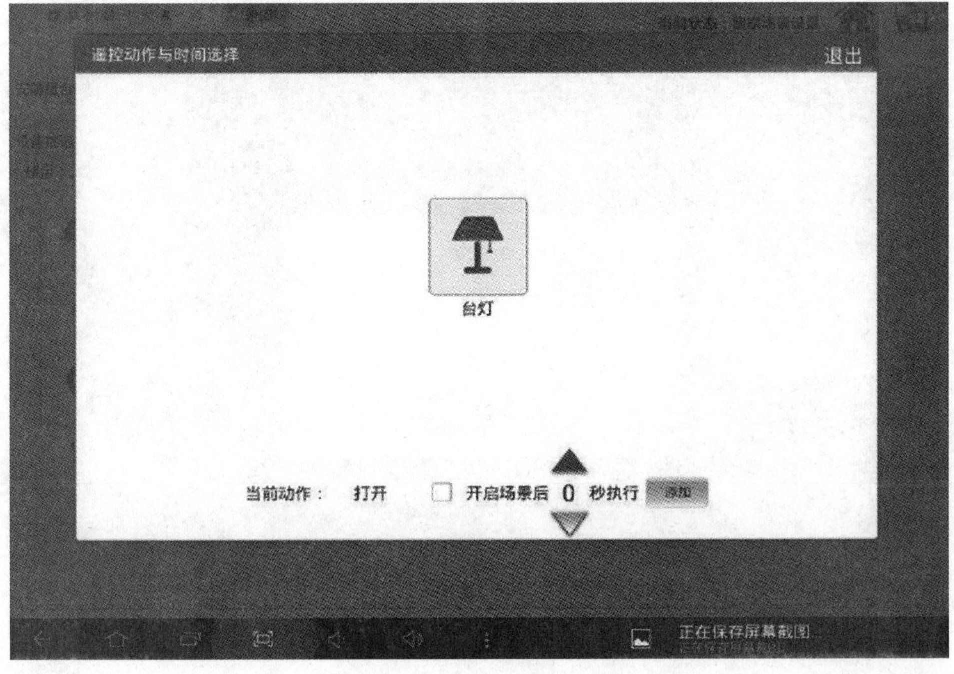

图 10－11　设备状态（开）

（9）点击“添加”按钮，将设备控制状态加入“回家”场景。也可一键式添加所有设备，再逐个修改设置。如图 10－12 所示。

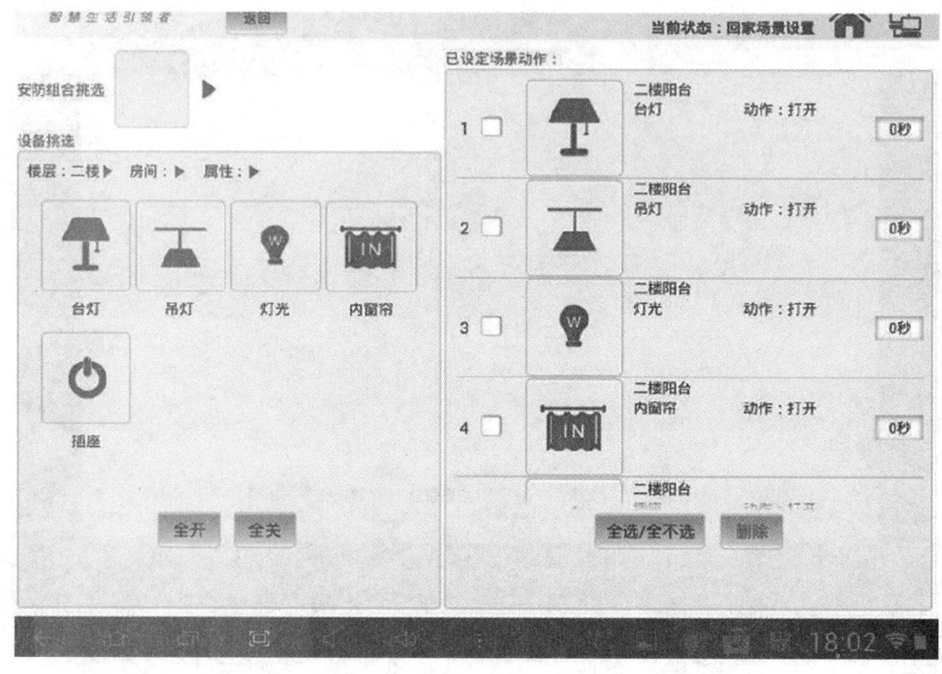

图 10－12　添加设备

（10）点击“返回”后，再点击“保存”。如图 10－13 所示。

图 10－13　保存回家场景配置

（11）同样添加“离家”场景设备动作状态，并保存。如图 10－14、图 10－15 所示。

图 10－14　查看设备

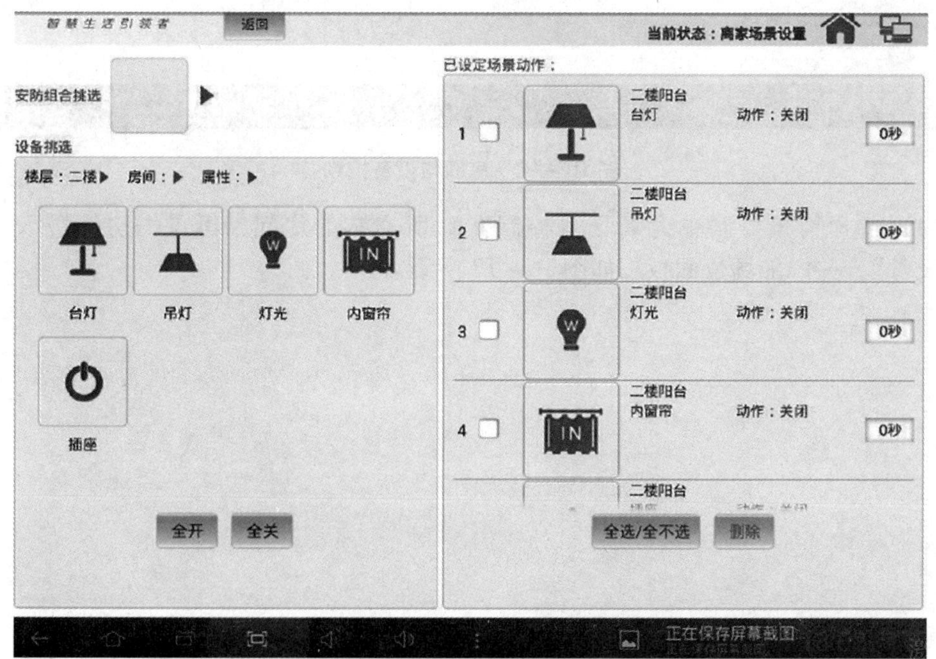

图 10－15　选择设备

（12）回到主页面，选择“场景控制”，点击“回家”或“离家”进行测试。注意不要频繁点击，执行了一个场景动作以后，要稍等一会儿再执行另外一个场景动作，以保护设备。

（13）到这里只是完成了移动终端的场景控制功能，情景控制单元的实体按钮功能还需要配置。选择“房间与设备控制”，如图 10－16 所示。

图 10－16　房间与设备控制

（14）选择情景控制单元（场景控制器）所安装的房间，再点击房间进入，选择“添加设备”，并添加场景面板。如图 10－17 所示。

图 10－17　添加场景面板

（15）点击“注册”，进入设备注册模式。此时要注意观察传输控制单元（网关信号器）的三个灯是否同时点亮，如果没有则要退出注册，并再次进入注册，直到三个灯同时点亮。

将情景控制单元（场景控制器）通电，长按控制器注册按键（左边第一键），直至指示灯闪烁，松开后再次短按该按键，即启动控制器注册。移动终端屏幕左边将会出现注册设备信息。如图 10－18 所示。

图 10－18　设备注册

（16）将右边的未注册设备拖放到左边的实际设备上去，进行关联，并点击“保存注册”。如图 10－19 所示。

图 10－19　设备关联

（17）设置场景面板设备的第 1 路按钮动作。返回设置页面，点击“面板联动设置”，选择场景面板“第 1 路”。如图 10－20 所示。

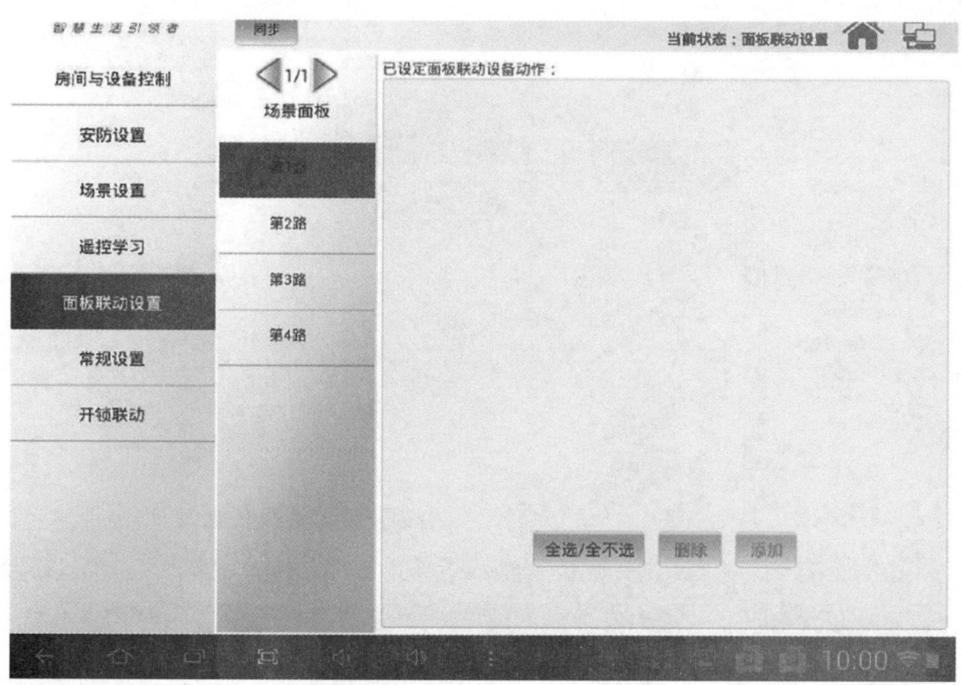

图 10－20　选择“第 1 路”

（18）勾选“回家”场景。如图 10－21 所示。

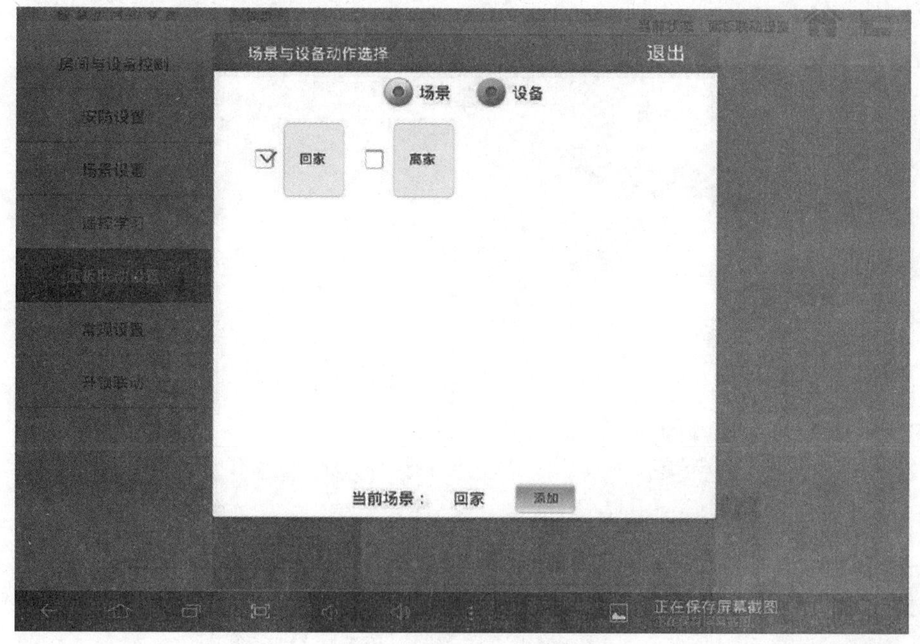

图 10－21　选择关联场景

（19）点击“添加”，把“回家”场景加入场景面板设备的第 1 路按钮动作。如图 10－22所示。

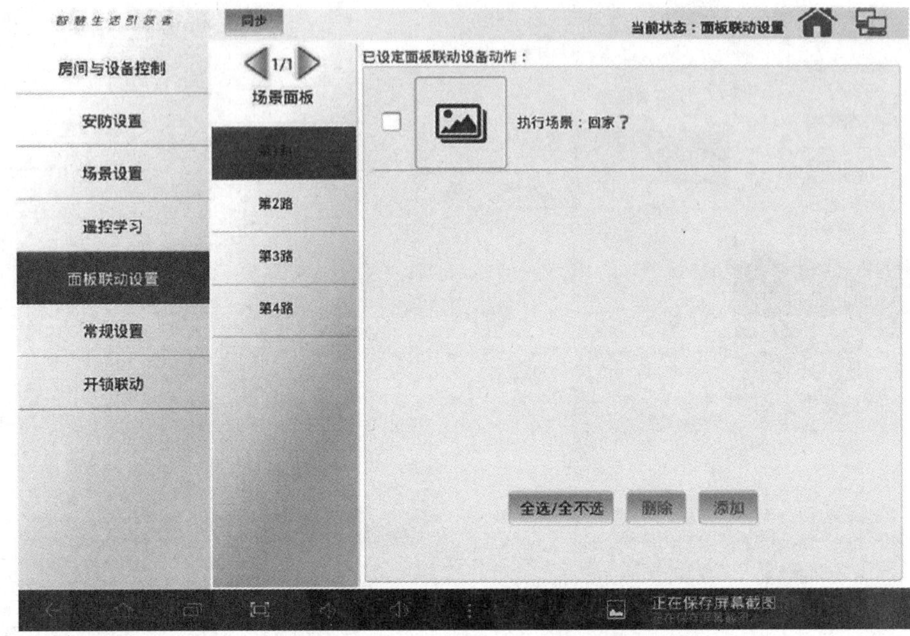

图 10－22 “第 1 路”关联场景

（20）同样，选择“第 2 路”（或“第 4 路”）添加“离家”场景。如图 10－23 所示。

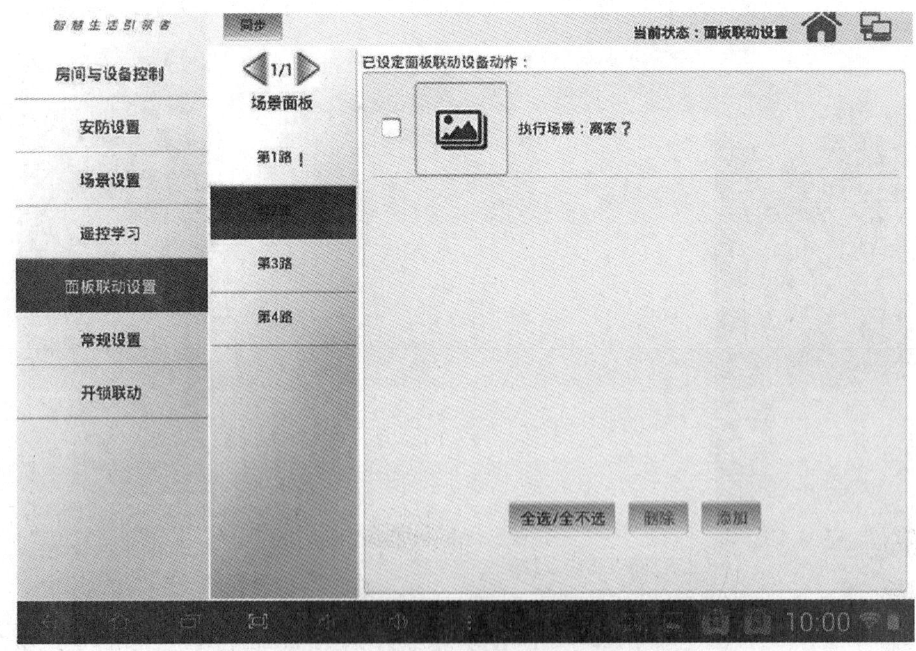

图 10－23 “第 2 路”关联场景

（21）点击上方“同步”按钮，将场景与场景控制器按钮的关联配置信息上传至物联网云应用中心（智能家居网关），激活场景面板。如图10－24所示。

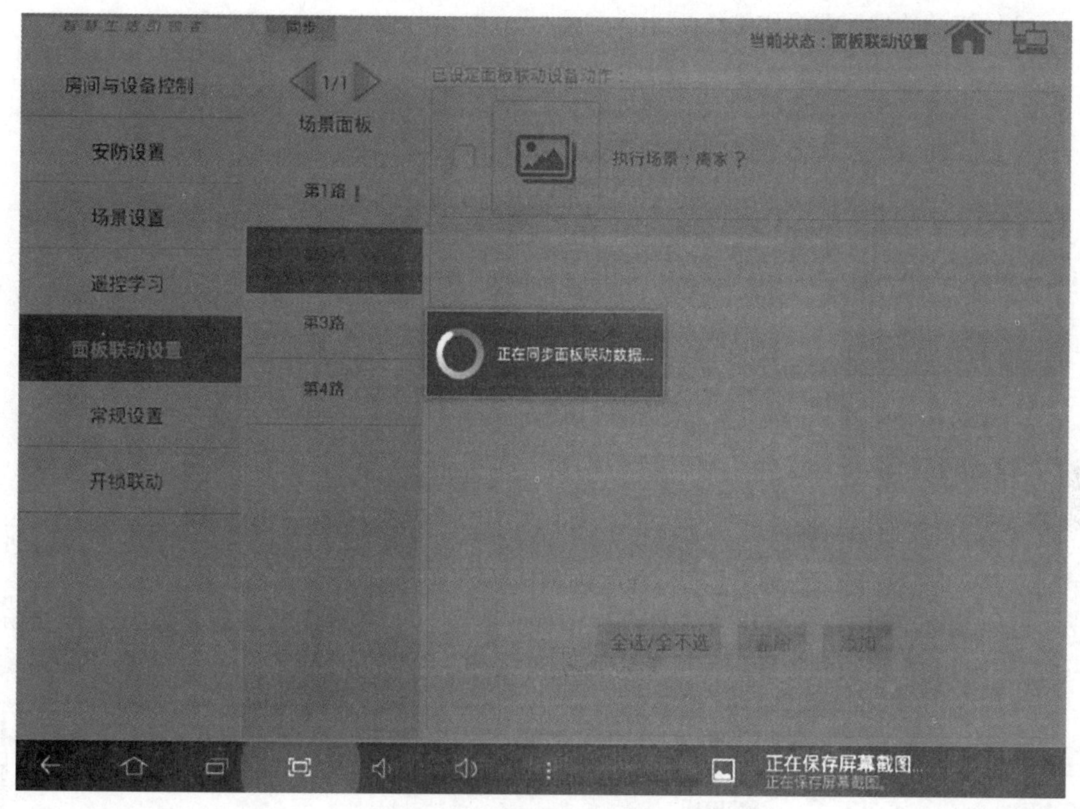

图10－24　同步场景信息

（22）用手点击场景面板，进行场景测试。注意不要频繁点击，执行了一个场景动作以后，要稍等一会儿再执行另外一个场景动作以保护设备。如图10－25所示。

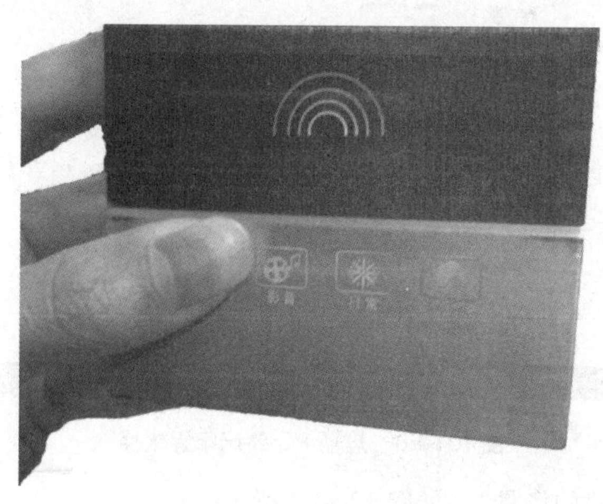

图10－25　测试场景面板

考核评价

（1）终端软件配置操作熟练、正确。

（2）系统整体功能测试正确。

（3）能独立定位、解决简单系统故障。

（4）工作台干净整洁，工具摆放有序。

10.3 PC 终端设置

学习目标

（1）能正确配置终端软件。

（2）能解决常见系统故障。

启动 PC 终端配置软件后，要确保右下角显示“已成功连接至网关”。否则参见前面单元六“6.2 智能家居网络连接”相关内容。

（1）启动 PC 终端配置软件，打开以前保存的配置文件，或者新建名称为“智能场景”的项目，并连接到物联网云应用中心。如图 10－26 所示。

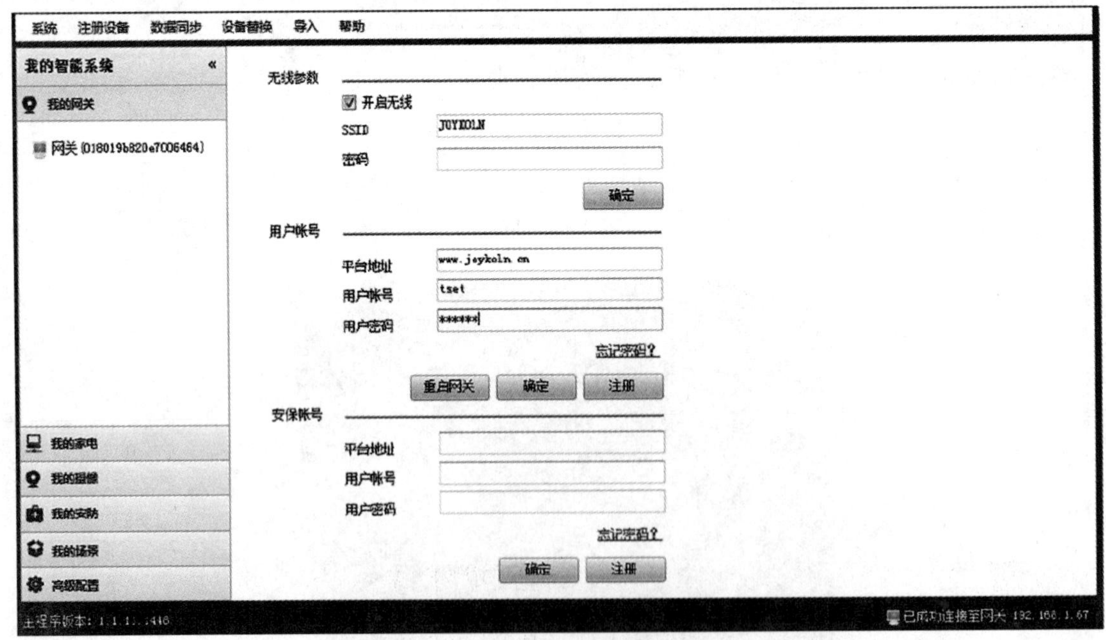

图 10－26　启动 PC 终端配置软件

（2）点击进入“我的场景”。如图 10－27 所示。

图 10－27　我的场景

（3）选择屏幕右侧的“场景”选项卡。如图 10－28 所示。

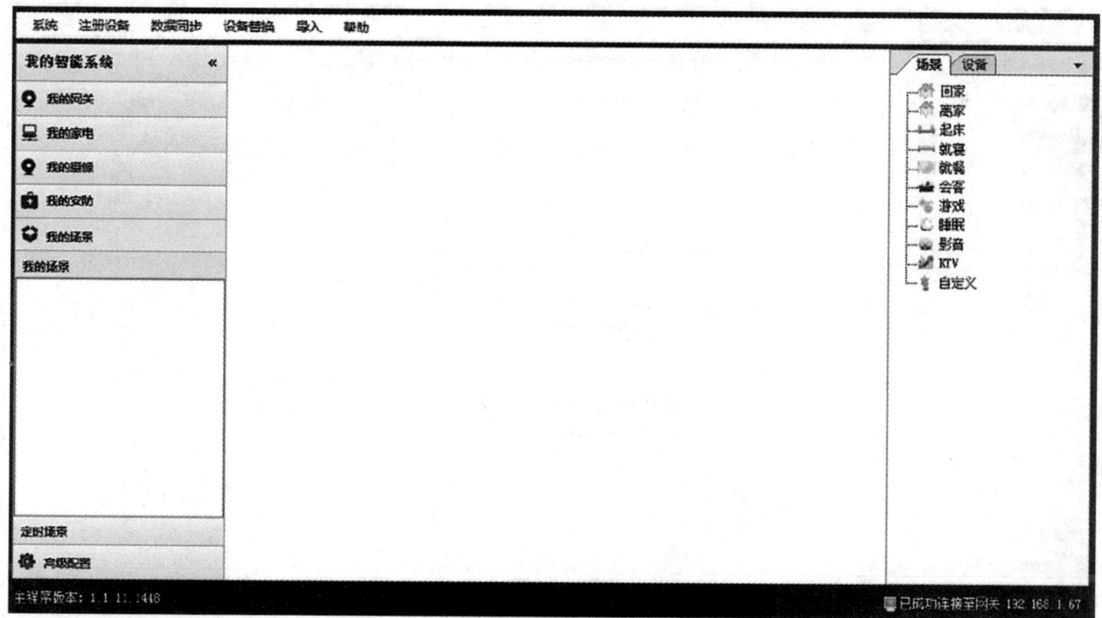

图 10－28　“场景”选项卡

（4）选择“回家”“离家”两个场景，如图 10－29 所示。

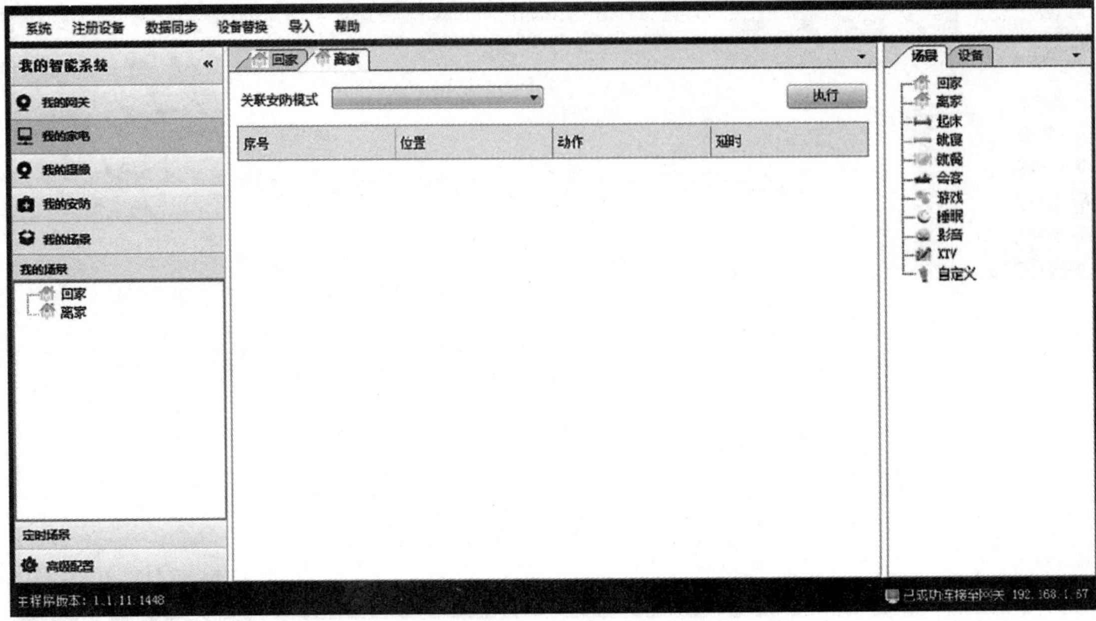

图 10－29 选择场景

（5）选择“设备”选项卡。如图 10－30 所示。

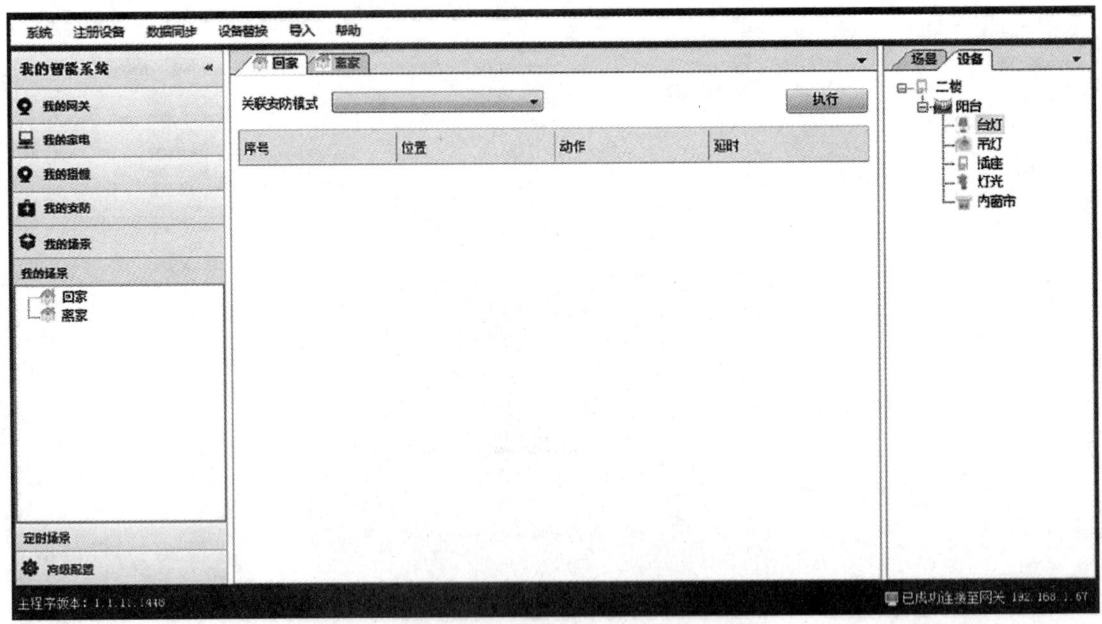

图 10－30 “设备”选项卡

（6）在每一个场景里面添加设备。如图 10－31 所示。

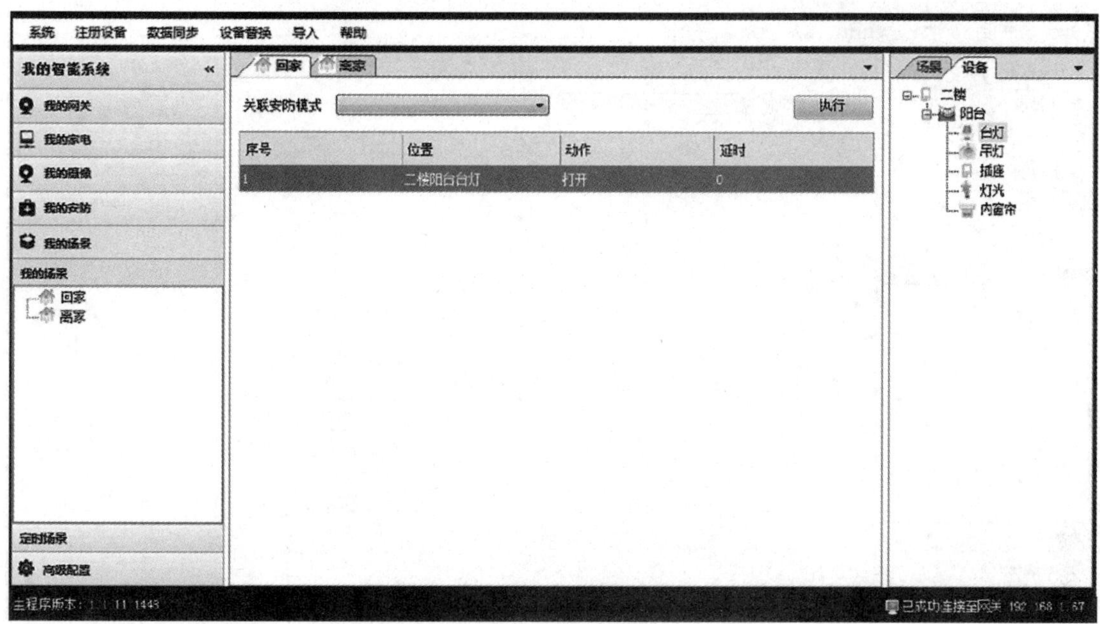

图10－31　场景添加设备

（7）对开关设备点击鼠标右键，选择设备状态（其余设备操作类似）。如图10－32所示。

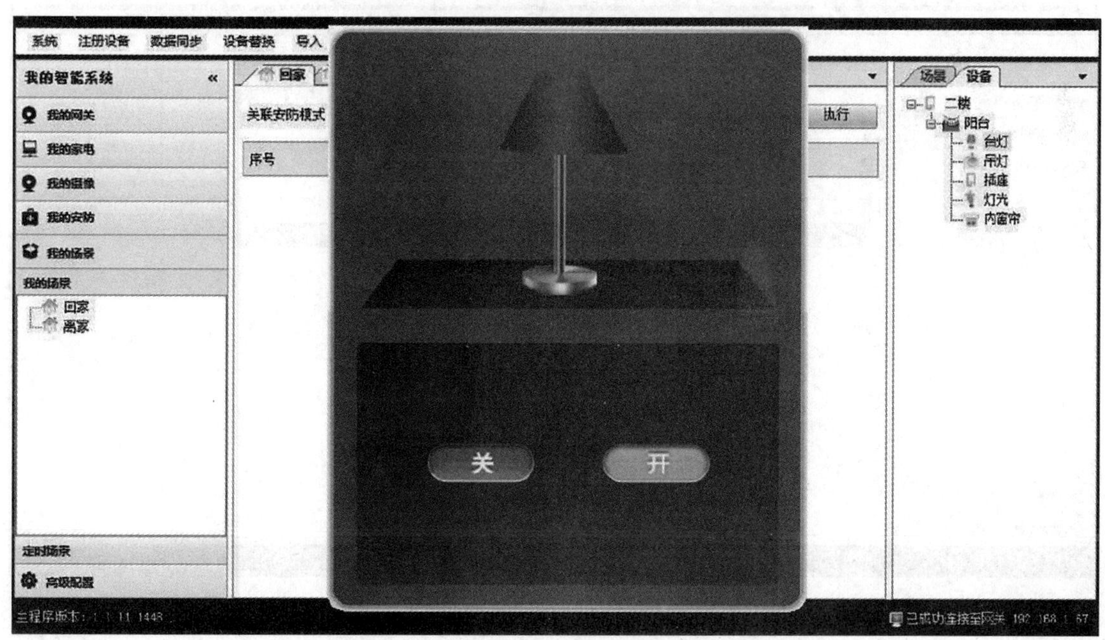

图10－32　设置设备状态

（8）可一键式添加设备（在房间上点击鼠标右键）。如图10－33所示。

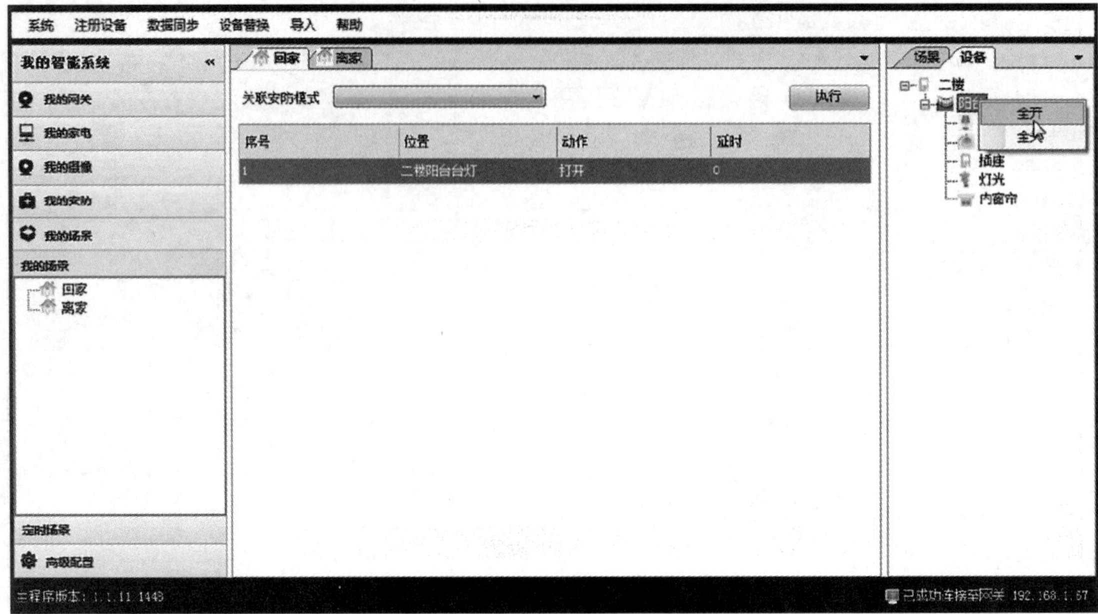

图 10－33　添加房间所有设备

（9）检查加入设备的状态，可改变设备开关状态。如图 10－34 所示。

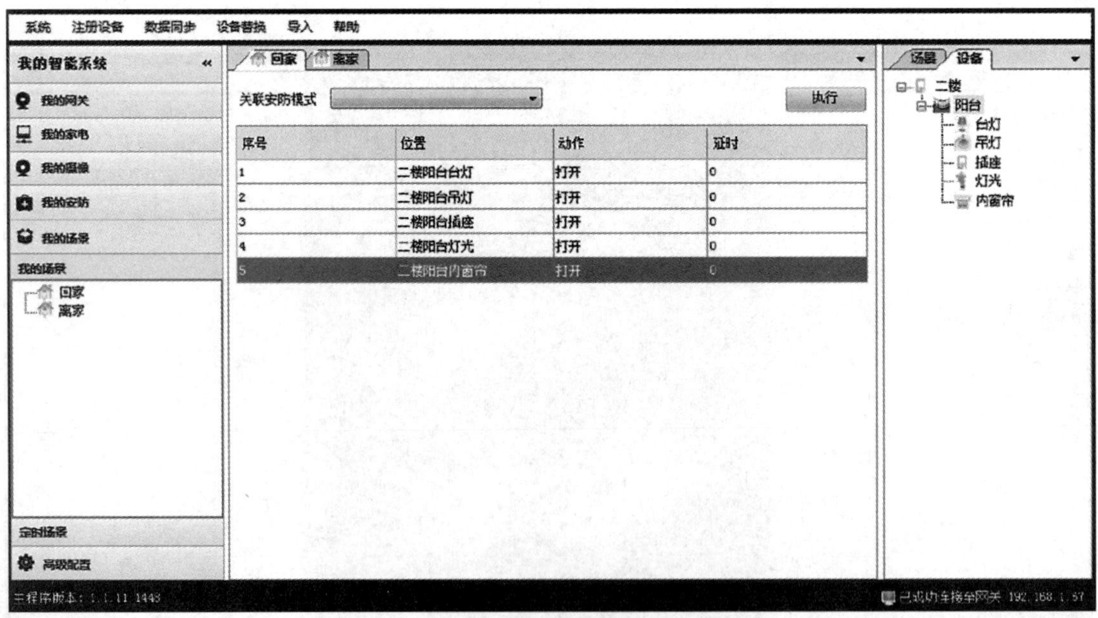

图 10－34　检查设备状态

（10）点击“执行”按钮，执行当前场景。如图 10－35 所示。

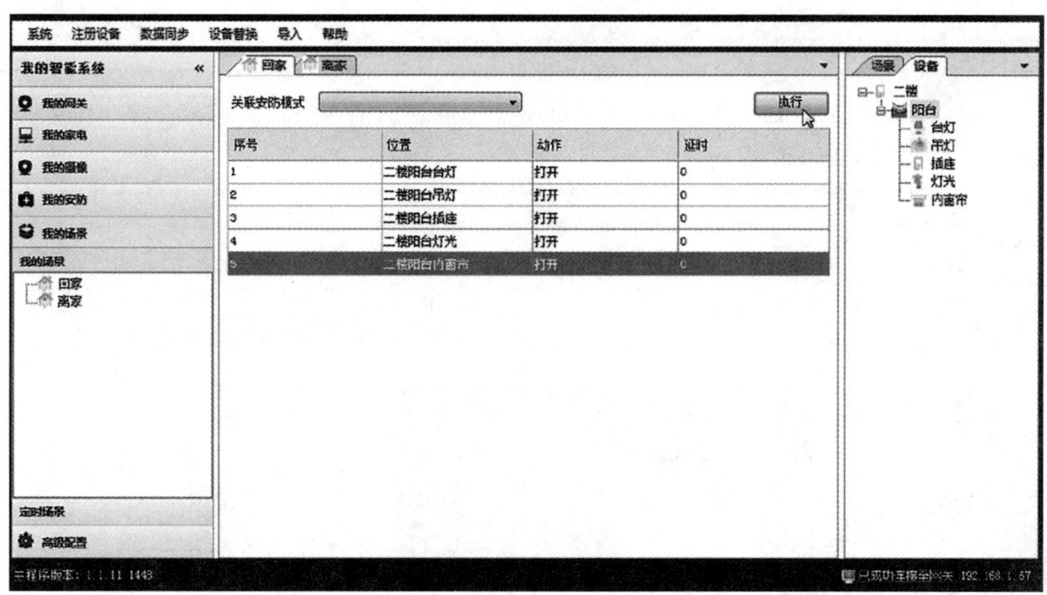

图 10－35　执行场景

（11）点击菜单“注册设备”，进入设备注册模式。此时要注意观察传输控制单元（网关信号器）的三个灯是否同时点亮。否则要退出注册，再次进入注册，直到三个灯同时点亮。

在屏幕右侧“房间”选项卡里面，依次选择楼层、房间。将情景控制单元（场景控制器）通电，长按控制器注册按键（左边第一键），直至指示灯闪烁，松开后再次按键，即启动控制器注册。“设备”选项卡里面将会出现注册设备名称。如图 10－36 所示。

图 10－36　注册设备

如果成功注册，情景控制单元（场景控制器）指示灯恢复普通工作状态指示，否则指示灯闪烁三下，提示注册失败，要重新注册。

（12）将屏幕右例的注册设备“场景面板1”拖放到中间空白区域，在弹出的菜单中选择“场景面板”。如图10－37所示。

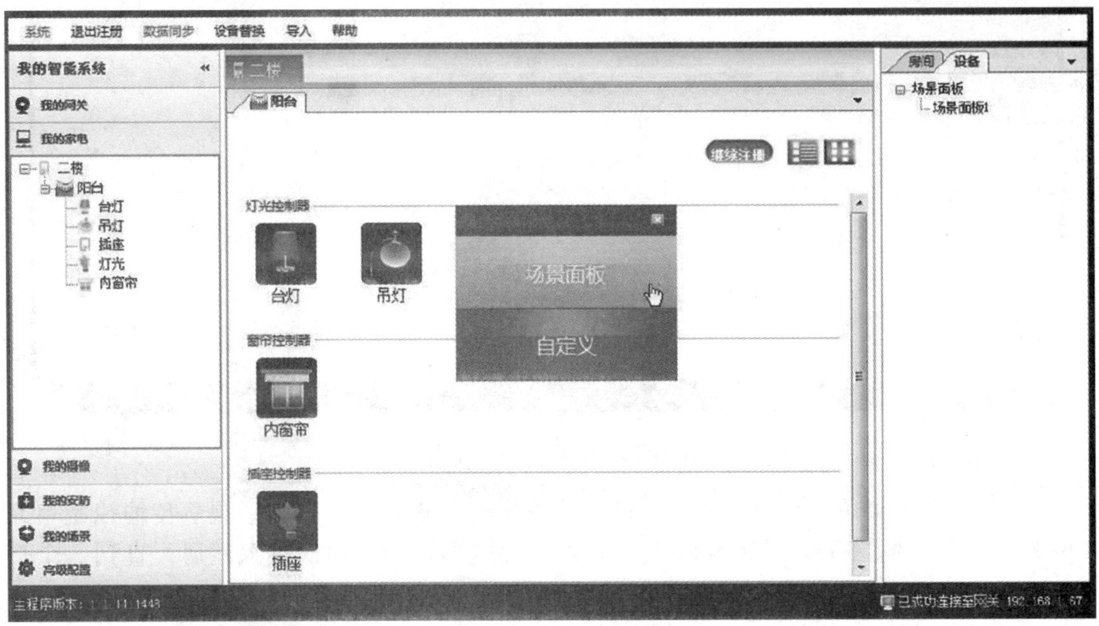

图10－37　选择“场景面板”

（13）点击菜单“退出注册”，回到控制模式。如图10－38所示。

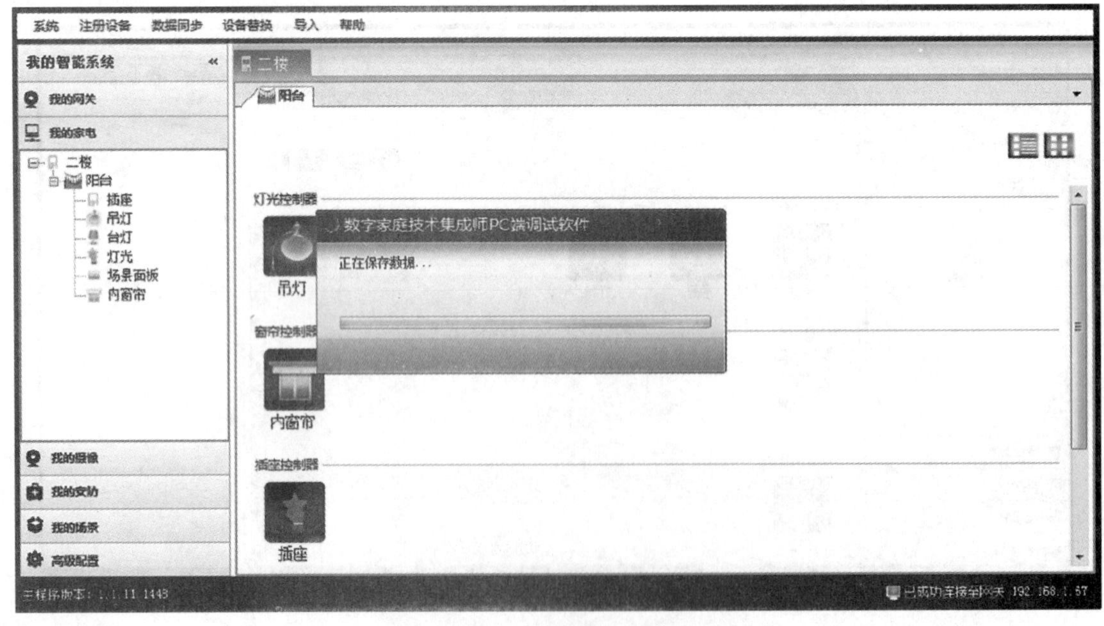

图10－38　完成设备注册

（14）点击“高级配置”。如图 10－39 所示。

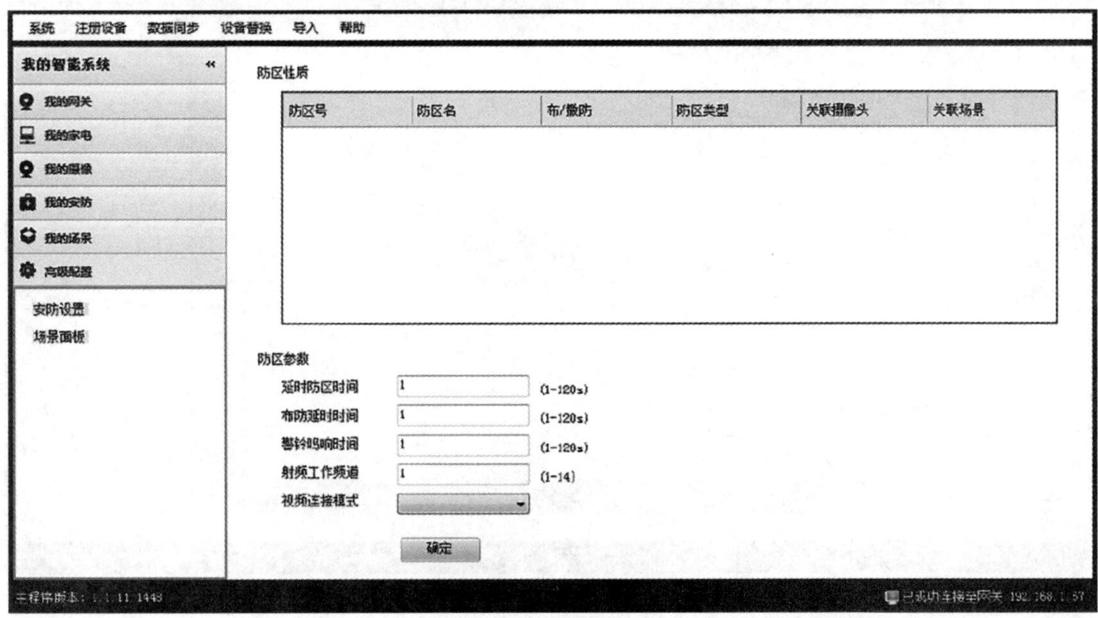

图 10－39　高级配置

（15）选择场景面板，选择“第 1 路”。如图 10－40 所示。

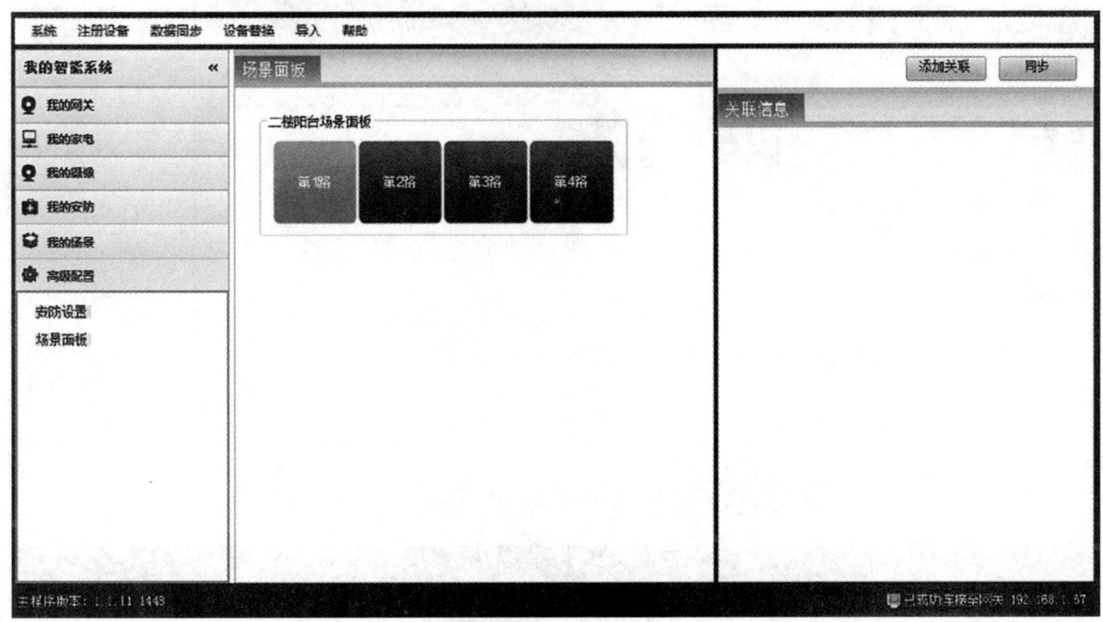

图 10－40　场景面板

（16）点击“添加关联”按钮，关联场景。如图 10－41 所示。

图 10－41　添加关联

（17）选择“关联场景”。如图 10－42 所示。

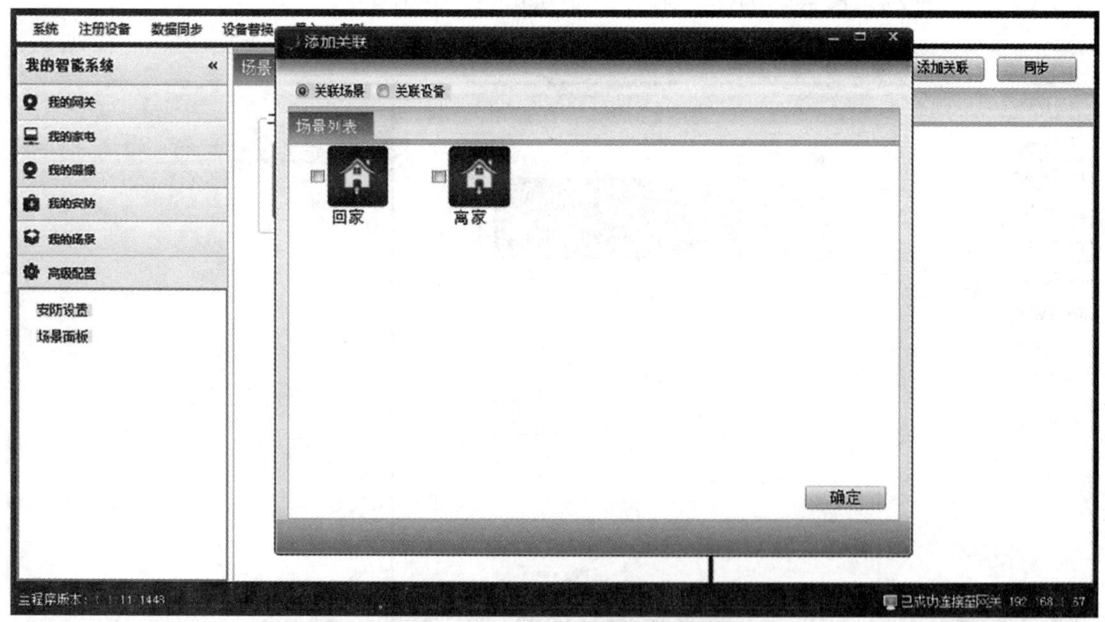

图 10－42　关联场景

（18）勾选“回家”场景，关联“第 1 路”按钮。如图 10－43 所示。

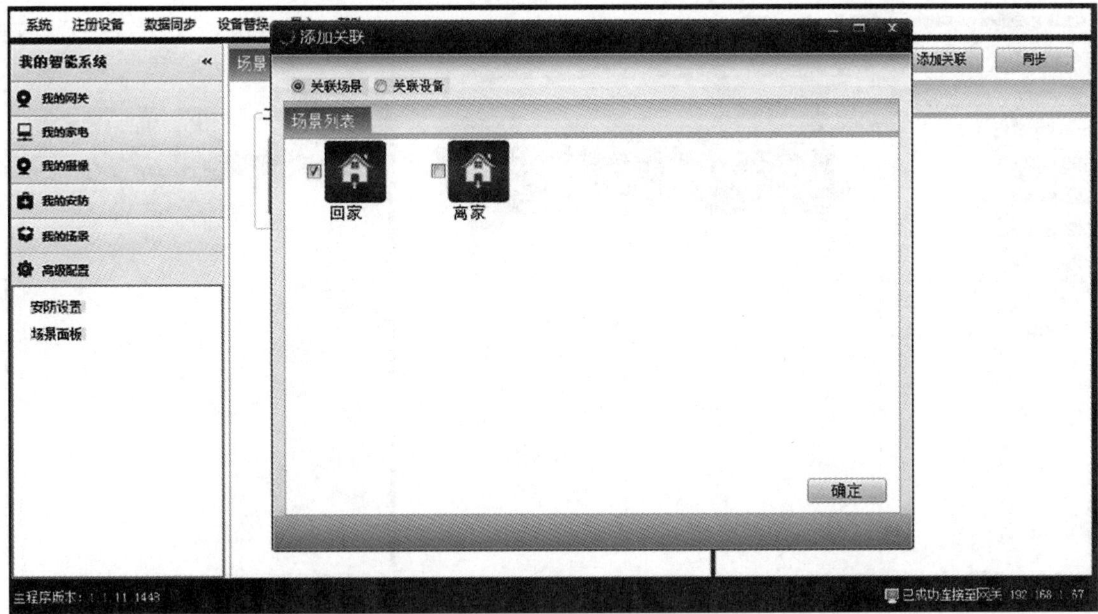

图 10－43　选择回家场景

（19）点击确定，如图 10－44 所示。

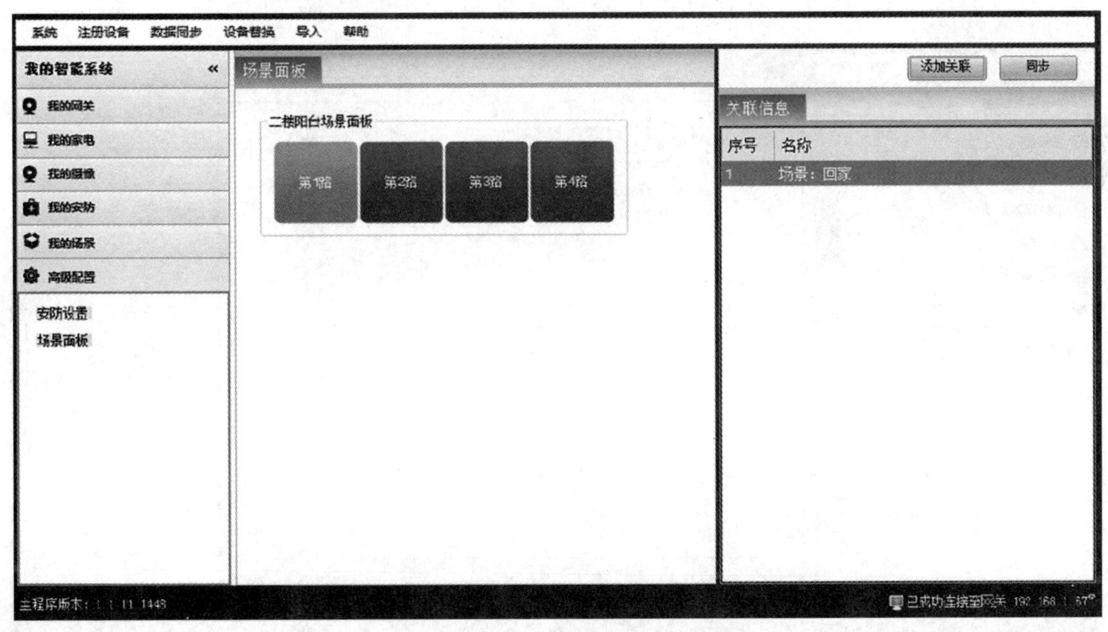

图 10－44　完成“第 1 路”配置

（20）同样为“第 2 路”（或“第 4 路”）添加关联场景。如图 10－45 所示。

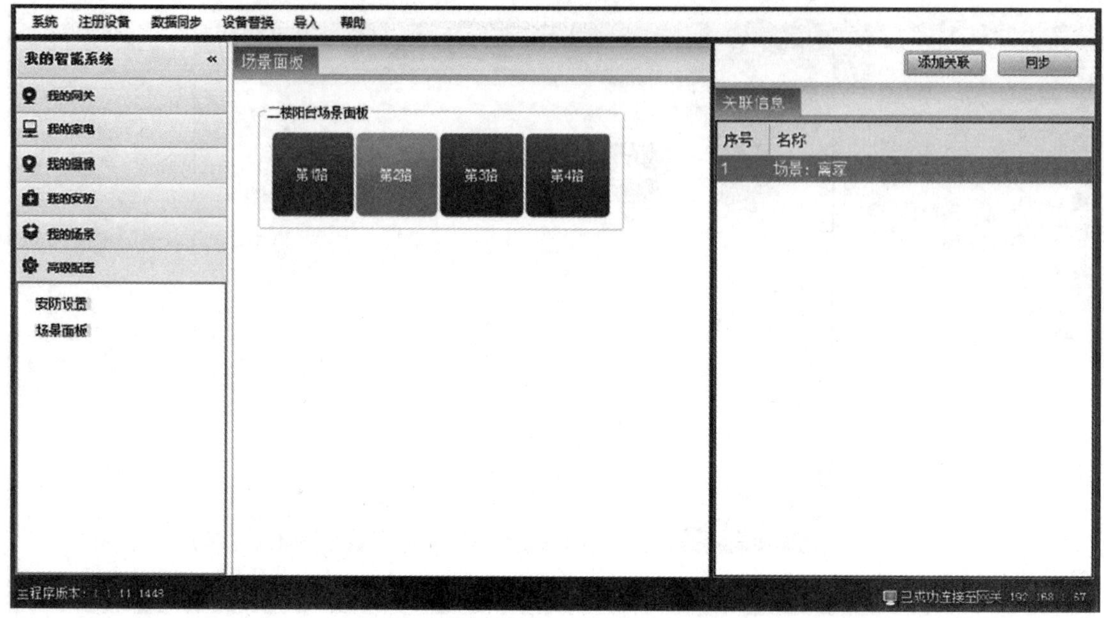

图 10－45 完成“第 2 路”配置

（21）点击“同步”按钮，将场景与场景控制器的关联配置信息上传至物联网云应用中心（智能家居网关），激活场景面板控制。如图 10－46 所示。

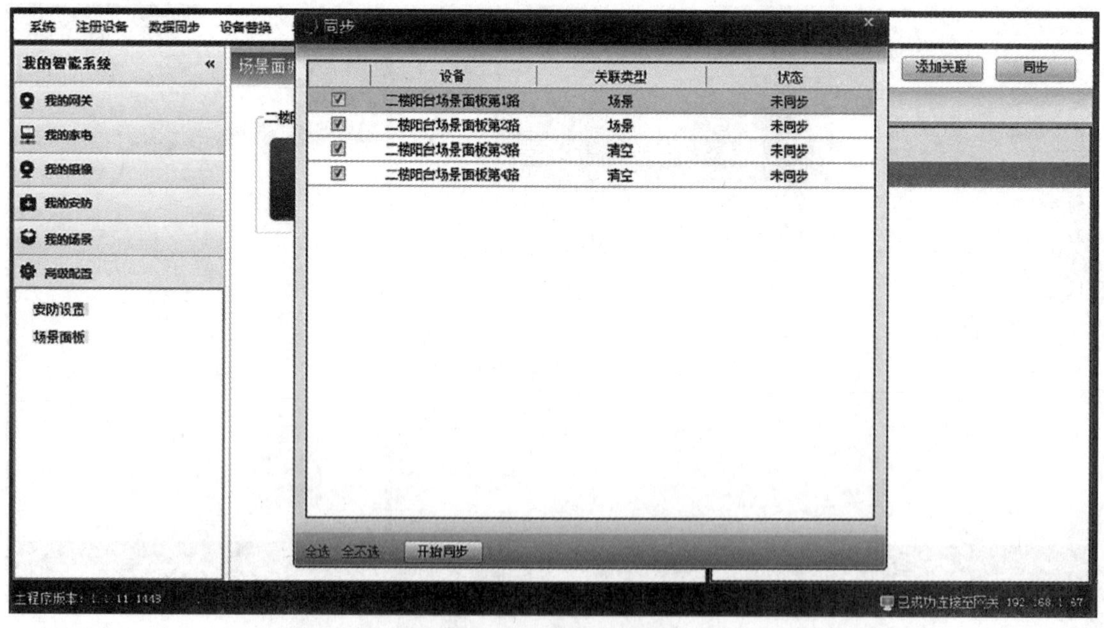

图 10－46 同步关联信息

（22）点击“开始同步”按钮。如图 10－47 所示。

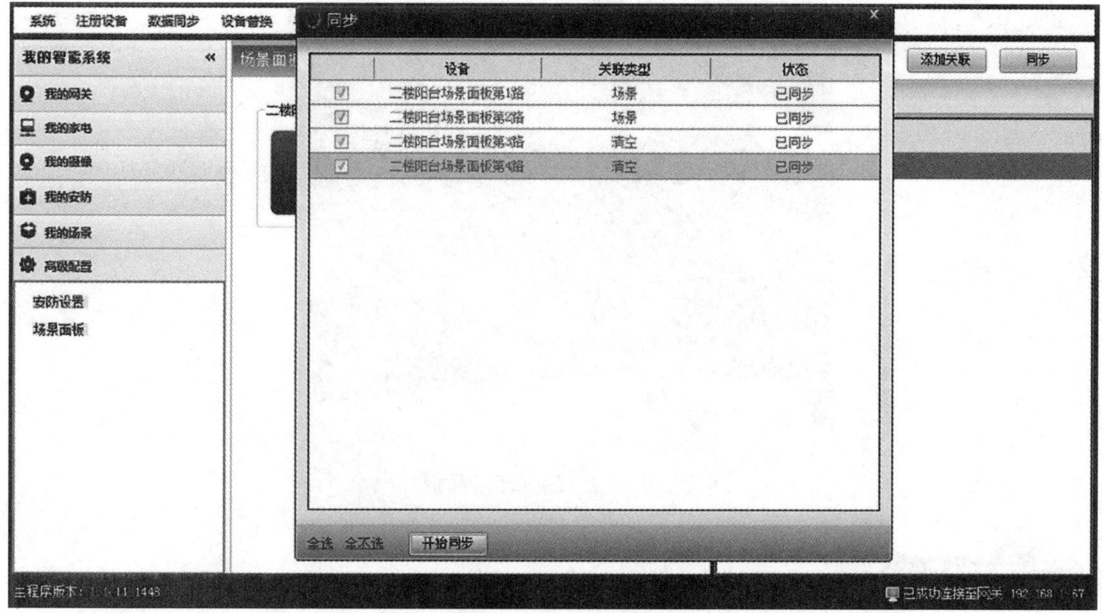

图 10－47　开始同步

（23）点击菜单“数据同步”上传配置数据。如图 10－48 所示。

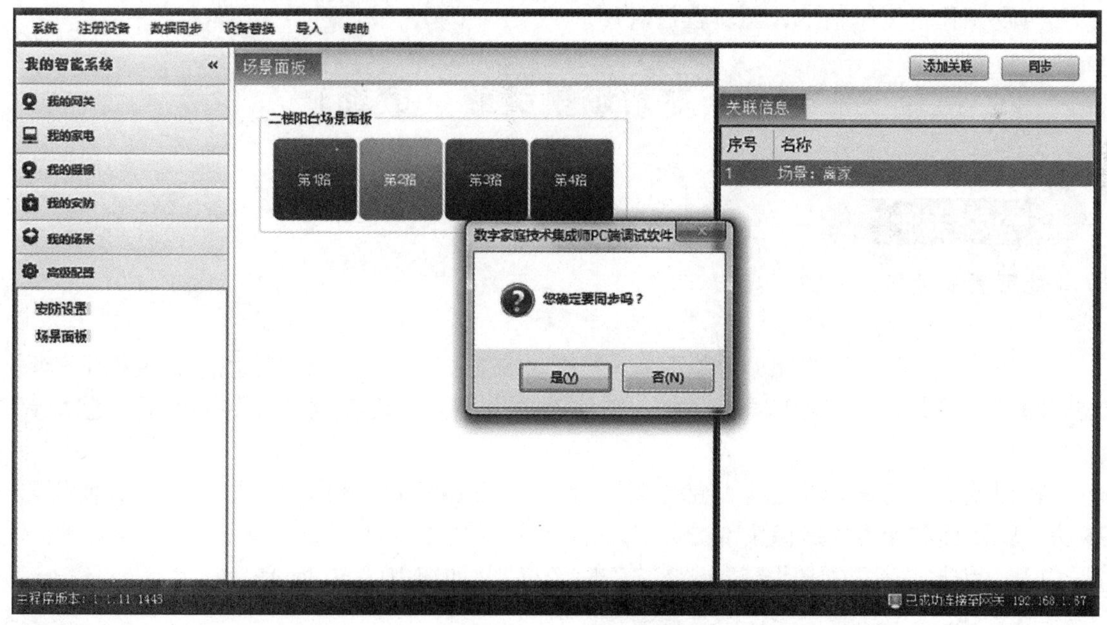

图 10－48　同步配置信息

（24）用手点击场景面板，进行场景面板测试。注意不要频繁点击，执行了一个场景动作以后，要稍等一会儿再执行另外一个场景动作以保护设备。如图 10－49 所示。

图 10－49　测试场景面板

考核评价

（1）终端软件配置操作熟练、正确。

（2）系统整体功能测试正确。

（3）能独立定位、解决简单系统故障。

（4）工作台干净整洁，工具摆放有序。

10.4　安防场景关联（联动）

学习目标

能配置安防场景关联。

安防场景关联，只能在 PC 端配置，若移动端要使用，需要 PC 端把配置数据上传到物联网云应用中心（智能家居网关），在移动端启动云应用控制端软件，然后下载配置数据。

在配置安防场景关联之前，要先配置好安防红外报警部分内容。如果要关联使用摄像头，就要提前配置好摄像头部分内容。

（1）点击“高级配置”，并选择“安防设置”。如图 10－50 所示。

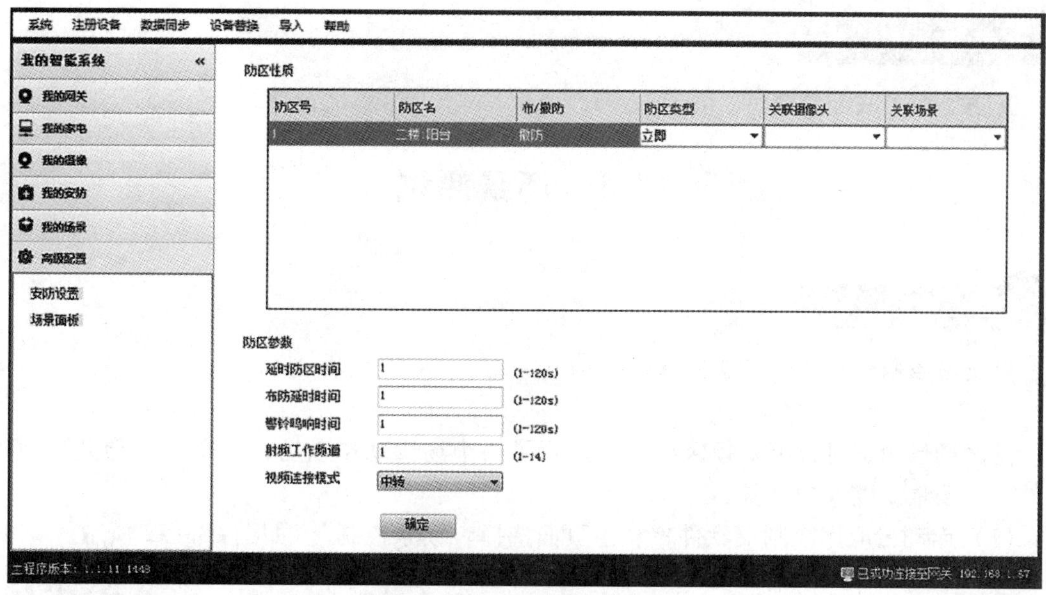

图 10－50　安防场景关联

（2）选择防区（本例是防区 1）。如果关联的场景是“回家”，则设置为撤防状态；如果关联的场景是“离家”，则设置为布防状态。其他参数可根据实际情况设置。如图 10－51 所示。

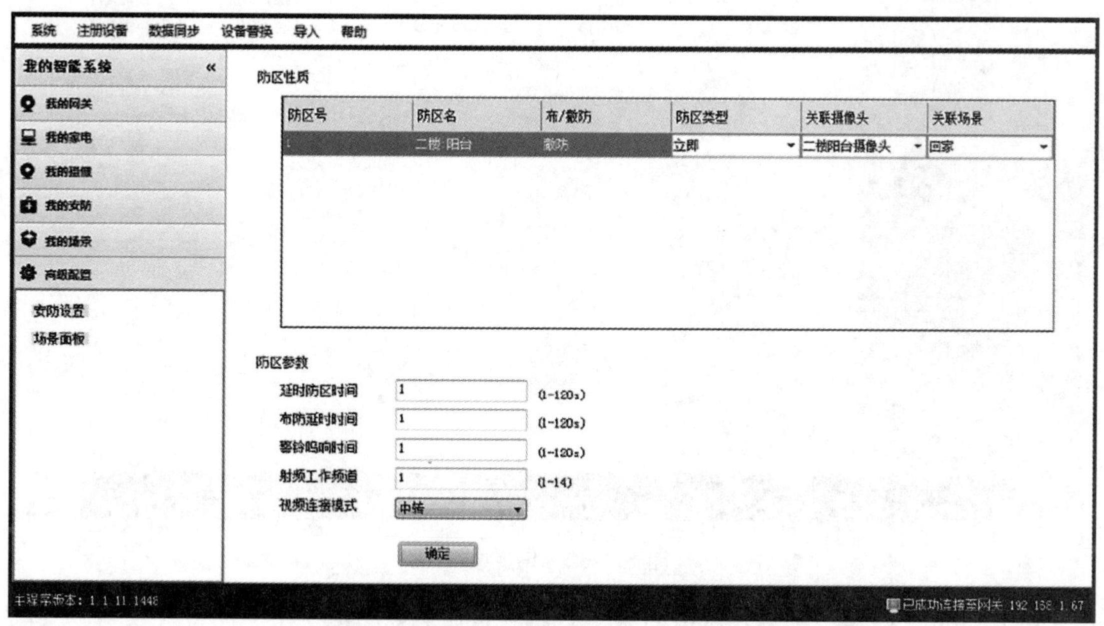

图 10－51　安防场景设置

（3）点击“确定”按钮，完成设置。

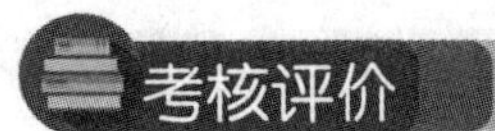

考核评价

安防场景关联配置熟练、正确。

10.5　场景测试

学习目标

能使用控制端软件做场景测试。

注意场景测试时，不要频繁点击，执行了一个场景动作以后，要稍等一会儿再执行另外一个场景，以保护设备。

（1）启动云应用控制端软件，从主页面选择“场景控制”。如图 10－52 所示。

图 10－52　场景控制

（2）执行“回家”场景，点击回家“开启”按钮。如图 10－53 所示。

图 10－53　执行回家场景

（3）查看“回家”场景设备状态。如图 10－54 所示。

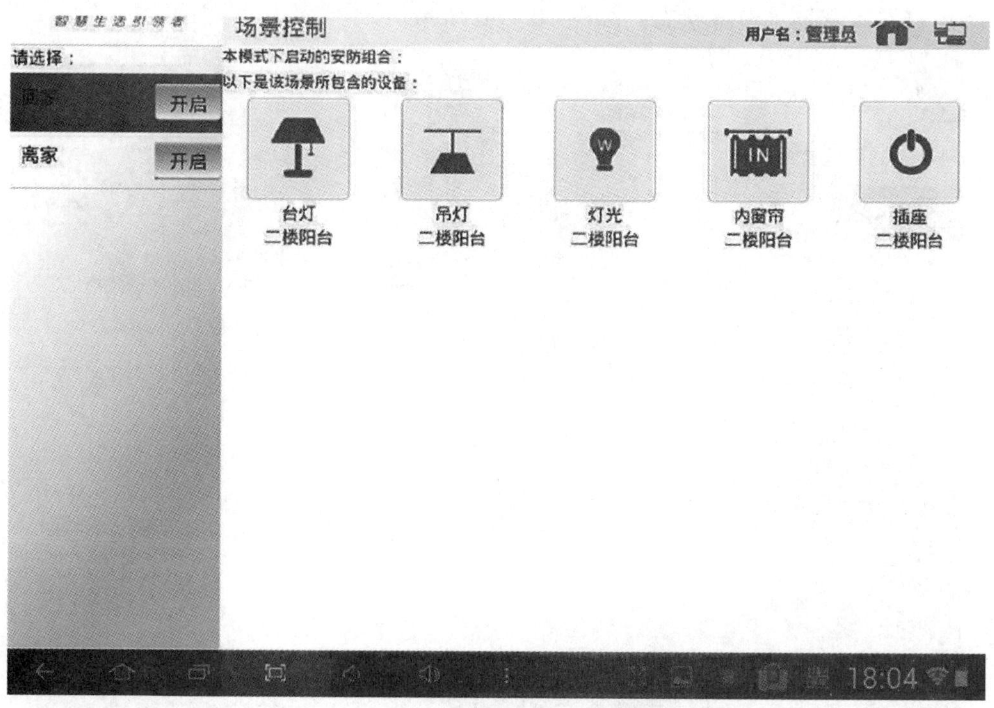

图 10－54　回家场景设备状态

（4）执行离家场景，点击离家“开启”按钮。如图 10－55 所示。

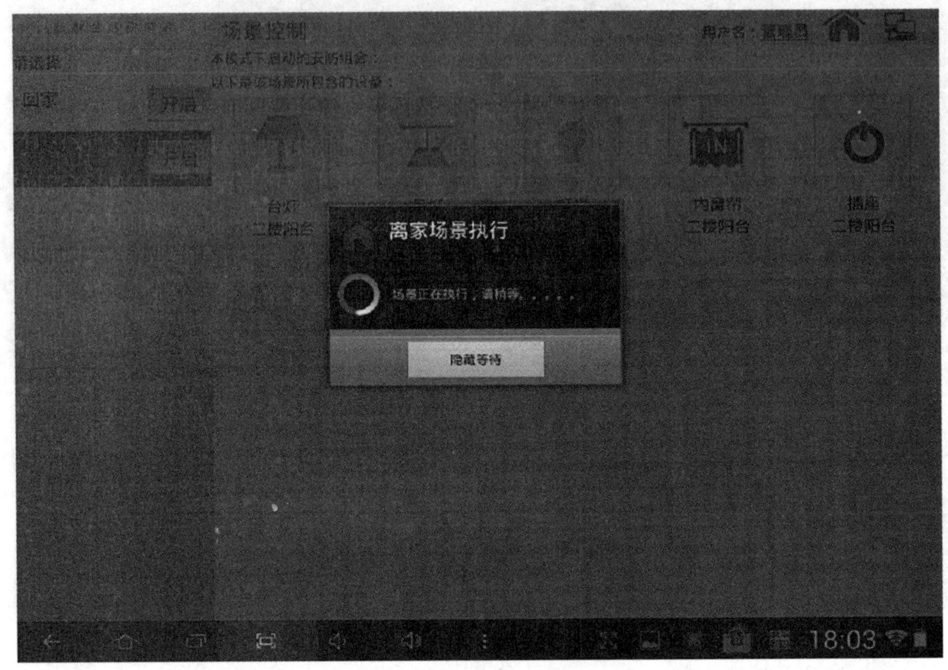

图 10－55　执行离家场景

（5）查看离家场景设备状态。如图 10－56 所示。

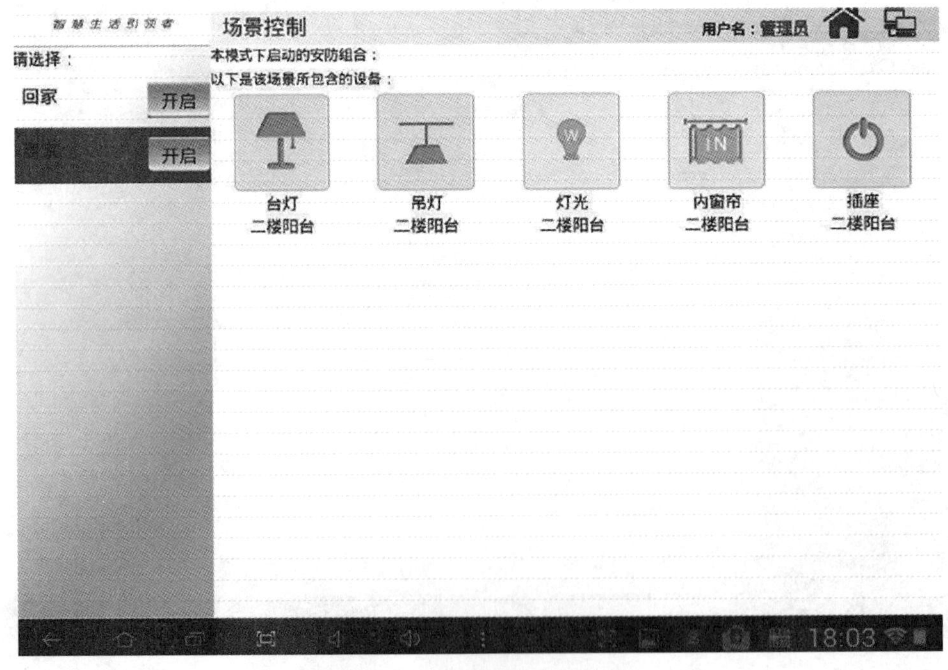

图 10－56　回家场景设备状态

（6）PC 端测试，可直接查看设备状态，并执行场景。如图 10－57 所示。

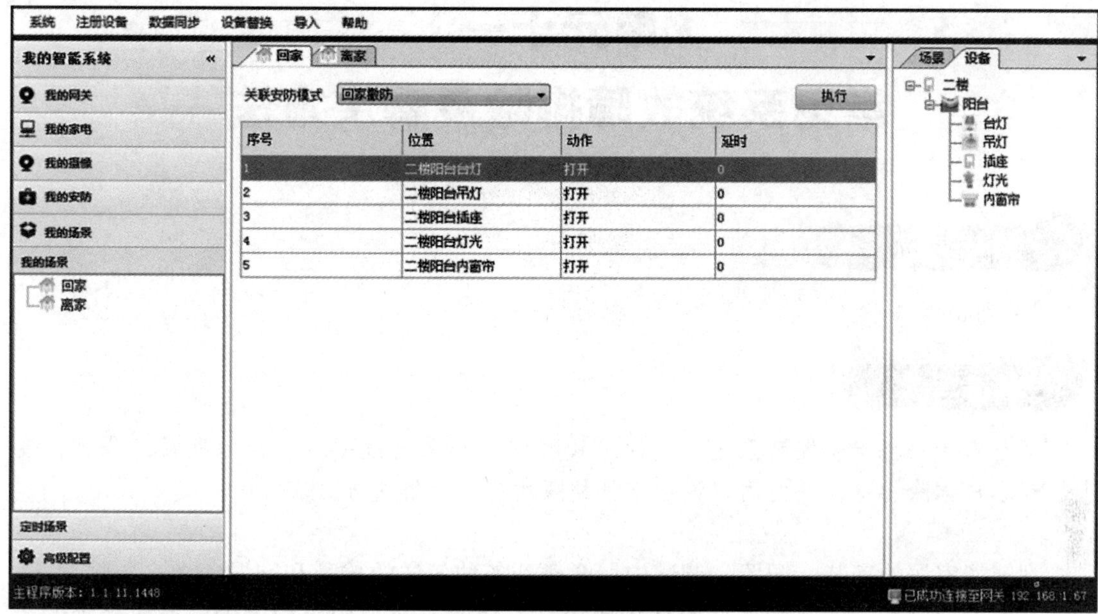

图 10－57　场景和设备状态

场景测试熟练、正确。

单元十一
常见系统故障排除及解决方法

学时建议

2 学时。

情境导入

客户安装一套智能控制系统，在使用过程中遇到系统故障。你作为项目工程师，要上门为客户排除故障，并向用户说明常见故障的排除及解决方法。

在智能家居的安装、配置、调试中，会碰到各种各样的故障和问题，大多数情况下，问题产生的原因在于没有严格按照任务要求做。因此，必须按照顺序做，完成指定的步骤。此外，在操作的过程中，网线没有插到位、忘记打开电源开关，是常见的错误。下面就常见设备的故障进行总结。

11.1　物联网云应用中心故障的排除

学习目标

熟悉物联网云应用中心常见的一些连接问题和解决方法。

表 11－1　物联网云应用中心常见问题和解决方法

序号	常见问题	解决方法
1	云应用控制端（平板电脑）连接不上物联网云应用中心	1. 检查物联网云应用中心网线是否连接正常 2. 物联网云应用中心的 IP 地址设置是否正确 3. 云应用控制端连接的 Wi-Fi 所在网络是否与物联网云应用中心是同一个网络
2	物联网云应用中心连接不上平台	1. 检查物联网云应用中心网线是否正确 2. 物联网云应用中心账号是否已经绑定平台 3. 物联网云应用中心后台页面平台服务 IP 或域名是否正确

续上表

序号	问题	解决方法
3	搜索不到物联网云应用中心	1. 确保物联网云应用中心的 IP 地址与无线组网设备 IP 地址网段相同，并且云服务应用软件与物联网云应用中心在相同的局域网内 2. 更新过程失败造成物联网云应用中心系统损坏，则需返厂维修
4	物联网云应用中心用户绑定用户名后没有出现重启物联网云应用中心选项	1. 确认已经在智能物联平台上开户 2. 检查物联网云应用中心序列号与用户账号是否已经在物联平台上成功绑定 3. 确保物联网云应用中心后台配置的用户名和密码正确

能快速解决物联网云应用中心常见的一些连接问题。

11.2　环境控制单元故障的排除

学习目标

熟悉环境控制单元常见的问题和解决方法。

表 11－2　环境控制单元常见问题和解决方法

序号	常见问题	解决方法
1	控制器通电后不能工作，按键指示灯不亮	1. 检查控制器接线是否正确，220 V 的火线是否有电 2. 如果接线供电都正常，则需返厂维修
2	按键控制不灵敏，或不能控制	1. 请检查控制器按键指示灯是否一直在闪烁，如果闪烁，则该控制器已锁定按键控制功能，需解锁才能使用按键控制功能 2. 若按键指示灯正常点亮，则检查面板安装是否正常，按键导光片是否脱落，如重新贴装导光片仍不能解决问题，则需返厂维修
3	遥控控制不灵敏，或无法控制	1. 将控制器恢复出厂设置，然后重新注册到物联网云应用中心或无线遥控器、联动控制器等控制终端 2. 如问题仍未解决，则在控制器与控制终端之间增加无线信号中继主机

续上表

序号	常见问题	解决方法
4	场景设置的设备动作状态与执行场景命令后控制器动作状态不相符	1. 避免在多个控制器终端执行场景控制操作。其他情景控制单元或者控制客户端软件同时在执行场景控制操作，本控制器所执行的场景控制操作有可能被中断或者覆盖 2. 在控制客户端软件重新设置场景，并执行数据同步，如果数据同步不成功，则将控制器恢复出厂默认设置，重新配置数据

考核评价

能快速解决环境控制单元常见的问题。

11.3 环境感知单元故障的排除

学习目标

熟悉环境感知单元常见的问题和解决方法。

表 11－3 环境感知单元常见问题和解决方法

序号	常见问题	解决方法
1	通电后控制器不工作，触摸按键无反应	检查控制器接线是否正确，220V 的火线是否有电，如果接线及供电都正常，则需返厂维修
2	手动控制正常，遥控控制不灵敏或不能控制	1. 将控制器恢复出厂设置，然后重新注册到物联网云应用中心或者无线遥控器等终端设备 2. 如问题仍未解决，则在控制器与控制终端之间增加无线信号中继主机
3	场景设置的设备动作状态与执行场景命令后控制器动作状态不相符	1. 避免在多个控制器终端执行场景控制操作。其他情景控制单元或者控制客户端软件同时在执行场景控制操作，本控制器所执行的场景控制操作有可能被中断或者覆盖 2. 在控制客户端软件重新设置场景，并执行数据同步，如果数据同步不成功，则将控制器恢复出厂默认设置，重新配置数据

考核评价

能快速解决环境感知单元常见的问题。

11.4　传输控制单元故障的排除

熟悉传输控制单元常见的问题和解决方法。

表11－4　传输控制单元常见问题和解决方法

序号	常见问题	解决方法
1	POWER 指示灯不亮	请检查插座是否通电
2	LINK 指示灯不亮	检查与物联网云应用中心的网络连接是否正常
3	无线控制异常	请检查控制器与物联网云应用中心传输控制单元之间的距离是否超出通信范围

能快速解决传输控制单元常见的问题。

11.5　节能控制单元故障的排除

表11－5　节能控制单元常见问题和解决方法

序号	常见问题	解决方法
1	通电后控制器不工作，触摸按键无反应	请检查控制器接线是否正确，220V的火线是否有电，如果接线及供电都正常，则需返厂维修
2	手动控制正常，遥控控制不灵敏或不能控制	1. 将控制器恢复出厂设置，然后重新注册到物联网云应用中心或者无线遥控器等终端设备 2. 如问题仍未解决，则在控制器与控制终端之间增加无线信号中继主机
3	场景设置的设备动作状态与执行场景命令后控制器动作状态不相符	1. 避免在多个控制器终端执行场景控制操作。其他情景控制单元或者控制客户端软件同时在执行场景控制操作，本控制器所执行的场景控制操作有可能被中断或者覆盖 2. 在控制客户端软件重新设置场景，并执行数据同步，如果数据同步不成功，则将控制器恢复出厂默认设置，重新配置数据

11.6 情景控制单元故障的排除

学习目标

熟悉情景控制单元常见的问题和解决方法。

表 11-6 情景控制单元常见问题

序号	常见问题	解决方法
1	触按控制器面板按键后，没有执行场景控制动作	1. 该按键没有关联场景和设备，将控制器注册到物联网无线网络，然后通过客户端软件将指定的场景或者设备关联到该按键上即可 2. 如已关联场景，则需检查物联网无线网络与物联网云应用中心是否正常工作，重启物联网云应用中心或在物联网云应用中心与控制器之间增加无线信号中继主机
2	执行场景控制操作后，无线终端设备状态与预设状态不一致	1. 在场景控制操作启动后，如在场景执行期间，其他控制器启动了新的场景控制操作，则新的场景控制将中断本控制器的场景控制操作，使设备状态与预设不一致，重新执行场景控制操作即可 2. 如非上述原因，则需将情景控制单元恢复出厂设置，然后重新注册到物联网无线网络，重新配置场景参数

考核评价

能快速解决情景控制单元常见的问题。

11.7 影音娱乐终端故障的排除

学习目标

熟悉影音娱乐终端常见的问题和解决方法。

表 11－7　影音娱乐终端常见问题和解决方法

序号	常见问题	解决方法
1	使用客户端软件，影音设备控制总是失败	1. 将无线影音娱乐终端放置到适当的范围，或者增加射频中继主机； 2. 重新注册无线影音娱乐终端
2	使用客户端软件控制设备后，提示操作成功，但设备没反应	1. 检查线路，正确连接红外控制延长线并插在对应的通道上； 2. 如该操作对应的红外码数据都正确，则重新学习或者同步红外码数据
3	启用待机电流检测功能后，某些受控设备的实际工作状态与客户端软件显示的状态不一致	因有些受控设备的工作电流变化不明显，启用待机电流检测功能后，都能准确区分设备的实际工作状态，取消该设备待机电流检测功能即可

考核评价

能快速解决影音娱乐终端常见的问题。

单元十二
认识智能应用场景系统

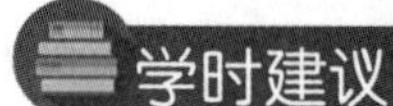

2 学时。

某公司希望安装一套智能应用场景系统，客户对智能应用场景很感兴趣，希望与你探讨 ZigBee 技术、RFID 技术和传感器以实现智能应用。结合生活中几个实际场景，包括农场、停车场、图书馆等方面开展分析和讲解。

12.1 智能应用场景系统组成

学习目标

（1）了解智能应用场景包含哪些主要设备。

（2）了解应用场景的设备工作原理。

智能应用场景所涉及的主要设备有：ZigBee 协调器节点（网关）、ZigBee 传感节点、RFID 读卡器和 PC 调试终端（运行场景软件），如图 12－1 所示。

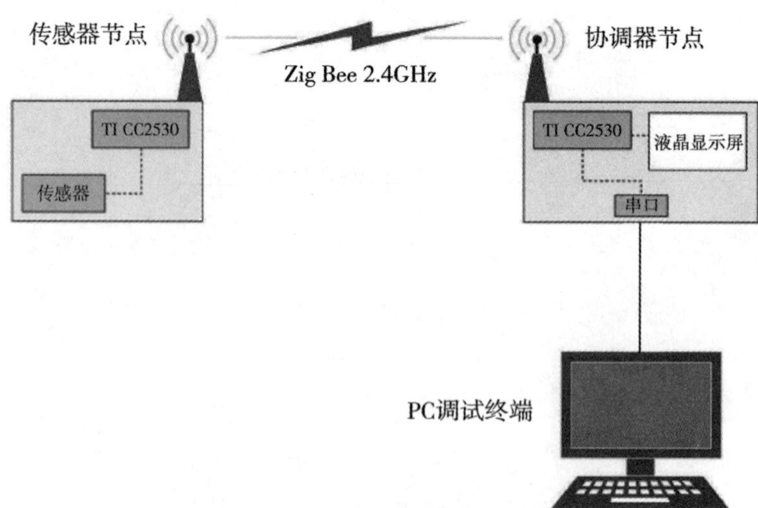

图 12－1 智能应用场景系统示意图

传感器节点包含传感器，负责采集数据，通过 ZigBee 网络传给协调器节点（网关）。协调器节点收到数据后，一方面在液晶显示屏上面显示协调器状态信息，另一方面通过串口把数据传送给 PC 调试终端，即把数据传送给应用场景软件，以直观场景方式呈现数据。在应用场景软件中可设置触发条件，给相应的执行机构下达动作指令，对采集的数据做出反馈。

考核评价

能熟悉讲解场景的工作原理。

12.2　传感模块与通信模块

学习目标

熟悉各类传感模块、通信模块及其功能。

1. ZigBee 网关开发平台

ZigBee 网关开发平台是一个具有完整开发功能的开发板。在本项目中主要作用是担任 ZigBee 协调器节点（网关），如图 12－2 所示。

图 12－2　ZigBee 网关开发平台

网关平台主要参数有：①数据通信接口：RS－232C；②显示接口：128＊64 黑白屏／128＊160TFT 彩屏；③供电方式：DC 5V/1A 适配器／两节 5 号电池；④编程仿真接口：JTAG 接口；⑤SPI Flash：2M；⑥其他：低电压自动报警、串并口液晶显示接口、DC 5V 电源接口、电池仓、DEBUG 接口、5 个按键及指示灯、红外遥控信号接收/发射模块。

2. ZigBee 传感器节点底板

ZigBee 传感器节点的底板，用于承载 CC 2530 射频模块、传感器模块，共同组成 ZigBee 传感网的采集节点。如图 12－3 所示。

图 12－3　ZigBee 传感器节点底板

模块主要参数有：①供电方式：DC＋4.5～＋5.5V/1A 适配器；②CC Debugger 接口；③2 个用户编程按钮；④5 个 LED 指示灯；⑤射频模块安装接口。

与各类传感器模块或通用传感器变送板组合，可构成不同种类的无线传感网络传感器采集节点。

3. CC 2530 射频模块

CC 2530 射频模块是美国德州仪器公司（TI）开发的芯片，并配有相应嵌入式操作系统，是一个真正的片上系统（SoC）。利用 CC 2530 射频模块可以实现基于 ZigBee 通信协议的通信技术，以非常低的成本建立强大的传感网络，如图 12－4 所示。

图 12－4　CC 2530 射频模块

模块主要参数有：①主芯片：CC 2530F256，Flash 容量 256KB；②工作频率：2.4GHz～2.4835GHz；③传输速率：＜250 kbps；④基础通信协议：IEEE 802.15.4；⑤传输距离：开阔可视条件下，室内＜50 米，室外＜200 米；⑥天线：PCB 板载天线。

4. 湿度传感模块

湿度传感模块主要由温湿度传感芯片 SHT1X 构成，用于采集湿度和温度信息。如图 12－5 所示。

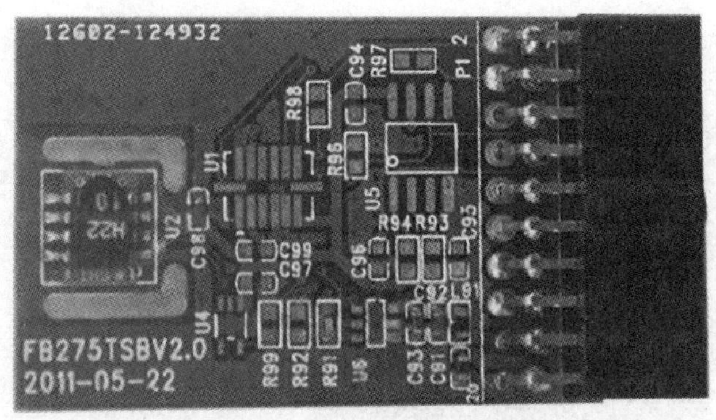

图 12－5　湿度传感模块

模块主要参数有：①SHT1X 系列芯片湿度精度可达 ±3.5% RH；②SHT1X 系列芯片温度采集精度可达 ±0.5℃；③电源电压为 DC +2.0V ~ +3.6V。

5. 空间感知模块

空间感知模块，是一个能在三维（3D）方向上检测加速度值的传感模块，通过进一步计算可以获得倾斜角度，如图 12－6 所示。

图 12－6　空间感知模块

模块可以在倾斜中测量静态重力加速度，还可以测量运动或冲击导致的动态加速度，具备中断检测、敲击检测、自由落体检测等功能。

主要参数有：①测量范围 ±16G，分辨率高（3.9mg/LSB）；②电源电压为 DC +2.0 V ~ +3.6 V。

6. 模拟车位传感模块

模拟车位传感器是一个光敏传感器，如果停车入位将会遮挡光线，传感器将输出指定信息，如图 12 -7 所示。

图 12 -7　光敏传感器模块

模块检测是否有物体遮挡光线，主要参数有：电源电压：DC +4.5 V ~ +5.5 V。具有信号输出指示，单路信号输出，输出有效信号为低电平。

7. 感知识别前端

感知识别前端是一个 RFID 读卡器模块，可与其他设备通过串口连接。如图 12 -8 所示。

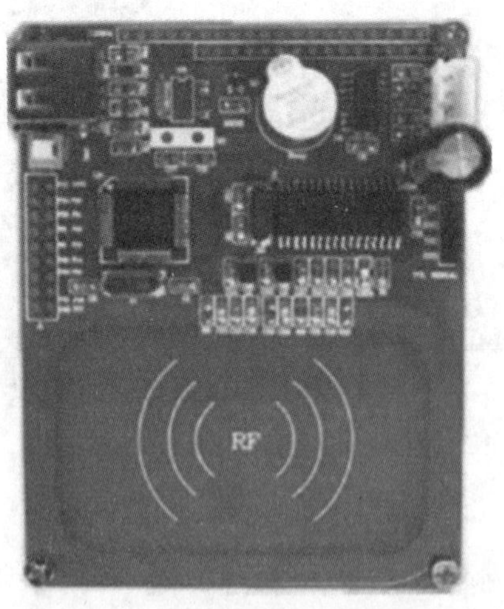

图 12 -8　RFID 读卡器模块

模块主要参数有：①工作在 13.56MHz 频段；②支持所有符合 ISO 14443A 协议标准；③配有对应的感知标签和感知卡。

8. 感知卡与感知标签

这是与 RFID 读卡器模块相配套的感知卡和感知标签，每组包含有 RFID 智能感知卡 8 张，RFID 感知标签 8 片，如图 12－9 所示。

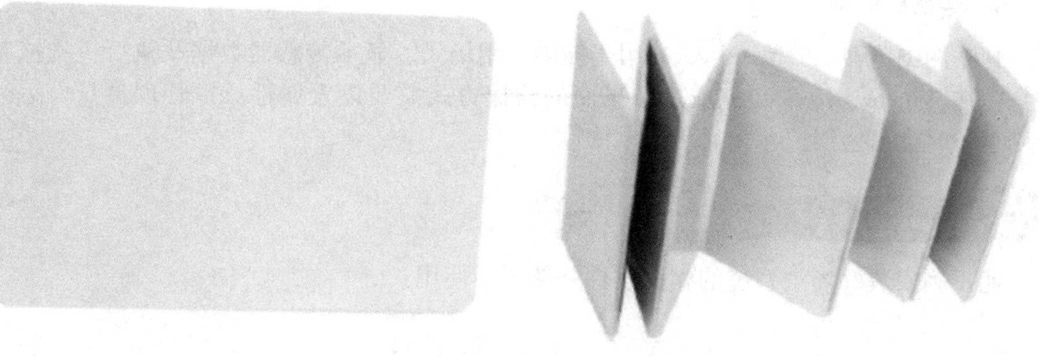

图 12－9　感知卡与感知标签

考核评价

（1）能识别各类传感模块和通信模块。

（2）能讲出各个模块的功能。

12.3　软件安装与使用注意

学习目标

熟悉场景系统的相关软件。

厂家默认提供 32 位 Windows 程序，包括 32 位驱动程序。如果需要在 64 位 Windows 中安装，32 位 Windows 程序可直接安装，但 32 位驱动程序不能安装，必须找到对应的 64 的驱动程序，如下面 2、3 项所提及的程序，可到官方网站下载。

1. 安装 IAR_ For_ 8051

IAR_ For_ 8051 用于修改、编译 CC 2530 配套的 ZStack 源程序。

2. 安装 Setup_ SmartRF_ Flash_ Programmer

SmartRF_ Flash_ Programmer 是 CC 2530 芯片的烧写软件，用于把 IAR_ For_ 8051 编译好的 ZStack 程序（文件扩展名为 hex 的文件）写入 CC 2530 芯片。

3. 安装 USB_ to_ RS 232_ Driver 驱动程序

Zigebee 协调器使用串口与 PC 的 USB 接口相连，需要一个 USB to RS 232 的转换芯片，在 Windows 中需要安装相应驱动程序。本例中使用 PL 2303－Prolific 芯片及其驱动程序。

4. 串口助手

用于查看 ZigeBee 协调器的通过串口传给 PC 的数据，波特率设为 38 400。本项目使用 sscom32. exe 程序（绿色软件，可直接运行）。

5. 安装物联网浏览器

物联网浏览器 FeibitExplorer，用于提供应用场景、显示传感器数据及执行机构控制。注意：在 Windows 10 安装完成后，桌面的快捷方式需要设置属性：以管理员身份运行，否则运行时会出错误。

考核评价

能正确安装好场景系统的相关软件并能灵活使用。

单元十三
现代农业温湿度采集系统的安装与调试

4学时。

现有一个现代化的农业大棚，种植了一种比较珍稀的植物。这种植物对土壤的温度、湿度要求特别严格，管理人员须时刻关注土壤的温度、湿度变化，并且根据温湿度变化对这些植物进行对应的应急工作。但由于没有自动化的设施，人工的测量有可能会出现很大的误差，浪费人力物力。为了解决此问题，农业大棚管理员要求设计出一个自动化的工作流程，以实现土壤温湿度数据自动采集。你作为售后工程师来主持这个项目的实施。

13.1　安　装

学习目标

（1）了解农业温湿度采集系统的工作原理。

（2）培养利用IAR修改源代码、编译输出配置的能力。

（3）培养利用IAR修改信道和PAN_ ID避免冲突的能力。

使用温湿度传感器，对现代农业大棚的温度和土壤湿度进行检测，检测结果通过ZigBee网络传至监控PC，通过PC分析后向对应的水源开关控制节点发送指令，以打开或关闭灌溉系统。

硬件模块之间的关系如图13－1所示。传感器节点上有一个温湿度传感器，用于采集环境的温度和湿度数据，通过ZigBee网络发送给协调器节点，协调器节点本身并没有处理数据，只是完成了状态显示和数据转发两个工作：在液晶显示器上显示“Report rcvd”；把数据通过串口发给PC。在发送数据时，相应的指示灯会闪烁提醒。

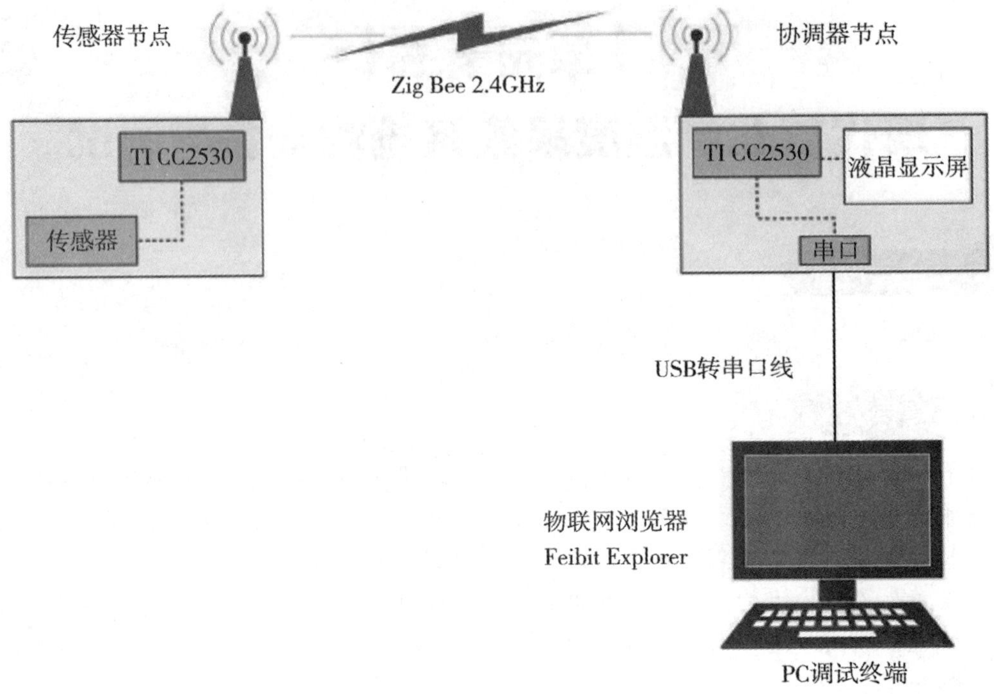

图 13－1　农业项目模块关系示意图

在实训文件夹“现代农业温湿度控制\实验用 Hex 文件”里面有两个 hex 文件：“SensorSht1X_ Uid01. hex”是用于烧写传感节点的文件，“Collector. hex”是用于烧写协调器节点的文件。

因教室有多套 ZigBee 设备（多个 ZigBee 网络）同时工作，为避免不同网络、设备之间相互干扰，要将每套设备所用的信道和 PAN_ ID（个人区域网标识符）区分设置。修改了这两个全局参数，必须重新编译所有代码，包括传感器节点和协调器节点。

（1）用 IAR 打开 ZSatck 代码并显示出 Workspace 窗口，在文件树中双击点开“tools”文件夹，可以看到“f8wConfig. cfg”文件，双击打开。

（2）在“f8wConfig. cfg”文件中找到“Channels are defined in the following:”的语句，从该语句开始的语句段，主要作用就是设定使用不同的信道。我国使用的是 2. 4GHz 频段，故可选信道为 11～26 共 16 个信道，如图 13－2 所示。

```

/* Default channel is Channel 11 - 0x0B */
// Channels are defined in the following:
//          0      : 868 MHz      0x00000001
//          1 - 10 : 915 MHz      0x000007FE
//         11 - 26 : 2.4 GHz      0x07FFF800
//
//-DMAX_CHANNELS_868MHZ      0x00000001
//-DMAX_CHANNELS_915MHZ      0x000007FE
//-DMAX_CHANNELS_24GHZ       0x07FFF800
-DDEFAULT_CHANLIST=0x04000000   // 26 - 0x1A
//-DDEFAULT_CHANLIST=0x02000000   // 25 - 0x19
//-DDEFAULT_CHANLIST=0x01000000   // 24 - 0x18
//-DDEFAULT_CHANLIST=0x00800000   // 23 - 0x17
//-DDEFAULT_CHANLIST=0x00400000   // 22 - 0x16
//-DDEFAULT_CHANLIST=0x00200000   // 21 - 0x15
//-DDEFAULT_CHANLIST=0x00100000   // 20 - 0x14
//-DDEFAULT_CHANLIST=0x00080000   // 19 - 0x13
//-DDEFAULT_CHANLIST=0x00040000   // 18 - 0x12
//-DDEFAULT_CHANLIST=0x00020000   // 17 - 0x11
//-DDEFAULT_CHANLIST=0x00010000   // 16 - 0x10
//-DDEFAULT_CHANLIST=0x00008000   // 15 - 0x0F
//-DDEFAULT_CHANLIST=0x00004000   // 14 - 0x0E
//-DDEFAULT_CHANLIST=0x00002000   // 13 - 0x0D
//-DDEFAULT_CHANLIST=0x00001000   // 12 - 0x0C
//-DDEFAULT_CHANLIST=0x00000800   // 11 - 0x0B

```

图 13－2 信道修改

（3）符号“//”表示本行是注释，编译时会忽略掉。因此，只需将选中信道前面的注释符号去掉，其他信道前面加上注释符号，就可以选中指定信道。为避免 ZigBee 受到网络的影响，建议使用 11、15、20、26（25）等信道中的一个信道。

（4）在“f8wConfig. cfg”文件中找到“－DZDAPP_ CONFIG_ PAN_ ID ＝ 0x5555”语句，将其中的“0x5555”替换为自己的 PAN_ ID 即可（一般在 0x0000 ~ 0x3FFF 之间，如：0x0F01），如图 13－3 所示。

```

/* Define the default PAN ID.
 *
 * Setting this to a value other than 0xFFFF causes
 * ZDO_COORD to use this value as its PAN ID and
 * Routers and end devices to join PAN with this ID
 */
-DZDAPP_CONFIG_PAN_ID=0x5555

```

图 13－3 PAN_ ID 修改

（5）其他修改。

①为了避免在物联网浏览器中自动新加节点，要确保传感器的 uid 编号为 1 号。选择“SensorBB”配置，搜索宏定义并修改为：

#define SENSOR_ UID_ LO 0x01

②编译输出格式。

IAR 编译器默认不会输出 intel 格式的编译结果。可设置为因特尔扩展格式，并将后缀改为“hex”。

点击 IAR 菜单“option”→“Linker”→“Output”选项卡页面:

Override 修改为:Sensor_ SHT1x_ uid01. hex。

Other 修改为:intel_ extended。

修改完成后,保存。

③选择“CollectorEB”配置,做类似修改。点击 IAR 菜单“option”→“Linker”→“Output”选项卡页面:

Override 修改为:Collector_ SHT1x_ uid01. hex。

Other 修改为:intel_ extended。

修改完成后,保存。

(6)编译。

分别选择“SensorBB”配置和“CollectorEB”配置,重新编译传感节点、协调器节点源代码,分别生成传感节点的“Sensor_ SHT1x_ uid01. hex”文件、协调器节点的“Collector_ SHT1x_ uid01. hex”文件。

注意,不要直接在 IAR 开发环境中直接将 hex 写入 CC 2530 芯片,否则会出现错误。应当使用 SmartRF_ Flash_ Programmer 程序写入。

考核评价

(1)正确识别传感模块,接入底板。

(2)串口连线正确,走线合理。

(3)工作台干净整洁,工具摆放有序。

13.2 调 试

学习目标

(1)编译源代码和烧写 Hex 文件的能力。

(2)修改 PC 软件配置、修改脚本的能力。

具体步骤如下。

(1)组装一个数据采集节点与一个协调器节点。将协调器通过串口线连接到 PC。

(2)用 CC Debugger 调试器连接 PC 和开发板,启动 SmartRF_ Flash_ Programmer 软件,将自己编译好的 hex 文件,或者实训文件夹内的“现代农业温湿度控制\ 实验用 Hex 文件\ Collector. hex”文件写入协调器,LCD 将显示“SensorDemo Collector”。如图 13 -4 所示。

图13-4　协调器启动

打开协调器，按一次Joystick上键，重启后，再按Joystick右键，设为“gateway”模式。

（3）用CC Debugger调试器连接PC和开发板，启动SmartRF_ Flash_ Programmer软件将自己编译好的hex文件，或者实训文件夹内的“现代农业温湿度控制\ 实验用Hex文件\ SensorSht1X_ Uid01. hex”写入传感节点。

（4）传感节点启动后，首先红色LED指示灯（D15）约1s闪烁一次，说明正在寻找网络；入网后将快速闪烁一段时间后停止，此后大概每5s闪烁一次，进行周期性唤醒并收发数据。

传感器节点板上有两个按钮，上面的S1按钮是用于立刻发送传感器数据（不必等待5秒），下面的S2按钮是复位重启。

（5）组（入）网成功后，协调器将收到来自传感节点的数据，LCD（液晶显示器）将显示“Report rcvd”，如图13-5所示。

图13-5　协调器收到数据

（6）传感节点每隔5s采集传输一次数据，协调器显示“Report rcvd”则表明协调器接收数据正常。若嫌采集周期过长，可直接按传感开发板上的S1键，则立刻采集数据并向协调器发送数据。

（7）打开串口助手，波特率设为38400，并勾选“HEX显示”。可以看到协调器不断发送给PC的数据。此数据可供分析通信协议（在源代码中收发函数中定义）。如图13－6所示。

图13－6　串口数据

（8）打开物联网浏览器“IoT Explorer”软件，点击 图标选择正确的串口号（串口号可在设备管理器中查看），设置波特率为38400，如图13－7所示。

注意，因为串口助手和物联网浏览器不能同时使用，只能先停掉一个，再开启另外一个。

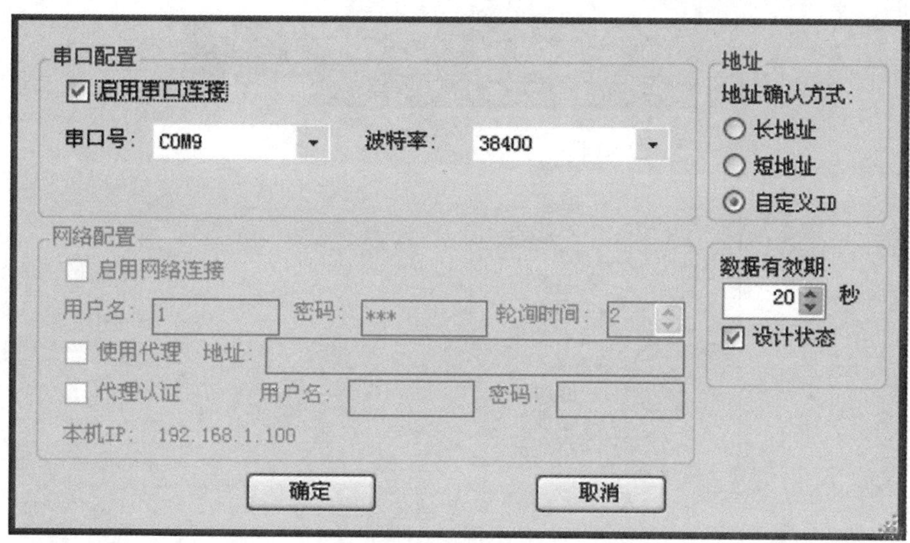

图 13 -7　串口设置

(9) 点击 图标，选择“现代农业温湿度控制 \ FIT Project \ 现代农业温湿度采集与灌溉控制系统. xml”文件，然后点击“连接”按钮，将使用串口接收数据。如图 13 -8 所示。

图 13 -8　现代农业温湿度采集与水利控制系统

项目中默认有三个监控点：uid01（对应监控点 1）、uid02（对应监控点 2）、uid03（对应监控点 3）。系统只有一套传感器，并且连接到了 uid01 节点，其他节点暂没有传感器对应，如图 13 -9 所示。

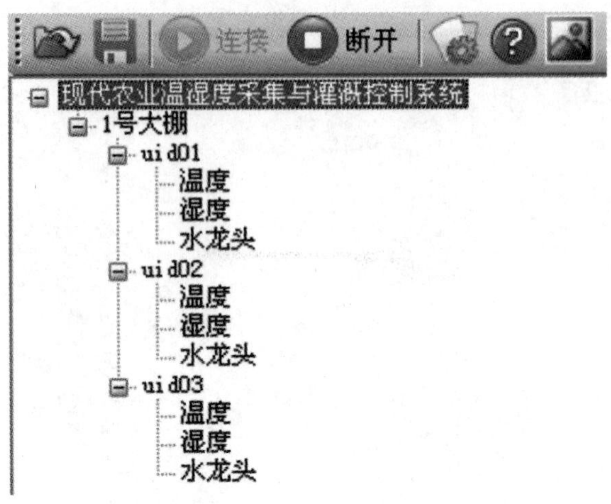

图 13－9　监控点

（10）正常情况下，此时每个节点每 5 秒钟更新（从串口接收）一次温湿度数据，并从界面右下角可以看到信息“8：24：28 0001”，前面部分是更新时间，后面“0001”代表“uid01”节点。

（11）节点的手动反向控制功能：双击节点上的“水龙头”图标，可见界面上的水龙头打开，此时软件发送控制指令，将对应传感节点上的绿色 LED 灯（D16）打开，以模拟降温灌溉功能。

（12）软件自动反向控制功能。在实际系统中往往需要上位机软件进行自动控制，比如湿度低于某值时打开水龙头，高于某值时关闭。

①点击 图标，勾选“设计状态”，如图 13－10 所示。

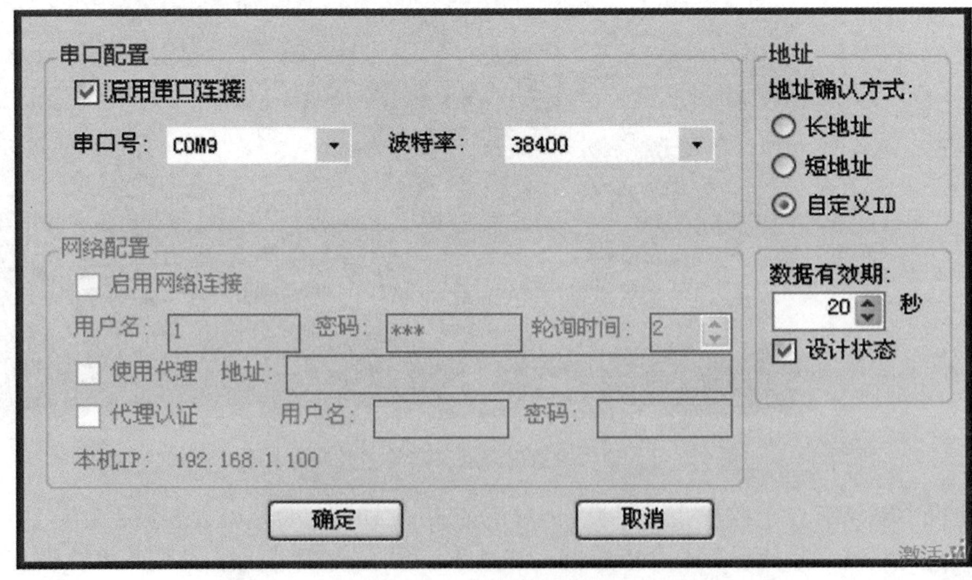

图 13－10　选项配置

②在“uid01”节点上点击右键，选择“修改节点”。如图 13 - 11 所示。

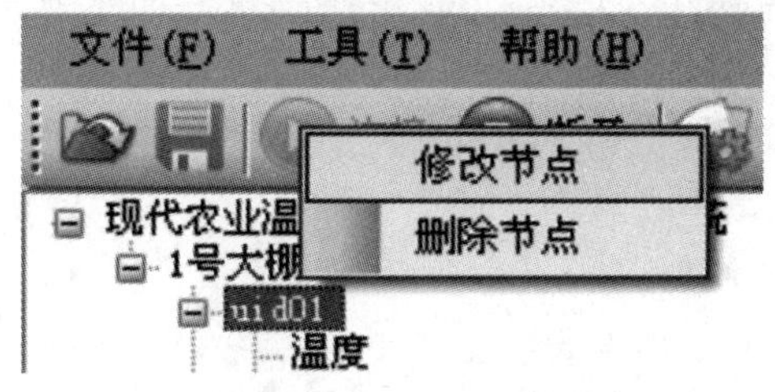

图 13 - 11　修改节点

③在“传感器配置”选项卡里面，设置“报警”与“回控”参数。如图 13 - 12 所示。

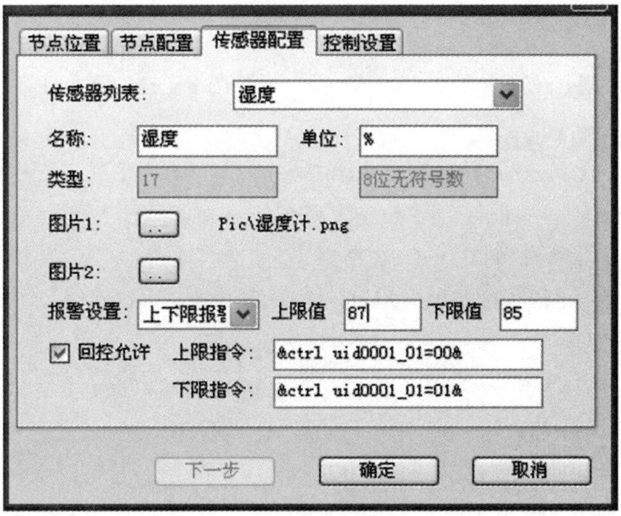

图 13 - 12　设置传感器配置

图示设置的作用是：当“湿度”值低于下限 85%，即发送“&ctrl uid0001_ 01 = 01&”指令，其含义是：“控制 uid 为 0001 的节点的第 01 个 IO 口，设为高电平 1”（让水龙头喷水）；同理，当“湿度”值高于上限 87%，即发送“&ctrl uid0001_ 01 = 00&”指令，将 IO 口设为低电平（让水龙头关闭）。限于条件，实际上使用绿色 LED 灯（D16）的亮灭来模拟水龙头的开闭。

在“传感器列表”里面选择“温度”，其余设置与“湿度”类似，可以实现根据温度控制水龙头是否喷水降温。

④确认设置后，可用手接触温湿度探头，并观察绿 LED 灯（D16）的变化，检验上述功能。

（13）应用场景界面的水龙头自动控制。

可通过更改脚本实现自动控制功能：温度低于某值时打开水龙头，高于某值时关闭水龙头。

选择“现代农业温湿度控制 \ FIT Project \ Lua \ 温度计 . lua”文件，使用记事本程序打开此文件，将“ >30.0”部分代码修改为目标值，如“ >28.0”。保存后，再重启物联网浏览器。用手触摸温湿度传感器，并观察场景界面水龙头图标的变化。“温度计.lua”主要代码如下：

```
function GetPicName ( fValue )
--msgBox("ab","cd")
if(fValue <20.0)then
x = "Pic \\tupian \\01.png"
elseif(fValue <30.0)then
x = "Pic \\tupian \\02.png"
else
x = "Pic \\tupian \\08.png"
end
return x
end
function ValueChange ( fValue,Dw )
--wDirection = (fValue/3.3)*360
wDirection = fValue
if(wDirection <5.0)then
wGradeStr = "寒冷："
elseif(wDirection <15.0)then
wGradeStr = "温凉："
elseif(wDirection <20.0)then
wGradeStr = "温暖："
elseif(wDirection <30.0)then
wGradeStr = "热："
else
wGradeStr = "炎热："
end
x = string.format("% s% 3.2f% s",wGradeStr,wDirection,Dw)
--SendCTL("abc");
return x
end
```

考核评价

（1）系统整体功能测试正确。

（2）解决常见系统故障。

（3）工作台干净整洁，工具摆放有序。

单元十四

基于空间感知模块的远程智能防盗系统的安装与调试

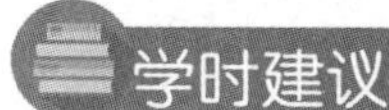

4学时。

情境导入

近期车辆被盗次数越来越频繁，蒙先生害怕自己的车辆被偷窃，计划在车上安装一个智能防盗系统。你作为售后工程师来主持这个项目的实施。

14.1 安　装

学习目标

（1）熟悉基于空间感知模块的远程智能防盗系统的工作原理。

（2）培养利用 IAR 修改源代码、编译输出配置的能力。

（3）培养利用 IAR 修改信道和 PAN_ ID 避免冲突的能力。

任务的主要内容是使用空间感知传感器，对停车场车位进行远程的防盗检测，检测结果通过 ZigBee 网络传至监控 PC，通过 PC 分析后向对应的报警控制节点发送指令，发出报警信息。

硬件模块之间的关系如图 14－1 所示。传感器节点上有一个加速度传感器，用于采集汽车车身震动数据，通过 ZigBee 网络发送给协调器节点，协调器节点并没有处理数据，只是完成了状态显示和数据转发两个工作：在液晶显示器上显示“Report rcvd”；把数据通过串口发给 PC。在发送数据时，相应的指示灯会闪烁提醒。

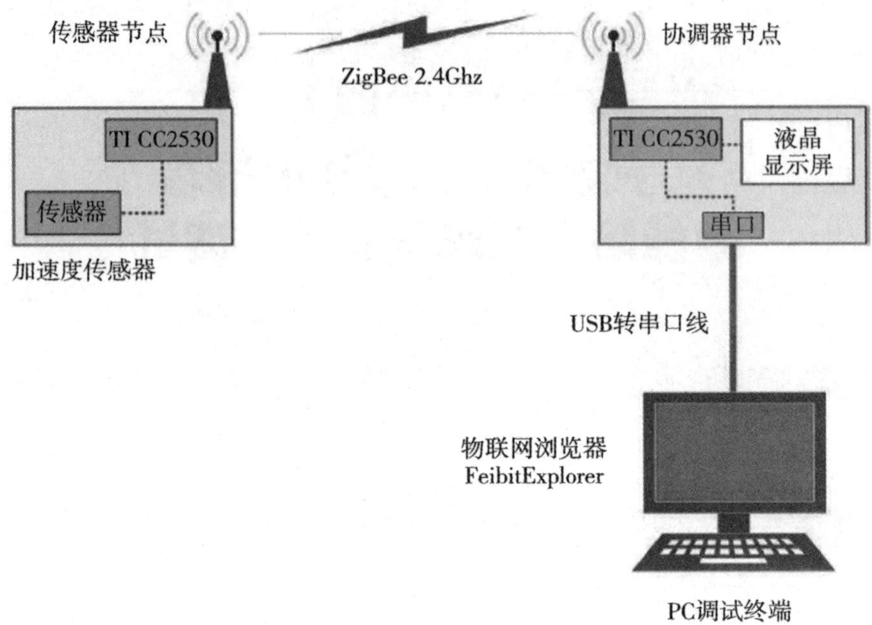

图 14－1　汽车防盗模块关系示意图

在实训文件夹“汽车防盗系统\ 实验用 Hex 文件”里面有两个 hex 文件：“3D 震动传感器 Uid02. hex”是用于烧写传感节点的文件，“Collector3D. hex”是用于烧写协调器节点的文件。

因教室有多套 ZigBee 设备（多个 ZigBee 网络）同时工作，为避免不同网络、设备之间相互干扰，需要将每套设备所用的信道和 PAN_ ID（个人区域网标识符）区分设置。修改了这两个全局参数，必须重新编译所有代码，包括传感器节点和协调器节点。

（1）用 IAR 打开 ZSatck 代码并显示出 Workspace 窗口，在文件树中双击点开“tools”文件夹，可以看到“f8wConfig. cfg”文件，双击打开。

（2）在“f8wConfig. cfg”文件中找到“Channels are defined in the following:”的语句，从该语句开始的语句段，主要作用就是设定使用不同的信道。我国使用的是 2. 4GHz 频段，故可选信道为 11 ~26 共 16 个信道，如图 14－2 所示。

（3）符号“//”表示本行是注释，编译时会忽略掉。因此，只需将选中信道前面的注释符号去掉，其他信道前面加上注释符号，就可以选中指定信道。为避免 ZigBee 受到 Wi－fi 的影响，建议使用 11、15、20、26（25）等信道中的一个信道。

（4）在“f8wConfig. cfg”文件中找到“－DZDAPP_ CONFIG_ PAN_ ID ＝ 0x5555”语句，将其中的“0x5555”替换为自己的 PAN_ ID 即可（一般在 0x0000～0x3FFF 之间，如：0x0F01），如图 14－3 所示。

```

/* Default channel is Channel 11 - 0x0B */
// Channels are defined in the following:
//         0      : 868 MHz     0x00000001
//         1 - 10 : 915 MHz     0x000007FE
//        11 - 26 : 2.4 GHz     0x07FFF800
//
//-DMAX_CHANNELS_868MHZ      0x00000001
//-DMAX_CHANNELS_915MHZ      0x000007FE
//-DMAX_CHANNELS_24GHZ       0x07FFF800
-DDEFAULT_CHANLIST=0x04000000  // 26 - 0x1A
//-DDEFAULT_CHANLIST=0x02000000  // 25 - 0x19
//-DDEFAULT_CHANLIST=0x01000000  // 24 - 0x18
//-DDEFAULT_CHANLIST=0x00800000  // 23 - 0x17
//-DDEFAULT_CHANLIST=0x00400000  // 22 - 0x16
//-DDEFAULT_CHANLIST=0x00200000  // 21 - 0x15
//-DDEFAULT_CHANLIST=0x00100000  // 20 - 0x14
//-DDEFAULT_CHANLIST=0x00080000  // 19 - 0x13
//-DDEFAULT_CHANLIST=0x00040000  // 18 - 0x12
//-DDEFAULT_CHANLIST=0x00020000  // 17 - 0x11
//-DDEFAULT_CHANLIST=0x00010000  // 16 - 0x10
//-DDEFAULT_CHANLIST=0x00008000  // 15 - 0x0F
//-DDEFAULT_CHANLIST=0x00004000  // 14 - 0x0E
//-DDEFAULT_CHANLIST=0x00002000  // 13 - 0x0D
//-DDEFAULT_CHANLIST=0x00001000  // 12 - 0x0C
//-DDEFAULT_CHANLIST=0x00000800  // 11 - 0x0B

```

图 14－2　信道修改

```

/* Define the default PAN ID.
 *
 * Setting this to a value other than 0xFFFF causes
 * ZDO_COORD to use this value as its PAN ID and
 * Routers and end devices to join PAN with this ID
 */
-DZDAPP_CONFIG_PAN_ID=0x5555

```

图 14－3　PAN_ ID 修改

（5）编译输出格式修改。

IAR 编译器默认不会输出 intel 格式的编译结果。可设置为因特尔扩展格式，并将后缀改为“hex”。

①在 IAR 左上角，选择“SensorBB”配置。点击 IAR 菜单“option”→“Linker”→“Output”选项卡页面：

Override 修改为：Sensor_ SHT1x_ uid01. hex。

Other 修改为：intel_ extended。

修改完成后，保存。

②在 IAR 左上角，选择“CollectorEB”配置，做类似修改。点击 IAR 菜单“option”→“Linker”→“Output”选项卡页面：

Override 修改为：Collector_ SHT1x_ uid01. hex。

Other 修改为：intel_ extended。

修改完成后，保存。

（6）编译。分别选择“SensorBB”配置和“CollectorEB”配置，重新编译传感节点、协调器节点源代码，分别生成传感节点的“Sensor_ 3D. hex”文件、协调器节点的“Collector_ 3D. hex”文件。

注意：不要直接在 IAR 开发环境中，直接将 hex 写入 CC 2530 芯片，否则会出现错误。要使用 SmartRF_ Flash_ Programmer 程序写入。

考核评价

（1）正确识别传感模块，接入底板。

（2）串口连线正确，走线合理。

（3）工作台干净整洁，工具摆放有序。

14.2 调　试

学习目标

（1）了解基于空间感知模块的远程智能防盗系统的工作原理。

（2）培养源代码和烧写 Hex 文件的能力。

（3）培养 PC 软件配置、修改脚本的能力。

具体步骤如下。

（1）组装一个数据采集节点与一个协调器节点。将协调器通过串口线连接到 PC。

（2）用 CC Debugger 调试器连接 PC 和开发板，启动 SmartRF_ Flash_ Programmer 软件将自己编译好的 hex 文件，或者实训文件夹内的“汽车防盗系统\ 实验用 Hex 文件\ Collector_ 3D. hex”文件写入协调器，LCD 将显示“SensorDemo Collector”，如图 14－4 所示。

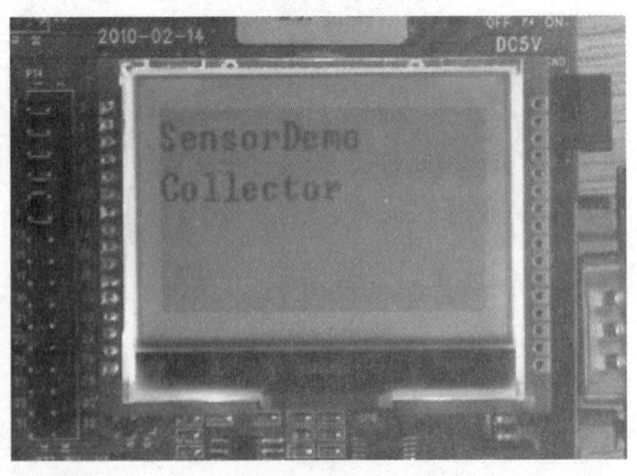

图 14－4　协调器启动

打开协调器，按一次 Joystick 上键，重启后，再按 Joystick 右键，设为“gateway”模式。

（3）用 CC Debugger 调试器连接 PC 和开发板，启动 SmartRF_ Flash_ Programmer 软件将自己编译好的 hex 文件，或者实训文件夹内的“汽车防盗系统\实验用 Hex 文件\3D 震动传感器 Uid02. hex”写入传感节点。

（4）传感节点启动后，首先红色 LED 指示灯（D15）约 1s 闪烁一次，说明正在寻找网络；入网后将快速闪烁一段时间后停止，此后大概每 5s 闪烁一次，进行周期性唤醒并收发数据。

传感器节点板上有两个按钮，上面的 S1 按钮是用于立刻发送传感器数据（不必等待 5s），下面的 S2 按钮是复位重启。

（5）组（入）网成功后，协调器将收到来自传感节点的数据，LCD 将显示“Report rcvd”。如图 14－5 所示。

（6）传感节点每隔 5s 采集传输一次数据，协调器显示“Report rcvd”则表明协调器接收数据正常。若嫌采集周期过长，可直接按传感开发板上的 S1 键，则立刻采集数据并向协调器发送数据。

（7）打开串口助手，波特率设为 38400，并勾选“HEX 显示”。可以看到协调器不断发送给 PC 的数据，如图 14－6 所示。此数据可供分析通信协议（在源代码中收发函数中定义）。

图 14－5　协调器收到数据

图 14－6　串口数据

（8）打开物联网浏览器“IoT Explorer”软件，点击 图标选择正确的串口号（串口号可在设备管理器中查看），设置波特率为 38400，如图 14－7 所示。

注意，因为串口助手和物联网浏览器不能同时使用，只能先停掉一个，再开启另外一个。

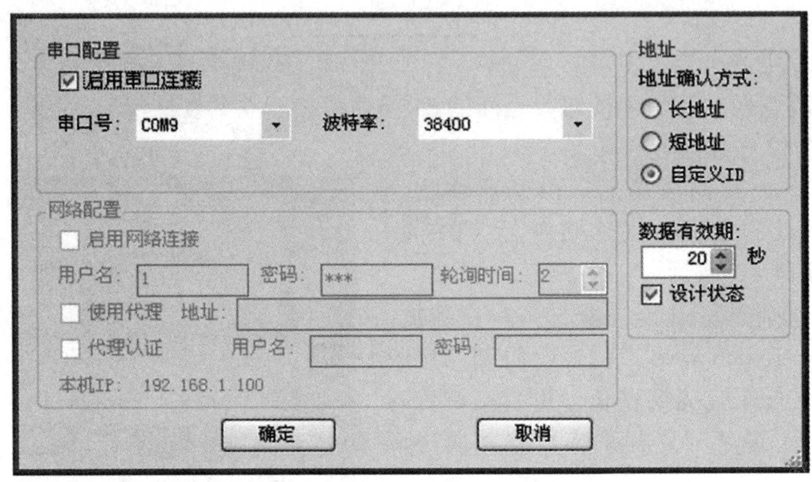

图 14－7　串口设置

（9）点击 图标，选择“汽车防盗系统 \ FIT Project \ 基于 3D 运动传感器的远程停车场智能防盗系统. xml”文件，然后点击“连接”按钮，将使用串口接收数据。如图 14－8 所示。

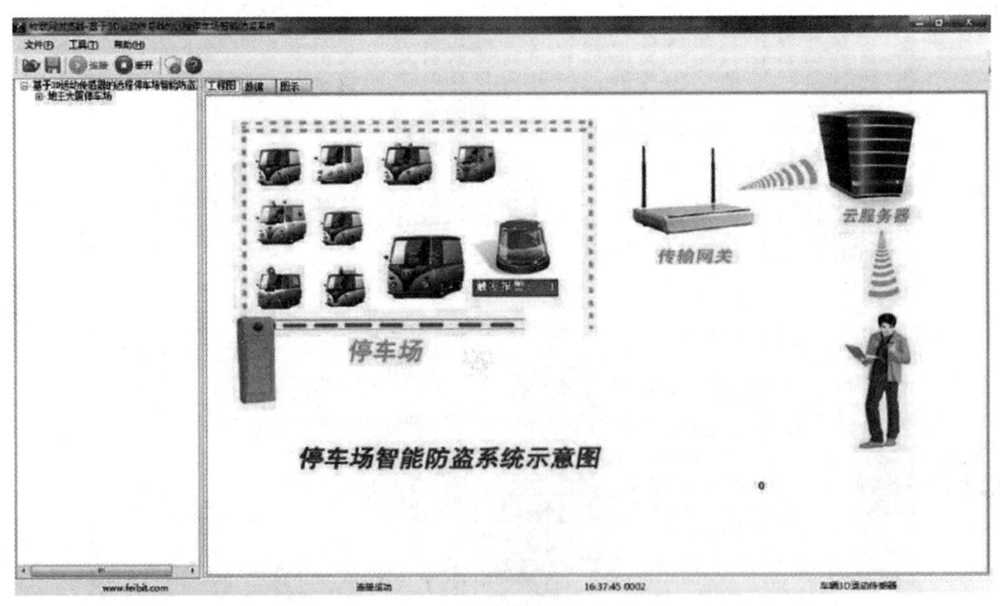

图 14－8　停车场智能防盗系统

（10）将整个传感节点拆下来，用手旋转、晃动，模拟盗车时的震动。

（11）场景软件将不断接收空间感知模块震动测量的实时数据。如果控制上限数值为 200，当接收数据大于 200 时，将触发警报，场景内的移动终端会接收到报警信息“您的车被盗了，请速回”。

（12）警报灵敏度修改。

①在“传感器配置”选项卡里面，设置“报警”与“回控”参数。报警控“设置”改为 200，只有接收到超过 200 的数值，才能使手机收到报警。限于条件，实际上使用绿色 LED 灯（D16）的亮灭来模拟手机是否收到报警。如图 14－9 所示。

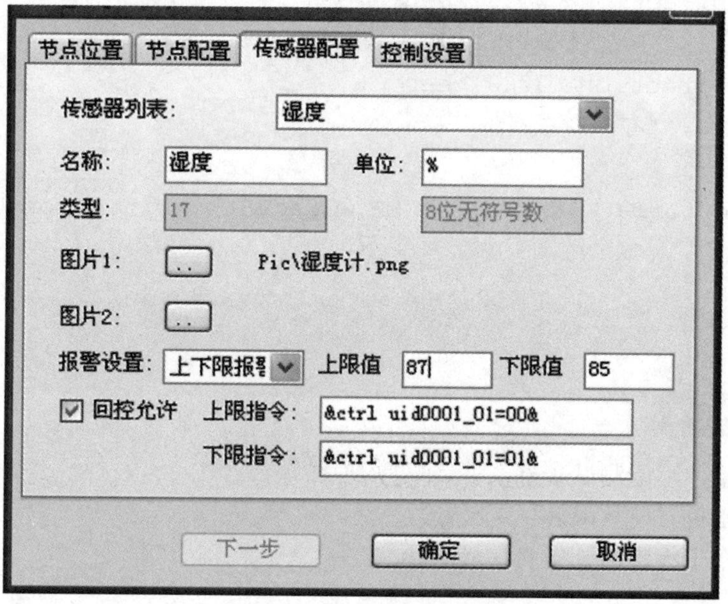

图 14－9　设置传感器配置

②应用场景界面的警报灵敏度修改。

选择“汽车防盗系统 \ FIT Project \ Lua \ 3D 车位. lua”文件，使用记事本程序打开此文件，将标有“ > 30. 0”修改为目标值“ > 200. 0”。保存后，再重启物联网浏览器。用手晃动传感器，并观察场景界面图标的变化。“3D 车位. lua”的主要代码如下：

```
function GetPicName ( fValue )
- -msgBox("ab","cd")
if(fValue <10.0)then
x = "Pic\\tupian\\01.png"
elseif(fValue <20.0)then
x = "Pic\\tupian\\05.png"
elseif(fValue >30.0)then
x = "Pic\\tupian\\02.png"
end
```

```
return x
end
......
function ValueChange ( fValue,Dw )
 - -wDirection = (fValue/3.3)*360
wDirection = fValue
if(wDirection<10.0)then
wGradeStr = "安全："
elseif(wDirection<20.0)then
wGradeStr = "触发报警："
elseif(wDirection>30.0)then
wGradeStr = "有人偷车："
end
x=string.format("% s% 3.0f% s",wGradeStr,wDirection,Dw)
 - -SendCTL("abc");
return x
end
```

考核评价

（1）系统整体功能测试正确。

（2）解决常见系统故障。

（3）工作台干净整洁，工具摆放有序。

单元十五

基于 ZigBee 技术智能车位引导系统的安装与调试

学时建议

4 学时。

情境导入

随着车流量越来越大，停车场的引导变得越发困难，极大地增加了人工成本与管理费用。现停车场管理中心提出需求，计划安装一套停车场车位引导系统。你作为售后工程师来主持这个项目的实施。

15.1　安　装

学习目标

（1）了解 ZigBee 技术智能车位引导系统的工作原理。

（2）培养利用 IAR 修改源代码、编译输出配置的能力。

（3）培养利用 IAR 修改信道和 PAN_ ID 避免冲突的能力。

使用车位上安装的“车位传感器”，检测是否有车辆停入该车位，检测结果通过 ZigBee 网络传至停车场管理中心的 PC，以便为车主指示该区域的车位的使用情况。

硬件模块之间的关系如图 15－1 所示。传感器节点上有一个光敏传感器，用于采集停车位是否有车的信息，通过 ZigBee 网络发送给协调器节点，协调器节点并没有处理数据，只是完成了状态显示和数据转发两个工作：在液晶显示器上显示：Report rcvd；把数据通过串口发给 PC。在发送数据时，相应的指示灯会闪烁提醒。

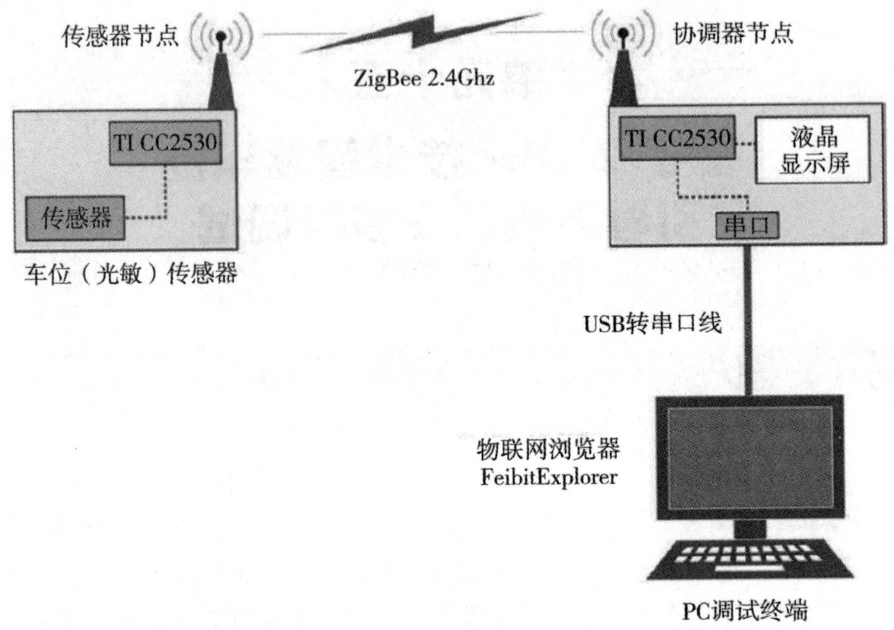

图 15－1　停车场模块关系示意图

在实训文件夹“停车场管理系统\实验用 Hex 文件”里面有两个 hex 文件：“车位传感器 Uid01. HEX”是用于烧写传感节点的文件，“CollectorFFC0. hex”是用于烧写协调器节点的文件。

因教室有多套 ZigBee 设备（多个 ZigBee 网络）同时工作，为避免不同网络、设备之间相互干扰，要将每套设备所用的信道和 PAN_ ID（个人区域网标识符）区分设置。修改了这两个全局参数，必须重新编译所有代码，包括传感器节点和协调器节点。

（1）用 IAR 打开 ZSatck 代码并显示出 Workspace 窗口，在文件树中双击点开“tools”文件夹，可以看到“f8wConfig. cfg”文件，双击打开。

（2）在“f8wConfig. cfg”文件中找到“Channels are defined in the following:”的语句，从该语句开始的语句段，主要作用就是设定使用不同的信道。我国使用的是 2. 4GHz 频段，故可选信道为 11～26 共 16 个信道，如图 15－2 所示。

```

/* Default channel is Channel 11 - 0x0B */
// Channels are defined in the following:
//          0       : 868 MHz       0x00000001
//          1 - 10  : 915 MHz       0x000007FE
//         11 - 26  : 2.4 GHz       0x07FFF800
//
//-DMAX_CHANNELS_868MHZ       0x00000001
//-DMAX_CHANNELS_915MHZ       0x000007FE
//-DMAX_CHANNELS_24GHZ        0x07FFF800
-DDEFAULT_CHANLIST=0x04000000  // 26 - 0x1A
//-DDEFAULT_CHANLIST=0x02000000  // 25 - 0x19
//-DDEFAULT_CHANLIST=0x01000000  // 24 - 0x18
//-DDEFAULT_CHANLIST=0x00800000  // 23 - 0x17
//-DDEFAULT_CHANLIST=0x00400000  // 22 - 0x16
//-DDEFAULT_CHANLIST=0x00200000  // 21 - 0x15
//-DDEFAULT_CHANLIST=0x00100000  // 20 - 0x14
//-DDEFAULT_CHANLIST=0x00080000  // 19 - 0x13
//-DDEFAULT_CHANLIST=0x00040000  // 18 - 0x12
//-DDEFAULT_CHANLIST=0x00020000  // 17 - 0x11
//-DDEFAULT_CHANLIST=0x00010000  // 16 - 0x10
//-DDEFAULT_CHANLIST=0x00008000  // 15 - 0x0F
//-DDEFAULT_CHANLIST=0x00004000  // 14 - 0x0E
//-DDEFAULT_CHANLIST=0x00002000  // 13 - 0x0D
//-DDEFAULT_CHANLIST=0x00001000  // 12 - 0x0C
//-DDEFAULT_CHANLIST=0x00000800  // 11 - 0x0B

```

图 15-2 信道修改

（3）符号“//”表示本行是注释，编译时会忽略掉。因此，只需将选中信道前面的注释符号去掉，其他信道前面加上注释符号，就可以选中指定信道。为避免 ZigBee 受到网络的影响，建议使用 11、15、20、26（25）等信道中的一个信道。

（4）在“f8wConfig. cfg”文件中找到“ - DZDAPP_ CONFIG_ PAN_ ID = 0x5555”语句，将其中的“0x5555”替换为自己的 PAN_ ID 即可（一般在 0x0000 ~ 0x3FFF 之间，如：0x0F01），如图 15-3 所示。

```

/* Define the default PAN ID.
 *
 * Setting this to a value other than 0xFFFF causes
 * ZDO_COORD to use this value as its PAN ID and
 * Routers and end devices to join PAN with this ID
 */
-DZDAPP_CONFIG_PAN_ID=0x5555

```

图 15-3 PAN_ ID 修改

（5）编译输出格式修改。

IAR 编译器默认不会输出 intel 格式的编译结果。可设置为因特尔扩展格式，并将后缀改为“hex”。

①在 IAR 左上角，选择“SensorBB”配置。点击 IAR 菜单“option”→“Linker”→“Output”选项卡页面：

Override 修改为：Sensor_ SHT1x_ uid01. hex。

Other 修改为：intel_ extended。

修改完成后，保存。

②在 IAR 左上角，选择“CollectorEB”配置，做类似修改。点击 IAR 菜单“option”→“Linker”→“Output”选项卡页面：

Override 修改为：Collector_ SHT1x_ uid01. hex。

Other 修改为：intel_ extended。

修改完成后，保存。

（6）编译。分别选择“SensorBB”配置和“CollectorEB”配置，重新编译传感节点、协调器节点源代码，分别生成传感节点的“车位传感器 Uid01. hex”文件、协调器节点的“CollectorFFC0. hex”文件。

注意：不要直接在 IAR 开发环境中，直接将 hex 写入 CC 2530 芯片，否则会出现错误。要使用 SmartRF_ Flash_ Programmer 程序写入。

考核评价

（1）正确识别传感模块，接入底板。

（2）串口连线正确，走线合理。

（3）工作台干净整洁，工具摆放有序。

15.2 调　试

学习目标

（1）编译源代码和烧写 Hex 文件的能力。

（2）修改 PC 软件配置、修改脚本的能力。

具体步骤如下。

（1）组装一个数据采集节点与一个协调器节点。将协调器通过串口线连接到 PC。

（2）用 CC Debugger 调试器连接 PC 和开发板，启动 SmartRF_ Flash_ Programmer 软件将自己编译好的 hex 文件，或者实训文件夹内的“停车场管理系统 \ 实验用 Hex 文件 \ CollectorFFC0. hex”文件写入协调器，LCD 将显示“SensorDemo Collector”。如图 15 -4 所示。

图 15 -4　协调器启动

打开协调器，按一次 Joystick 上键，重启后，再按 Joystick 右键，设为“gateway”模式。

（3）用 CC Debugger 调试器连接 PC 和开发板，启动 SmartRF_ Flash_ Programmer 软件将自己编译好的 hex 文件，或者实训文件夹内的“停车场管理系统\ 实验用 Hex 文件\ 车位传感器 Uid01. hex”写入传感节点。

（4）传感节点启动后，首先红色 LED 指示灯（D15）约 1 秒闪烁一次，说明正在寻找网络；入网后将快速闪烁一段时间后停止，此后大概每 5 秒闪烁一次，进行周期性唤醒并收发数据。

传感器节点板上有两个按钮，上面的 S1 按钮是用于立刻发送传感器数据（不必等待 5 秒），下面的 S2 按钮是复位重启。

（5）组（入）网成功后，协调器将收到来自传感节点的数据，LCD 将显示“Report rcvd”。如图 15 –5 所示。

（6）传感节点每隔 5 秒采集传输一次数据，协调器显示“Report rcvd”则表明协调器接收数据正常。若嫌采集周期过长，可直接按传感开发板上的 S1 键，则立刻采集数据并向协调器发送数据。

图 15 –5　协调器收到数据

（7）打开串口助手，波特率设为 38400，并勾选“HEX 显示”。可以看到协调器不断发送给 PC 的数据。此数据可供分析通信协议（在源代码中收发函数中定义）。如图 15 –6 所示。

```
0A 7C 33 30 04 01 56 13 6B 17 35 23 4E 6A FB 0A FC 33 30 04 01 56 13 EB 17 35 23 C9
6D FB 0A FC 33 30 04 01 56 13 EB 17 35 23 CF 6B FB 0A FC 33 30 04 01 56 13 EB 17 35
23 D0 74 FB 0A FC 33 30 04 01 56 13 F0 17 35 23 D0 6F FB 0A FC 33 30 04 01 56 13 EE
17 35 23 D0 71 FB 0A FC 33 30 04 01 56 13 EE 17 35 23 CE 6F FB 0A FC 33 30 04 01 56
13 F0 17 35 23 D1 6E FB 0A FC 33 30 04 01 56 13 EE 17 35 23 CF 6E FB 0A FC 33 30 04
01 56 13 F0 17 35 23 CF 70 FB 0A FC 33 30 04 01 56 13 F0 17 35 23 CF 70 FB 0A FC 33
30 04 01 56 13 F0 17 35 23 CF 70 FB 0A FC 33 30 04 01 56 13 F0 17 35 23 C8 77 FB 0A
FC 33 30 04 01 56 13 EE 17 35 23 B8 19 FB 0A FC 33 30 04 01 56 13 F0 17 35 23 B8 07
FB 0A FC 33 30 04 01 56 13 F5 17 35 23 C1 7B FB 0A FC 33 30 04 01 56 13 FA 17 35 23
CD 78 FB 0A FC 33 30 04 01 56 14 00 17 35 23 C9 81 FB 0A FC 33 30 04 01 56 14 00 17
35 23 C7 8F FB 0A FC 33 30 04 01 56 14 00 17 35 23 C8 80 FB 0A FC 33 30 04 01 56 13
FD 17 35 23 CD 7F FB 0A FC 33 30 04 01 56 13 F8 17 35 23 C6 71 FB 0A FC 33 30 04 01
56 13 F5 17 35 23 BF 05 FB 0A FC 33 30 04 01 56 13 F5 17 35 23 C8 72 FB 0A FC 33 30
04 01 56 13 F5 17 35 23 C4 7E FB 0A FC 33 30 04 01 56 13 F0 17 35 23 C7 78 FB 0A FC
33 30 04 01 56 13 F0 17 35 23 C8 77
```

图 15 –6　串口数据

（8）打开物联网浏览器“IoT Explorer”软件，点击图标选择正确的串口号（串口号可在设备管理器中查看），设置波特率为38400。如图15－7所示。

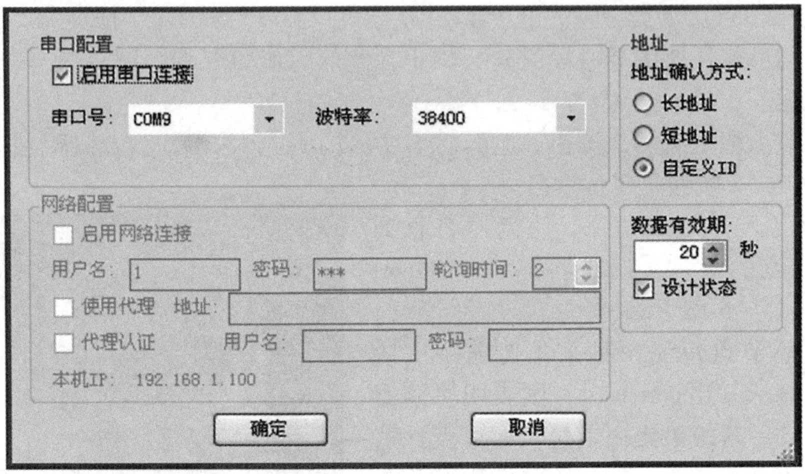

图15－7 串口设置

需注意的是，因为串口助手和物联网浏览器不能同时使用，只能先停掉一个，再开启另外一个。

（9）点击图标，选择“停车场管理系统\FIT Project\停车场智能车位引导系统.xml”文件，然后点击“连接”按钮，将使用串口接收数据。如图15－8所示。

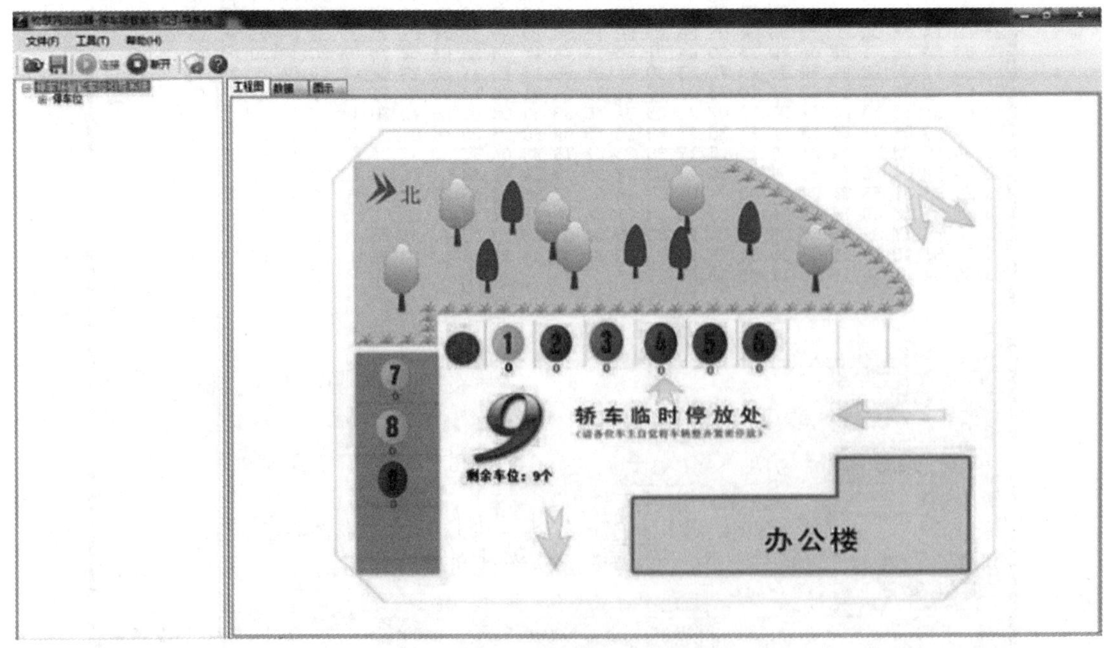

图15－8 停车场智能防盗系统

（10）停车入位及驶离车位模拟。

场景模拟将车辆驶入“1 号”停车位，车位数做相对应的变化。

①将手指放到传感器凹处挡住光线，传感器不能感知光线，模拟汽车停进车位。如图 15－9 所示。

②将手指移开，传感器能感知光线，模拟汽车离开停车场，对应车位数量相应变化。如前图 15－8 所示。

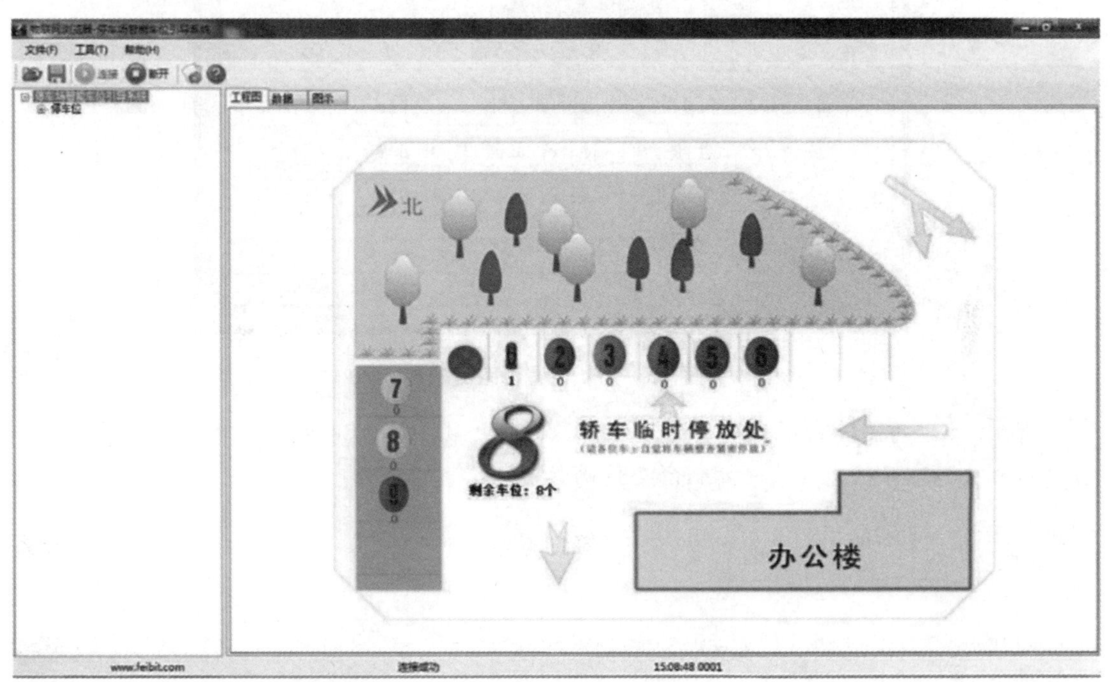

图 15－9　停车入位

（11）停车位状态修改。

如果指定停车位不能停车，如：3 号、5 号车位维修，则需要通过更改脚本来实现修改。车位对应图标要修改，车位总数也要修改。

①物联网浏览器：“配置” | “设计状态”，打钩。

②在左边选择车位号（如 3 号），点击右键选“修改” | “控制设置”，设置不能停车。

③改显示图片为“X”图片（传感器设置图 1、2 项改，控制设置图 1、2 项也改）如图 15－10 所示。

④停车位总数修改（工程文件夹里面）。

选择“停车场管理系统 \ FIT Project \ js \ gzd. js”文件，使用记事本程序打开此文件，按照下列标记指示修改，保存后，再重启物联网浏览器。

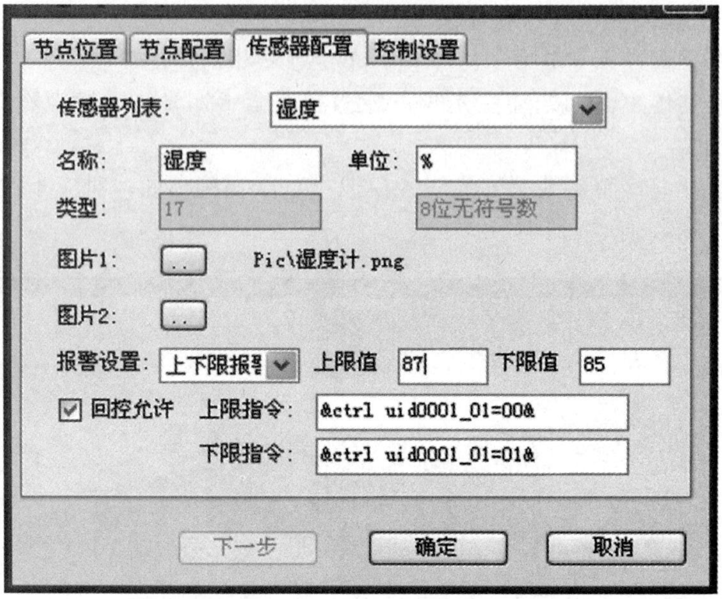

节点位置	节点配置	传感器配置	控制设置
传感器列表:	湿度		
名称:	湿度	单位:	%
类型:	17		8位无符号数
图片1:	..	Pic\湿度计.png	
图片2:	..		
报警设置:	上下限报警	上限值 87	下限值 85
☑ 回控允许	上限指令:	&ctrl uid0001_01=00&	
	下限指令:	&ctrl uid0001_01=01&	
	下一步	确定	取消

图 15－10　设置传感器配置

“gzd.js”的主要代码：

```
function Calccw()统计剩余车位函数
{
try
{
ncw + = fp.GetObj("uid0001","1");
ncw + = fp.GetObj("uid0002","1");
ncw + = fp.GetObj("uid0003","1"); //注释掉
ncw + = fp.GetObj("uid0004","1");
ncw + = fp.GetObj("uid0005","1"); //注释掉
ncw + = fp.GetObj("uid0006","1");
ncw + = fp.GetObj("uid0007","1");
ncw + = fp.GetObj("uid0008","1");
ncw + = fp.GetObj("uid0009","1");
fp.CtlObj("uid0001","86",9 - ncw); //原车位总数 9 个,改为 7 个
}
```

考核评价

（1）系统整体功能测试正确。

（2）解决常见系统故障。

（3）工作台干净整洁，工具摆放有序。

单元十六
现代图书馆 RFID 管理系统的安装与调试

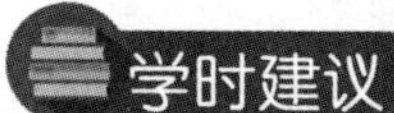

学时建议

4 学时。

情境导入

现有一图书馆，图书盘点是人手操作的，随着图书馆藏书量的不断增大及用户数量逐年增多，人手进行图书盘点不仅浪费人力成本，而且极大增加了盘点时的错误率，为了解决这个问题，图书馆提出需求，计划安装一个图书馆 RFID 管理系统。你作为售后工程师来监督这个项目的实施。

16.1　安　装

学习目标

（1）了解现代图书馆 RFID 管理系统的工作原理。

（2）培养利用 IAR 修改源代码、编译输出配置的能力。

（3）培养利用 IAR 修改信道和 PAN_ ID 避免冲突的能力。

利用 RFID 读卡器，读取书本的 RFID 标签（或使用 RFID 卡代替），信息通过 ZigBee 网络传至图书管理中心，实现还书入库（上架）管理。可广泛应用于图书馆、仓储等场合的物品管理。

任务的硬件模块之间的关系如图 16 -1 所示。RFID 读卡器模块通过数据线（实际是串口线）连接到传感器节点，RFID 读卡器读取的信息传递给传感器节点，通过 ZigBee 网络发送给协调器节点，协调器节点并没有处理数据，只是完成了状态显示和数据转发两个工作：在液晶显示器上显示：Report rcvd；把数据通过串口发给 PC，在发送数据时，相应的指示灯会闪烁提醒。

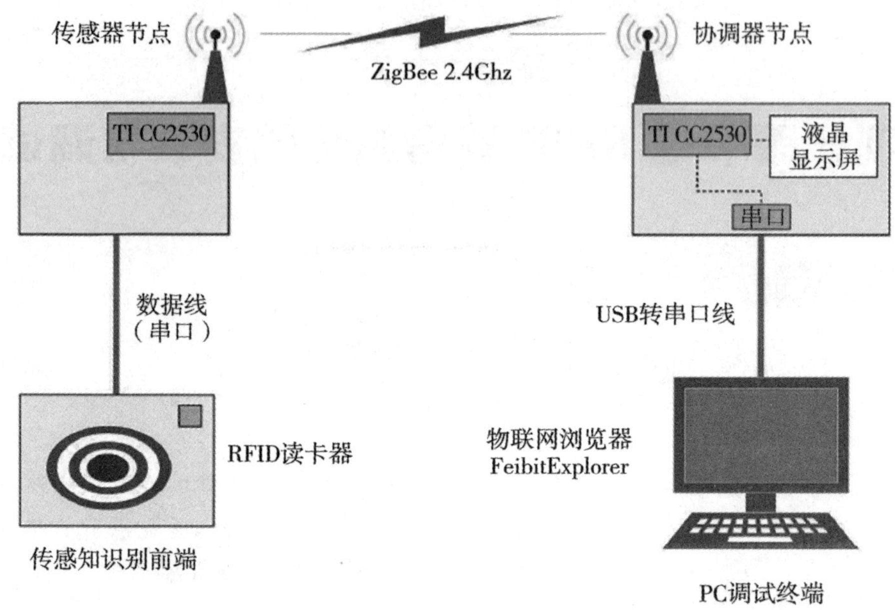

图 16－1　图书管理模块关系示意图

在实训文件夹“图书盘点查询系统\ 实验用 Hex 文件”里面有两个 hex 文件：“HF_ Reader. hex”是用于烧写传感节点的文件，“HF_ Collector. hex”是用于烧写协调器节点的文件。

因教室有多套 ZigBee 设备（多个 ZigBee 网络）同时工作，为避免不同网络、设备之间相互干扰，需要将每套设备所用的信道和 PAN_ ID（个人区域网标识符）区分设置。修改了这两个全局参数，必须重新编译所有代码，包括传感器节点和协调器节点。

（1）用 IAR 打开 ZSatck 代码并显示出 Workspace 窗口，在文件树中双击点开“tools”文件夹，可以看到“f8wConfig. cfg”文件，双击打开。

（2）在“f8wConfig. cfg”文件中找到“Channels are defined in the following:”的语句，从该语句开始的语句段，主要作用就是设定使用不同的信道。中国使用的是 2. 4GHz 频段，故可选信道为 11 ~26 共 16 个信道，如图 16－2 所示。

```
/* Default channel is Channel 11 - 0x0B */
// Channels are defined in the following:
//         0      : 868 MHz      0x00000001
//         1 - 10 : 915 MHz      0x000007FE
//        11 - 26 : 2.4 GHz      0x07FFF800
//
//-DMAX_CHANNELS_868MHZ     0x00000001
//-DMAX_CHANNELS_915MHZ     0x000007FE
//-DMAX_CHANNELS_24GHZ      0x07FFF800
-DDEFAULT_CHANLIST=0x04000000  // 26 - 0x1A
//-DDEFAULT_CHANLIST=0x02000000  // 25 - 0x19
//-DDEFAULT_CHANLIST=0x01000000  // 24 - 0x18
//-DDEFAULT_CHANLIST=0x00800000  // 23 - 0x17
//-DDEFAULT_CHANLIST=0x00400000  // 22 - 0x16
//-DDEFAULT_CHANLIST=0x00200000  // 21 - 0x15
//-DDEFAULT_CHANLIST=0x00100000  // 20 - 0x14
//-DDEFAULT_CHANLIST=0x00080000  // 19 - 0x13
//-DDEFAULT_CHANLIST=0x00040000  // 18 - 0x12
//-DDEFAULT_CHANLIST=0x00020000  // 17 - 0x11
//-DDEFAULT_CHANLIST=0x00010000  // 16 - 0x10
//-DDEFAULT_CHANLIST=0x00008000  // 15 - 0x0F
//-DDEFAULT_CHANLIST=0x00004000  // 14 - 0x0E
//-DDEFAULT_CHANLIST=0x00002000  // 13 - 0x0D
//-DDEFAULT_CHANLIST=0x00001000  // 12 - 0x0C
//-DDEFAULT_CHANLIST=0x00000800  // 11 - 0x0B
```

图 16－2　信道修改

（3）符号“//”表示本行是注释，编译时会忽略掉。因此，只需将选中信道前面的注释符号去掉，其他信道前面加上注释符号，就可以选中指定信道。为避免 ZigBee 受到 Wi－fi 的影响，建议使用 11、15、20、26（25）等信道中的一个信道。

（4）在“f8wConfig. cfg”文件中找到“－DZDAPP_ CONFIG_ PAN_ ID ＝ 0x5555”语句，将其中的“0x5555”替换为自己的 PAN_ ID 即可（一般在 0x0000 ~ 0x3FFF 之间，如：0x0F01），如图 16－3 所示。

```
/* Define the default PAN ID.
 *
 * Setting this to a value other than 0xFFFF causes
 * ZDO_COORD to use this value as its PAN ID and
 * Routers and end devices to join PAN with this ID
 */
-DZDAPP_CONFIG_PAN_ID=0x5555
```

图 16－3　PAN_ ID 修改

（5）编译输出格式修改。

IAR 编译器默认不会输出 intel 格式的编译结果。可设置为因特尔扩展格式，并将后缀改为“hex”。

①在 IAR 左上角，选择“SensorBB”配置。点击 IAR 菜单“option”→“Linker”→“Output”选项卡页面：

Override 修改为：Sensor_ SHT1x_ uid01. hex。

Other 修改为：intel_ extended。

修改完成后，保存。

②在 IAR 左上角，选择“CollectorEB”配置，做类似修改。点击 IAR 菜单“option”→“Linker”→“Output”选项卡页面：

Override 修改为：Collector_ SHT1x_ uid01. hex。

Other 修改为：intel_ extended。

修改完成后，保存。

（6）编译。分别选择“SensorBB”配置和“CollectorEB”配置，重新编译传感节点、协调器节点源代码，分别生成传感节点的“HF_ Reader. hex”文件、协调器节点的“HF_ Collector. hex”文件。

注意：不要直接在 IAR 开发环境中，直接将 hex 写入 CC 2530 芯片，否则会出现错误。要使用 SmartRF_ Flash_ Programmer 程序写入。

考核评价

（1）正确识别传感模块，正确接入底板。

（2）RFID 模块串口连线正确。

（3）工作台干净整洁，工具摆放有序。

16.2 调 试

学习目标

（1）熟悉现代图书馆 RFID 管理系统的工作原理。

（2）编译源代码和烧写 Hex 文件的能力。

（3）修改 PC 软件配置、修改脚本的能力。

具体步骤如下。

（1）组装一个数据采集节点与一个协调器节点。将协调器通过串口线连接到 PC。

（2）RFID 读卡器与传感节点板连接。传感节点板通过串口与 RFID 读卡器连接，并向 RFID 读卡器供电。传感器节点板的串口有两个连接口，可使用 4 针接口（需要 4 根杜邦线），也可使用 5 针接口（USB 线）。本任务使用 4 针接口。如图 16 -4 所示。

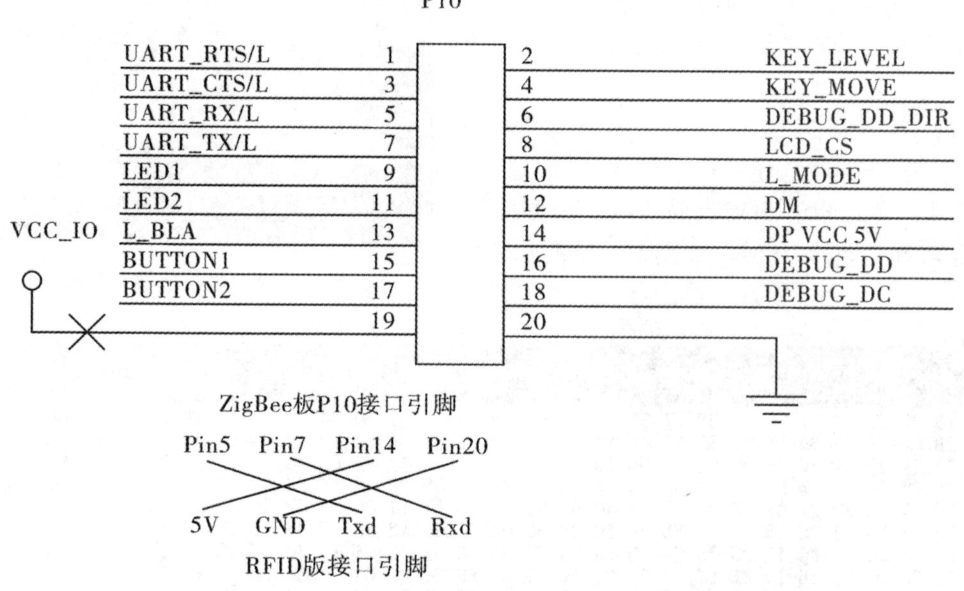

图 16－4　读卡器与传感节点板连接图

连接好后，开启电源，RFID 模块的蜂鸣器将响一声提示，如果一直响，请仔细检查是否接错线。

（3）用 CC Debugger 调试器连接 PC 和开发板，启动 SmartRF_ Flash_ Programmer 软件将自己编译好的 hex 文件，或者实训文件夹内的“图书盘点查询系统 \ 实验用 Hex 文件 HF_ Collector. hex”文件写入协调器，LCD 将显示“SensorDemo Collector”。如图 16－5 所示。

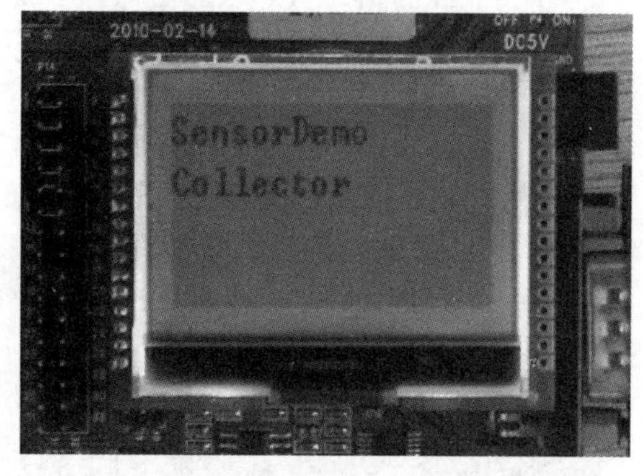

图 16－5　协调器启动

打开协调器，按一次 Joystick 上键，重启后，再按 Joystick 右键，设为“gateway”模式。

（4）用 CC Debugger 调试器连接 PC 和开发板，启动 SmartRF_ Flash_ Programmer 软件将自己编译好的 hex 文件，或者实训文件夹内的“图书盘点查询系统 \ 实验用 Hex 文件 HF_ Reader. hex”写入读卡器节点。

（5）重启读卡器节点后，协调器液晶屏上显示“Match Desc Rep Rsp Sent”，表明收到组网请求，随后显示：“HF RFID Reader”，说明已组网成功。

（6）将高频 RFID 卡（或标签）靠近读卡器天线，按下读卡器上的 S1 键，此时协调器 LCD 上显示：

ReadTagCnt＝1，表明成功读取智能卡 ID 号；

图 16－6　协调器收到数据

ReadMemCnt = 0，表明从该标签中读取“用户自定字段”成功。

接着协调器（采集器）显示“Report rcvd”，则表示成功收到该卡信息。如图 16－6 所示。

（7）打开串口助手，波特率设为 19200（注意不是 38400），并勾选“HEX 显示”。重复第 6 步，就可以看到接收的数据。根据此数据可得知智能卡的 ID 号。如图 16－7 所示。

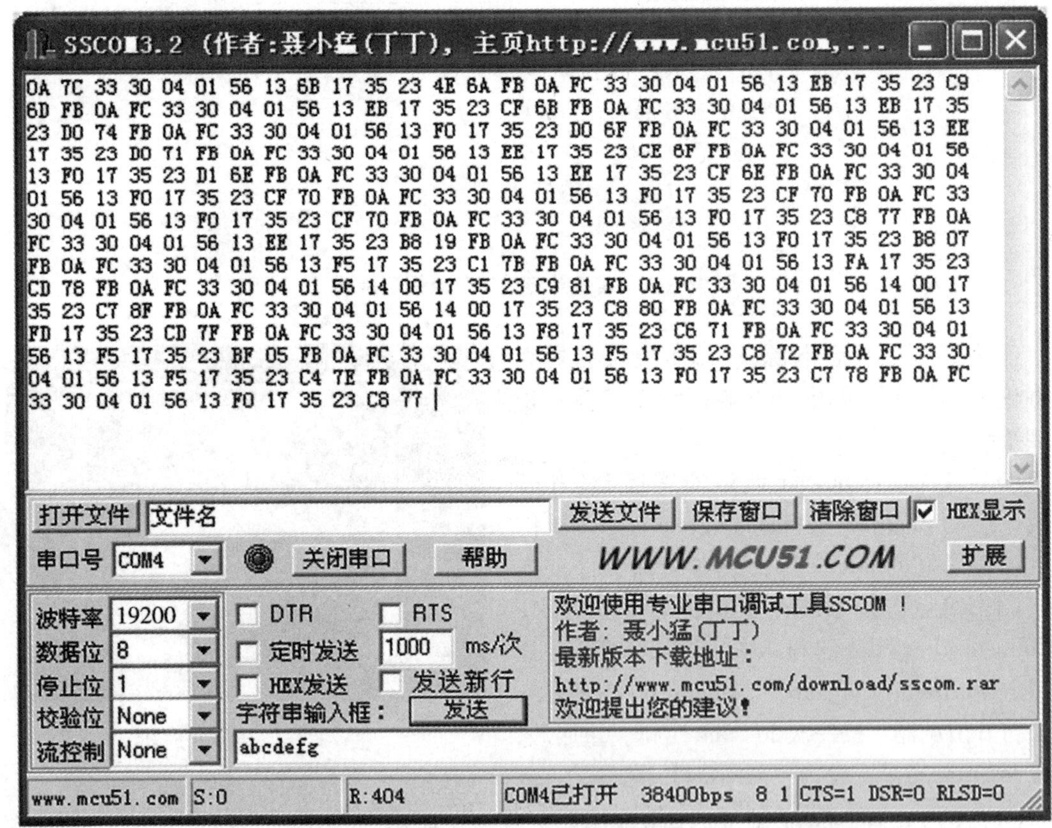

图 16－7　串口数据

（8）打开物联网浏览器“IoT Explorer”软件，点击　图标选择正确的串口号（串口号可在设备管理器中查看），设置波特率为 19200（注意不是 38400）。如图 16－8 所示。

注意，因为串口助手和物联网浏览器不能同时使用，只能先停掉一个，再开启另外一个。

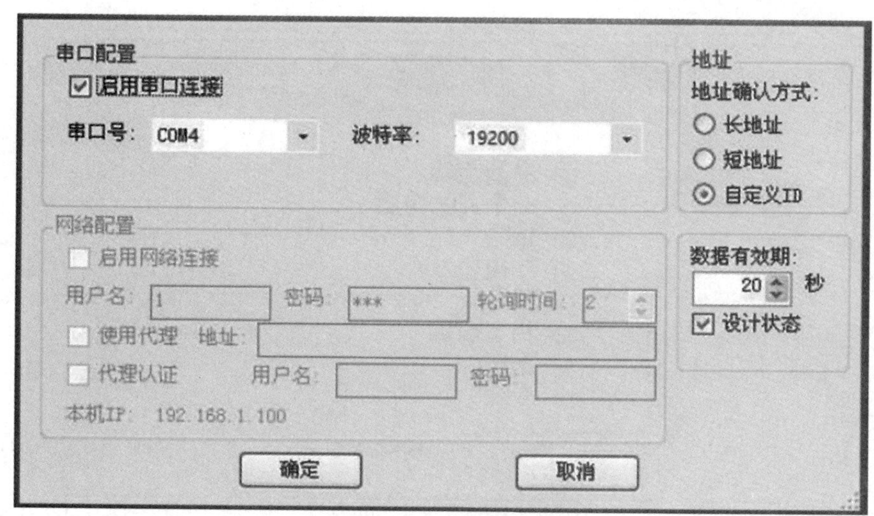

图 16－8　串口设置

（9）点击图标，选择“图书盘点查询系统 \ FIT Project（原）\ ZigBee 手持式图书盘点查询系统．xml”文件，然后点击“连接”按钮，将使用串口接收数据。如图 16－9所示。

图 16－9　图书管理系统

（10）页面中默认有 8 本图书，如图 16－10 所示。

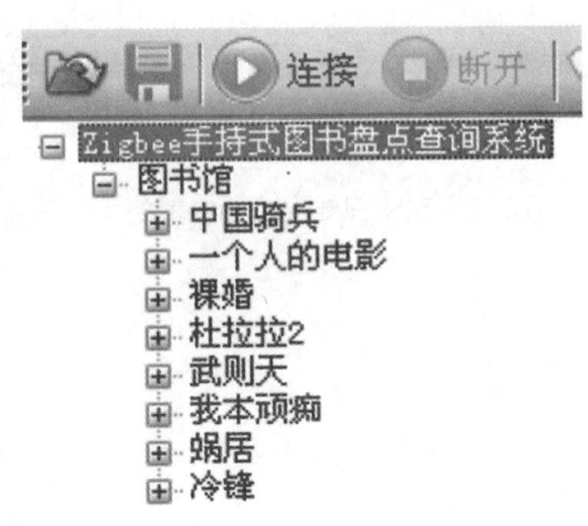

图 16－10　图书列表

（11）使用 RFID 卡（模拟书的 RFID 标签）靠近 RFID 读卡器，按下读卡器的按钮 S1，则开始读取 RFID 卡的信息，信息最终传递到 PC 上的物联网浏览器。

对不同的 RFID 卡进行读取，每成功读取一张卡的信息，物联网浏览器软件中的“书架”中则对应增加一本图书（即将编号图片换成对应书的封面图片，右下角提示收到数据），以演示图书的入库管理功能。如图 16－11 所示。

图 16－11　图书入库

考核评价

（1）系统整体功能测试正确。

（2）解决常见系统故障。

（3）工作台干净整洁，工具摆放有序。

单元十七
智能云对讲系统的安装与调试

学时建议

4学时。

情境导入

某座别墅计划安装一套智能云对讲系统，客户要求可以实现远程开门，可以用室内家庭机转接门口机电话，系统数据可以上传云端。你作为售后工程师来主持这个项目的实施。

学习目标

（1）了解智能云对讲系统的工作原理。

（2）培养使用门口机配置软件的配置云对讲系统的能力。

1．门禁管理门口机接线

电源线分为两条，红色线为正极，黑色线为负极，按照图片所示的接线图，将正极接入接线柱的正12V端，负极接入GND端，注意CHECK端与GND端要短接，否则门口机会发生误报警。如图17－1所示。

图 17－1　电源接线

2. 配置门口机网络

（1）点击桌面图标软件

，打开门口配置机软件。

（2）点击查找设备，如图 17－2 所示。

合立正通门口机配置软件V2.0.02

过滤

IP地址：　MAC地址：

产品内部编码：　设备序列号：　清空过滤

产品型号：　生产流水号：

NO.	IP 地址	子网掩码	MAC	产品内部编码	产品型号	设备序列号	生产流
1	192.168.199.12	255.255.255.0	b8:20:e7:00:6f:22	JKD01-V2001	JKD01-V2001	02100300HL0600100201511160000130	JKD01\

查找设备　勾选列表所有设备　取消勾选列表所有设备　重启已勾选设备

图 17－2　查找设备

（3）右键查看该对讲网络配置，并把该网络配置设成跟电脑同一个网段、网关、DNS。如图 17－3 所示。

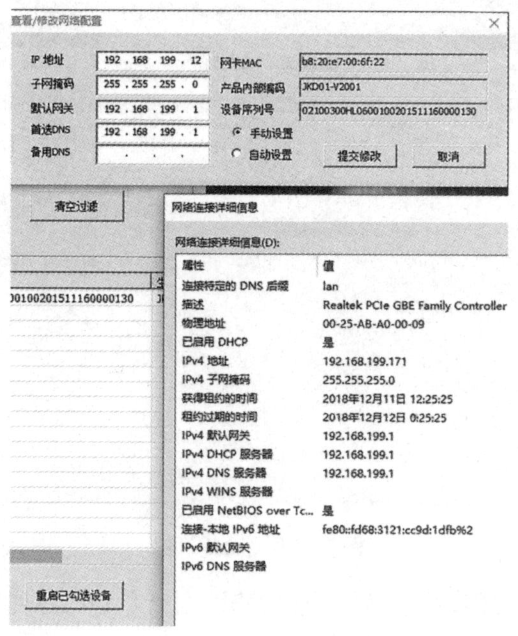

图 17－3　配置网络

3．登录平台添加设备

（1）登录联享家服务平台 http://sso.lxjapp.com/uaas，输入账号、密码。（该账号简称“大账号”，由公司的工程师统一管理，平台验证码由其手机接收），如图 17－4 所示。

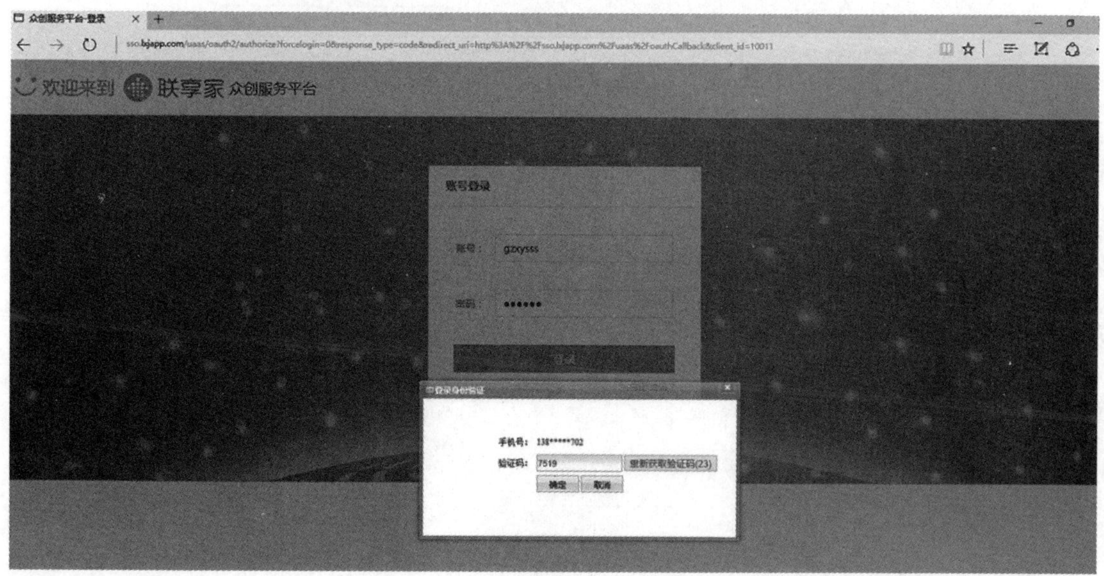

图 17－4　登录联享家服务平台

（2）点击设备管理，选择学校所在省份、城市，然后点击查询。（以××交通职业技术学院为例），如图 17－5 所示。

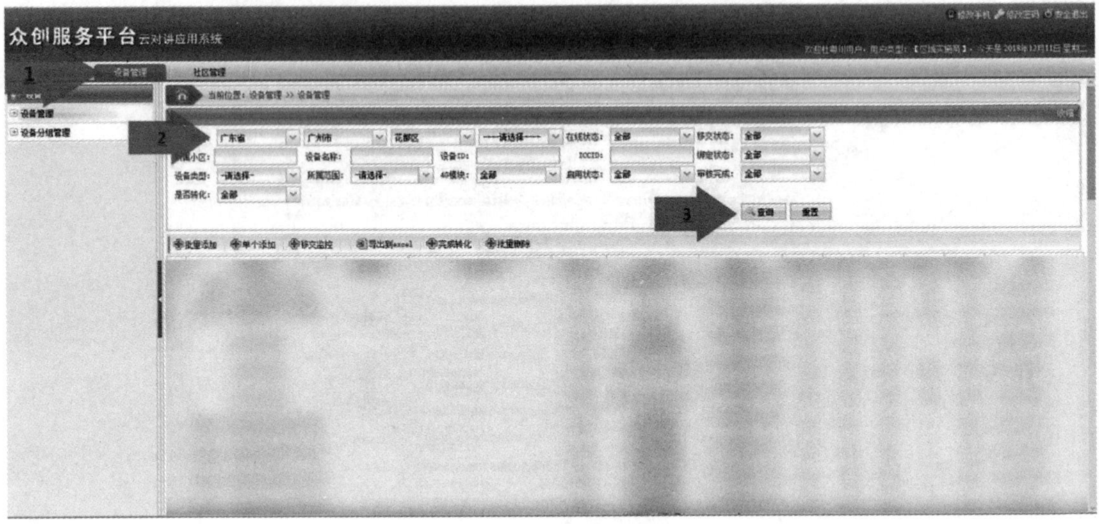

图 17－5 设备管理

（3）选择 10 单元 8 号门口机为例，点击编辑。输入门口机序列号。如图 17－6 所示。

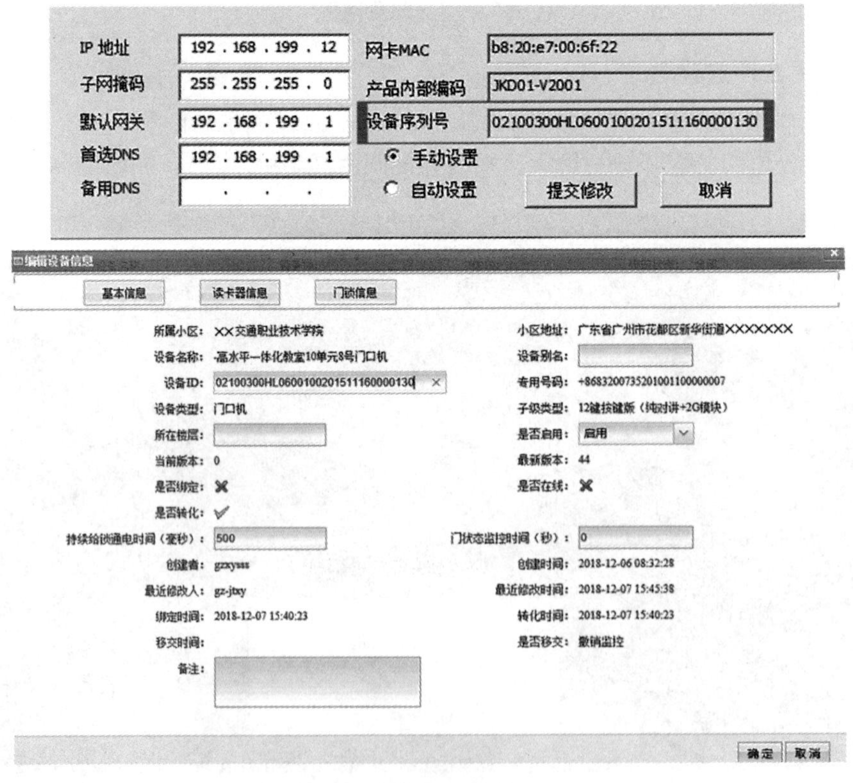

图 17－6 绑定设备序列号

（4）添加完账号后在“门口机配置软件”重启门口机。如图 17－7 和 17－8 所示。

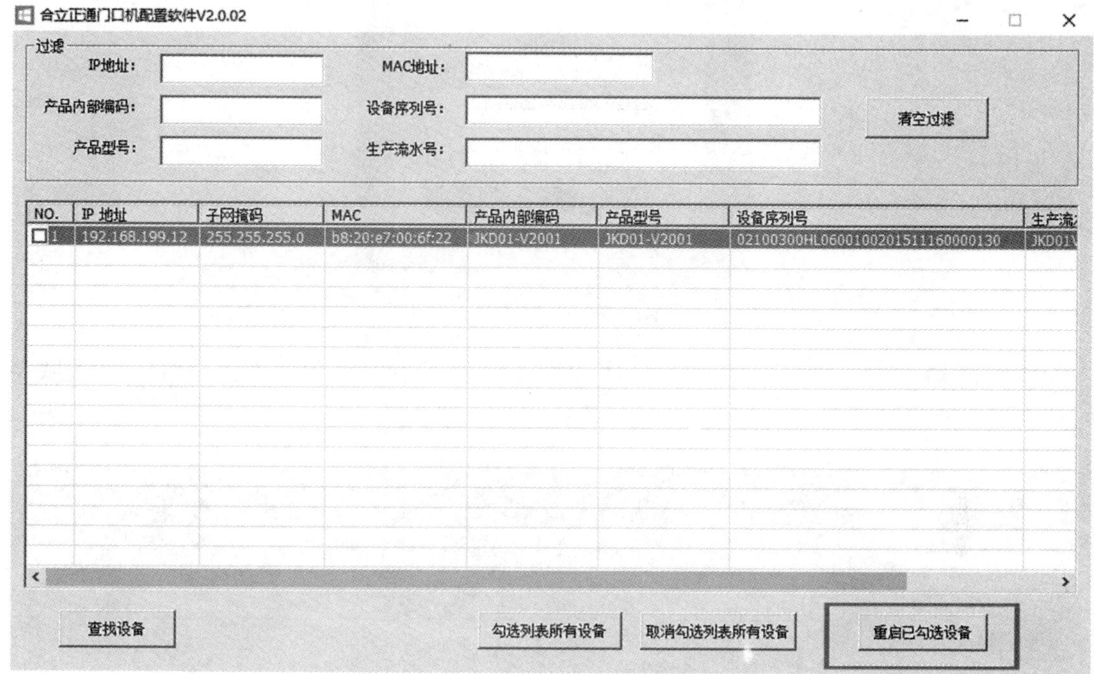

图 17－7　重启门口机

图 17－8　门口机重启

4．用手机关联室内机

（1）登录平台地址：http://sso.lxjapp.com/uaas（与以上皆为同一个网址），输入小账号，例如账号为 gz－tlzy。密码为 888888。如图 17－9 所示。

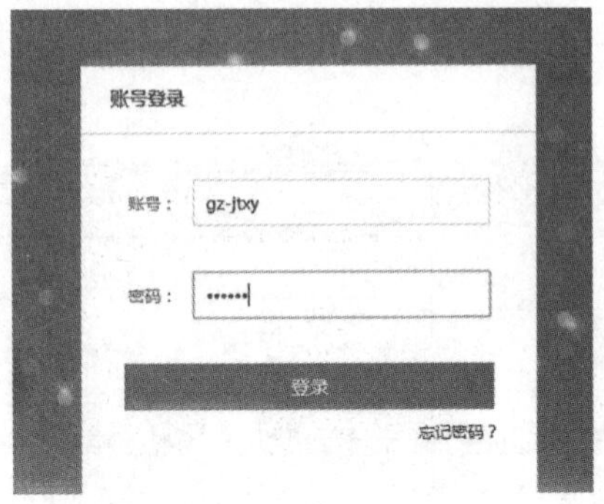

图 17－9　登录平台

（2）选择“小区物业管理”→“住户管理”→“住房信息”，选择对应的区域编辑。如图 17－10 所示。

图 17－10　住房信息管理

（3）填入姓名、身份证号、手机号。如图 17－11 所示。

图 17－11　填入住户信息

（4）点击“编辑”旁边的“扫码”标志，会弹出手机APP关联码。如图17－12所示。

图17－12 手机APP关联码

（5）用手机APP扫描以上二维码。关联住房成功！如图17－13所示。

图17－13 手机关联成功

5. 拨号

（1）在门口机上拨房间号加“#”或者与其关联的手机号加“#”。如图17－14所示。

图 17－14　拨号

（2）门禁来电。如图 17－15 所示。

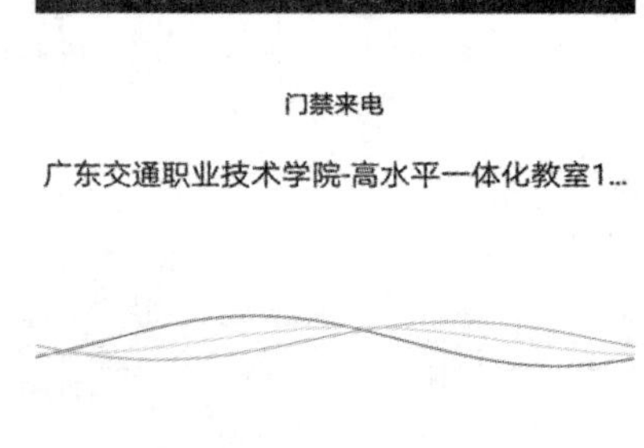

图 17－15　门禁来电

（3）拨打成功！如图 17－16 所示。

图 17－16　拨打成功

考核评价

（1）正确连线门禁管理门口机。
（2）熟练配置门口机软件，实现手机 APP 关联。
（3）工作台干净整洁，工具摆放有序。

单元十八
KNX－BUS 智能家居系统的安装与调试

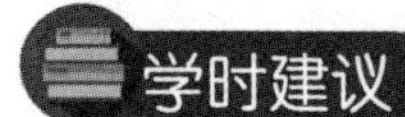

学时建议

6 学时。

情境导入

某客户准备装修别墅，计划安装一套 KNX－BUS 智能家居系统，客户追求系统稳定性。客户可以通过五寸屏控制系统，系统功能包括智能灯光、窗帘、智能调光灯带、场景控制，每个房间包括两路灯光、一路窗帘、一路灯带、四路场景。你作为公司售后工程师来主持这个项目的实施。

18.1 KNX 控制与执行设备

学习目标

（1）熟悉 KNX 的总线电源设备。

（2）熟悉 KNX 的 IP 接口设备。

（3）熟悉 LED 调光执行器。

（4）熟悉移动和照度（二合一）传感器。

1. 总线电源介绍

KNX/EIB 电源用于提供和监视系统的电压，输出有两个连接端子，一个用于 EIB 总线供电和信号传输，一个用于辅助供电，可向终端设备提供一个 30V DC 的供电电压。总线连接端已经在电源内部集成了电抗器；如果辅助供电端外接一个电抗器也可用为总线供电端使用，也具有信号传输功能。

KNX/EIB 电源是模数化安装设备，为了方便安装到配电箱中，根据 EN 60715 设计，能安装在 35 毫米的丁导轨上，设备采用螺丝接线柱实现电气连接，总线连接直接通过 EIB 接线端子（红/黑）连接，辅助供电也直接通过 EIB 接线端子（黄/白）连接。输入端连接 95 ~255V AC。

可以通过按设备上的复位按钮持续 22s（不包括按钮动作的时间）来对电源进行复位。电源的总线供电端断电时，连接在总线上的其他设备都回到它们的最初状态。在总线断电时间比较长的情况下，总线供电端应该从电源上移除。KNX 总线电源如图 18－1 所示。

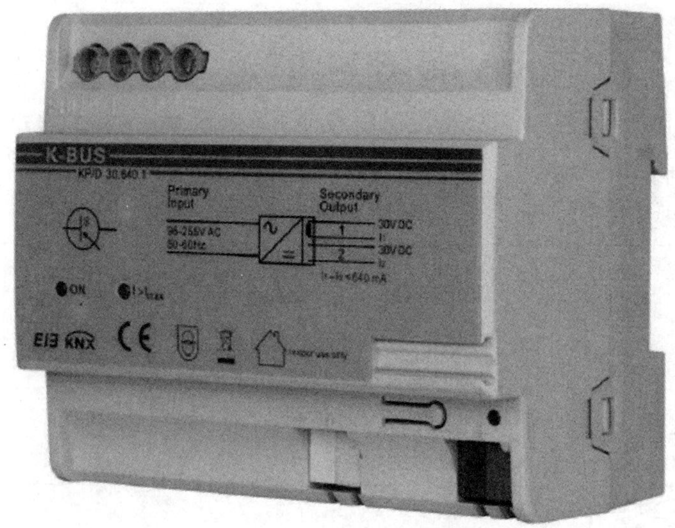

图 18－1　KNX 总线电源

KNX 总线电源技术参数见表 18－1。

表 18－1　KNX 总线电源技术参数

电源	输入电压	95～255 V AC，50/60 Hz
	功率损耗	<6 W
	效率	75%
输出	EIB 输出	1 路（带电抗器）
	EIB 输出电压	30 V DC +1/－2 V，SELV
	辅助供电输出	1 路（未带电抗器）
	辅助电压	30 V DC +1/－1 V，SELV
	EIB 和辅助供电正常输出的额定电流	640 mA，短路保护
	持续短路电流	<1.3 A
	掉电维持时间	>200 ms
操作指示	绿灯亮（ON）	表示输出正常
	红灯亮（I>Imax）	表示超载或短路
	复位按钮（SEC）	用于 KNX/EIB 供电重新输出（按钮按下后持续 22s 才复位完成），复位时旁边的复位指示灯亮

续上表

接线方式	电源输入端	3 端子，采用螺丝接线柱连接
	电缆横截面	单芯 0. 2 ~ 4. 0 mm^2
	多芯 0. 2 ~ 2. 5 mm^2	
	EIB 输出端	总线连接端 1（红/黑）
	辅助供电输出端	连接端 2（黄/白）
防护等级	IP 20，EN 60529	
环境温度	操作温度	−5℃ ~ +45 ℃
	存储温度	−25℃ ~ +55 ℃
	运输温度	−25℃ ~ +70 ℃
安装方式	安装在 35 mm 的导轨上，DIN EN 60715	—
尺寸规格	90 mm × 108 mm × 60 mm	—
重 量	0. 2 kg	—
CE 标准	按照 EMC 和低电压准则	—

总线电源接线安装面板如图 18 −2 所示。

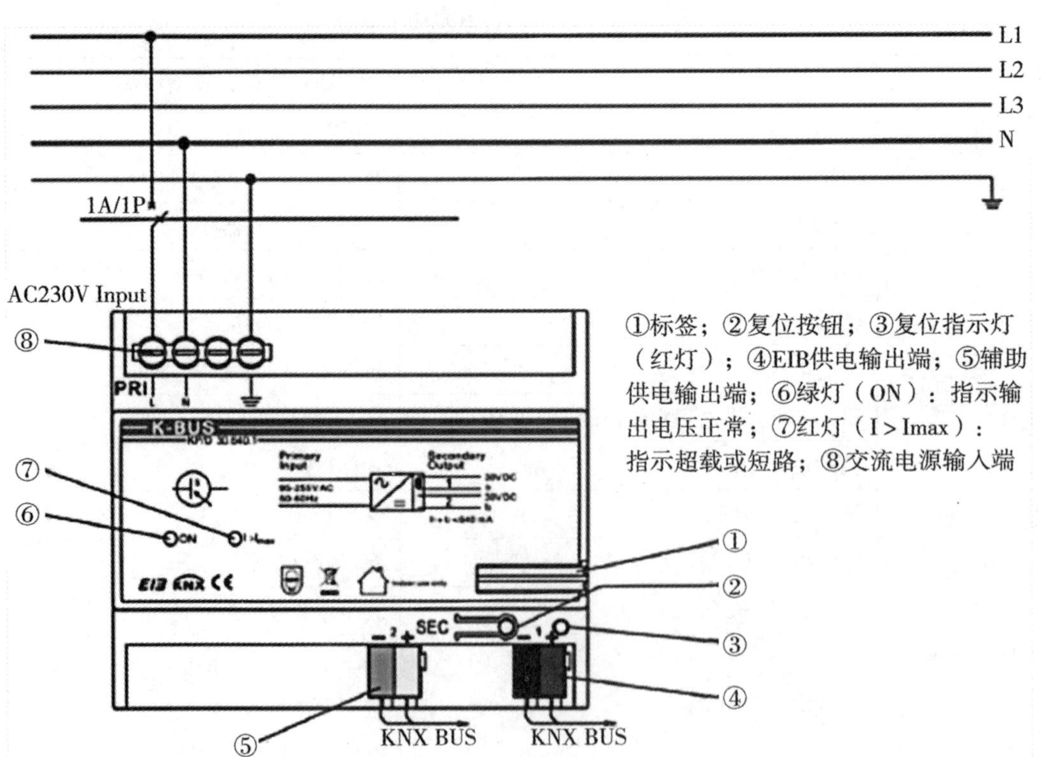

图 18 −2　总线电源面板接口

总线电源正确安装完成后，打开主电源，供电给总线电源。此时，设备上的绿灯亮，其他灯都处于关闭状态，说明总线电源能正常运行。

2. KNX IP 接口

KNX IP 接口，是一个专为 KNX/EIB 智能楼宇控制系统设计的，用于实现 PC 与 KNX 系统之间的通信。设备通过一根标准的 IP 连接电缆将总线通信的接口连接到 PC 上，以便使用 PC 中的 ETS 软件（ETS 3 及以上版本）给 KNX 装置分配物理地址，配置参数，对 KNX 装置进行调试，及总线监控。通过 KNX IP 接口也可以实现 KNX 总线跟以太网的连接，以太网内的 PC 也就能对 KNX 总线装置进行调试和监控了。

KNX IP 接口的运行不仅需要 KNX/EIB 总线供电，而且还需要一个 30V DC 的辅助电源供电。总线和辅助电源的连接直接通过 EIB 接线端子连接。KNX IP 接口通过标准的双绞线网络接口 RJ45 实现与以太网的连接，传输速率 10/100Mbit/s（自适应）。

KNX IP 接口的 IP 地址分配可以是 DHCP 或者是手动分配的方式。如果采用 DHCP 分配 IP 地址，设备可以接收来自 DHCP 服务器提供的 IP 地址；如果是手动分配 IP 地址，可通过 ETS 软件对设备的应用程序进行配置，指定一个 IP 地址。出厂默认的 IP 地址分配方式是固定的，端口号为 3671。

物理地址的分配以及参数的设定可以使用带有 VD 4 文件的工程设计工具软件 ETS（ETS 3 及以上版本）进行。通过 ETS 软件的“本地接口设置”也可以直接修改此设备的物理地址，出厂默认的物理地址是 15. 15. 255。

KNX IP 接口是模数化安装设备，为了方便安装到配电箱中，根据 EN 60715 设计，能安装在 35 毫米的丁导轨上。设备如图 18－3 所示。

KNX IP 接口参数见表 18－2：

图 18－3　KNX IP 接口

表 18－2　KNX IP 接口参数

电源	工作电压	21～30 V DC，通过 EIB 总线获得
	电流消耗，KNX	＜12 mA
	待机功耗，KNX	＜360 mW
	辅助供电	20～30 V DC
	辅助电源功耗	＜2. 5 W
连接	KNX / EIB	总线连接端子（黑/红）
	辅助电源	总线连接端子（灰/黄）
	LAN	RJ 45 端口 10/100Base － T，IEEE 802. 3 网络，自适应

续上表

操作指示	红色 LED 和按键	编程物理地址
	绿色 LED 闪烁	指示设备应用层工作正常
	LED LAN/LINK	指示设备连接到网络
	LED LAN/LINK 闪烁	设备与网络进行通信
	LED EIB/LINK	指示设备与 KNX 总线连接
	LED EIB/LINK 闪烁	总线上有报文传输
温度范围	运行	-5℃ ~ +45℃
	存储	-25℃ ~ +55℃
	运输	-25℃ ~ +70℃
环境条件	湿度	<93%，结露除外
设计	模块化安装设备，安装在 35 mm 丁导轨上	—
尺寸	90 mm×36 mm×64 mm	—
重量	0.1 kg	—

总线电源接线安装面板如图 18-4 所示。

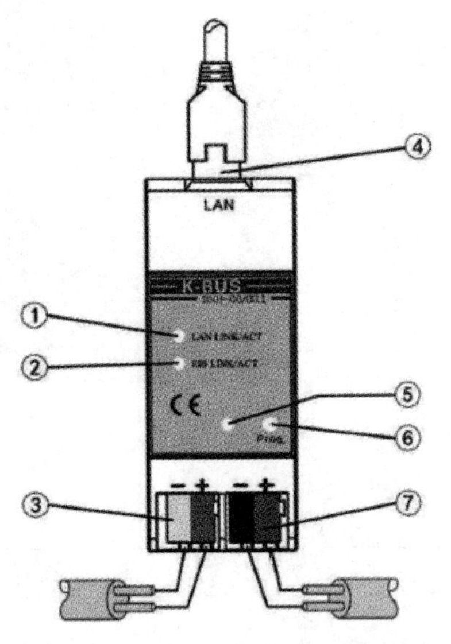

说明：

① LAN/LINK ON 网络连接指示；LAN/LINK 闪烁，网络与设备间有数据传输；

② EIB/LINK ON 总线连接指示；EIB/LINK 闪烁，总线与设备间有数据传输；

③ 辅助电源连接端子；

④ LAN 连接；

⑤ 红色 LED 指示进入物理地址编程状态，绿色 LED 闪烁指示设备应用层工作正常；

⑥ 编程按钮；

⑦ EIB /KNX 总线连接端子。

KNX IP 接口需要通过软件配置才能正常使用。

图 18-4　总线电源接线安装面板

3. LED 调光执行器

调光执行器（以下简称“调光器”）利用储存器的数据直接控制通道亮度，储存器的亮度数据由编程软件根据灯光的亮度分布特性预先设定，调光器的控制电路将亮度数据值转换为输出电压或电流来实现亮度控制。

调光器系列产品包括通用调光器、1~10 V DC 调光控制器、0/1~10 V DC 调光控制器、350 mA LED 调光器、4A LED 调光器。通用调光器采用调相位方式调光，可分为一路、二路、四路。

调光器是一种安装在35毫米DIN导轨上的模数化设备，是可编程的场景调光器，你可以根据自己的需要来定制房间的氛围。可以将每个通道的调光亮度设置为所允许的任何值（1% ~100%），还可以设置达到目标亮度值的持续时间及渐变速率，让灯光的变化有一个过程，这样不仅可以延长灯具的使用寿命，还可以节能。同时也可利用几个通道进行任意组合来创建我们所需要的场景。

不同的调光器适用于连接不同的灯光类型。它们的功能虽然相类似，但是在使用的过程中，需要特别注意连接的负载类型，从而合理地选择调光器，同时要注意各种调光器的技术性能，当选择的负载类型或负载技术性能跟调光器的技术性能不符合时，很可能会造成调光器损坏或负载损坏。

通用调光器采用调相位方式调光，有一路、二路、四路调光器，调光器的每路输出都可独立调光，可连接一些具有可调光性能的灯光设备，如白炽灯、高压卤素灯、低压卤素灯（带合适的电子变压器）、节能灯、LED灯等，通过总线可以对这些灯光设备进行调光、场景预设、开关灯等操作。设备带有短路保护和过温保护。

350 mA LED调光器自带LED恒流驱动，可直接驱动LED灯。有独立的4个调光通道，每个通道有两路独立的输出。每个通道的输出电流，由联动电流切换按钮和通道电流切换按钮共同控制，可输出电流为350 mA/700 mA或者为700 mA/1 050 mA。通过总线可以对这些LED灯进行调光、场景调用、开关灯等操作。设备如图18－5所示。

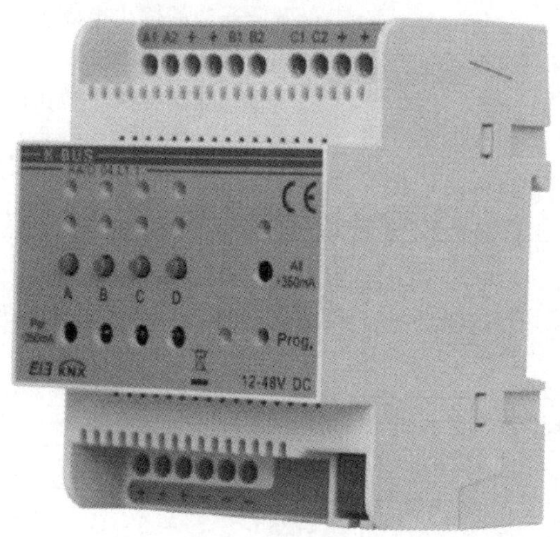

图18－5 LED调光执行器（350mA）

此设备采用螺丝接线柱实现电气连接，总线连接直接通过EIB接线端子连接，还需另外输入12 ~48 V DC的电源供给LED驱动。

短按调光器上的手动按钮，开关输出；长按调光器上的手动按钮，可进行相应的调光。在总线掉电的情况下，手动操作不可用。

LED调光执行器参数见表18－3。

表 18－3　LED 调光执行器参数

电源	操作电压	21～30 V DC，通过 EIB 总线获得
	输入电压	12～48 V DC
输出	通道	4 通道，每通道带两个独立输出
	输出电流	恒流 350 mA/700 mA/1 050 mA，3～48 V DC
	输出电压保护措施	短路保护和过温保护
连接	KNX/EIB	EIB 总线连接端子
	供电输入	6 个螺丝接线柱，3 个接电源输入，3 个接地输入
	负载电路	12 个螺丝接线柱，8 个接调光输出，4 个接电源输出
操作指示	按钮和红色 LED	分配物理地址
	绿色 闪烁	指示设备应用层工作正常
	输出指示 LED	指示每个通道的输出状态，此通道的 LED 亮，表示此通道有输出，LED 灭，则无输出
	手动按钮	短按操作，开/关输出；长按操作，调光输出
	通道电流切换指示 LED	LED 亮，表示此通道的输出驱动电流增加了 350 mA；LED 灭，则此通道的输出电流不增加
	通道电流切换按钮	设置此通道的输出电流，开关闭合，此通道输出电流增加 350 mA，同时此通道的电流开关指示 LED 亮；开关断开，输出电流不增加，LED 灭
	联动电流切换指示 LED	此 LED 亮，表示所有通道的输出电流增加了 350 mA；LED 灭，则输出电流不增加
	联动电流切换按钮	设置所有通道的输出电流，开关闭合，所有通道输出电流增加 350 mA，同时联动电流开关指示 LED 亮；开关断开，输出电流不增加，LED 灭
保护类型等级	IP 20，EN 60 529	
环境温度	操作温度	－5℃ ... ＋45 ℃
	存储温度	－25℃ ... ＋55 ℃
	运输温度	－25℃ ... ＋70 ℃
环境条件	湿度	<93%，结露除外
安装方式	35 mm DIN 导轨安装	—
尺寸规格	90 mm×72 mm×64.2 mm	—
重 量	0.3 kg	—

LED 调光执行器接线安装面板如图 18－6 所示。

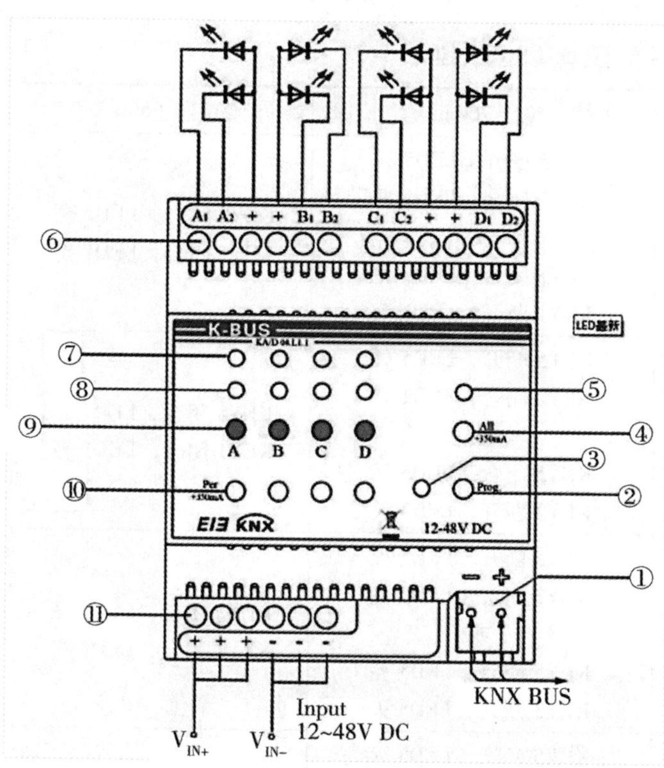

说明：

① KNX/EIB 总线连接端；

② 编程按钮，按下此按钮，进入编程物理地址模式；

③ 红色 LED 指示进入物理地址编程状态，绿色 LED 闪烁指示设备应用层工作正常；

④ 联动电流切换按钮，KEY 5；

⑤ 联动电流切换指示，LED 5；

⑥ 输出连接端子；

⑦ 输出状态指示，指示每个通道的输出状态，此通道的 LED 亮，表示此通道有输出，LED 灭，则无输出；

⑧ 通道电流切换指示，LED 1 ~ LED 4；

⑨ 通道手动按钮，短按操作，开/关输出；长按操作，相对调光输出；

⑩ 通道电流切换按钮，KEY 1 ~ KEY 4；

⑪ 输入连接端子，输入电压12 ~ 48V DC

图 18 –6　LED 调光执行器接线安装面板

（1）通道电流切换按钮：设置各通道的输出电流，开关闭合，此通道输出电流增加 350 mA，同时此通道的电流切换指示 LED 亮；开关断开，输出电流不增加，此 LED 灭。

通道电流切换指示：也就是说，此通道的 LED 亮，表示此通道的输出电流增加了 350 mA；LED 灭，则输出电流没增加。

（2）联动电流切换按钮：设置所有通道的输出电流，开关闭合，所有通道的输出电流都增加 350 mA，同时此联动电流切换指示 LED 亮；开关断开，输出电流不增加，此 LED 灭。

也就是说，此 LED 亮，表示所有通道的输出电流都增加了 350 mA；LED 灭，则输出电流没增加。

电流切换按钮采用的是拨码开关，向下拨动时，开关闭合，向上拨动，开关断开。当拨码开关接通时，对应的指示 LED 亮。各通道对应的输出、拨码开关和指示 LED 见表 18 –4。

表 18 –4　电流输出、拨码开关和指示 LED 的对应关系

通道	输出	拨码开关	指示 LED
A	A1，A2	KEY1	LED1
B	B1，B2	KEY2	LED2
C	C1，C2	KEY3	LED3
D	D1，D2	KEY4	LED4

具体输出电流控制见表 18－5。

表 18－5　具体输出电流控制

输出	输出 350mA	输出 700mA	输出 1 050mA
A1，A2	KEY5 断开，LED5 灭 KEY1 断开，LED1 灭	KEY5 断开，LED5 灭 KEY1 闭合，LED1 亮 或 KEY5 闭合，LED5 亮 KEY1 断开，LED1 灭	KEY5 闭合，LED5 亮 KEY1 闭合，LED1 亮
B1，B2	KEY5 断开，LED5 灭 KEY2 断开，LED2 灭	KEY5 断开，LED5 灭 KEY2 闭合，LED2 亮 或 KEY5 闭合，LED5 亮 KEY2 断开，LED2 灭	KEY5 闭合，LED5 亮 KEY1 闭合，LED1 亮
C1，C2	KEY5 断开，LED5 灭 KEY3 断开，LED3 灭	KEY5 断开，LED5 灭 KEY3 闭合，LED3 亮 或 KEY5 闭合，LED5 亮 KEY3 断开，LED3 灭	KEY5 闭合，LED5 亮 KEY1 闭合，LED1 亮
D1，D2	KEY5 断开，LED5 灭 KEY4 断开，LED4 灭	KEY5 断开，LED5 灭 KEY4 闭合，LED4 亮 或 KEY5 闭合，LED5 亮 KEY4 断开，LED4 灭	KEY5 闭合，LED5 亮 KEY1 闭合，LED1 亮

注意，350 mA LED 调光器有四个通道，每个通道带两路输出。虽然每通道的两路输出是独立驱动的，但它们是同时受控的。

如果调光器的输出接入过多的大电流 LED 灯时，会导致调光器发热量比较大，然而当调光器温度探头感应到一定热量时，会调节输出电流，从而就会影响 LED 灯的实际亮度值，比如，当发热量超过 75℃时，LED 灯的亮度值就会下降，如果温度继续上升，亮度值继续下降，90℃时，关掉输出。因此，调光器对接入的负载有如下限制：

（1）对于 1A 负载，调光器可以接 2 路输出。

（2）对于 700 mA 负载，调光器可以接 4 路输出。

（3）对于 350 mA 负载，调光器可以接 8 路输出。

（4）调光器接入 1 路 1 A 负载的发热量相当于接入 2 路 700 mA 负载的发热量。

（5）调光器接入 1 路 700 mA 负载的发热量相当于接入 4 路 350 mA 负载的发热量。

根据这五项，可以采用组合方式接入不同的负载，比如，调光器可以接入 1 路 1A 的负载和 2 路 700 mA 的负载，或者接入 2 路 700 mA 的负载和 6 路 350 mA 负载等。从表 18－5 中可知，接入的负载不可能会出现 350 mA 和 1A 的组合，以及每个通道的两路输出（如 A1，A2）的输出电流也是相同的。

当 LED 灯具的额定电流大于所选择的输出电流时，LED 灯具输出的亮度不能达到最大亮度，当 LED 灯具的额定电流小于所选择的输出电流时，将会导致 LED 灯具的损坏。

4. 二合一（移动和照度）传感器

二合一传感器，又称移动和照度传感器（见图 18－7），主要应用在楼宇控制系统中，通过 KNX/EIB 总线和其他设备连接。二合一传感器通过 EIB 接线端子直接连接到总线上，不需要额外的电源电压，主要安装在天花板上。物理地址的分配及参数的设定都可以使用带有 VD2/VD3 文件的工程设计工具软件 ETS。

二合一传感器是一种能感受外界信号、物理条件（如光、移动）的设备装置，并将感应的信息传递给其他设备装置（如调光器、继电器），以实现其功能。二合一传感器主要用于照明中，即与亮度有关的场合，或者需要监控的场合，即监控是否有人移动，然后执行动作。

产品主要功能概述如下：

（1）照度感应范围：0～65 535lux。

（2）移动检测区域：直径 4～5m（高灵敏度区域）、5～7m（低灵敏度区域）。

（3）带 3 种类型输出数据（数据输出类型）的照度感应功能，其值可循环发送。

（4）带 3 种类型输出数据的移动监测功能，其值可循环发送。

（5）阀值设定功能。

（6）带 10 级灵敏度的移动检测。

（7）以照度、移动、输入等为条件，具有“与”“或”“异或”等逻辑运算的逻辑处理功能，带 3 种类型输出数据，其值可循环发送。

图 18－7　移动和照度传感器

（8）带有主从传感器控制的组网功能，主机有 3 种类型输出数据。

（9）禁止照度，移动和逻辑的功能。

二合一传感器技术参数见表 18－6：

表 18－6　二合一传感器技术参数

电源	工作电压	21～30 V DC，通过 EIB 总线获得
	KNX/EIB 电流消耗	Max. 12 mA
	KNX/EIB 功率消耗	Max. 360 mW
操作和指示	红色 LED 和按键	分配物理地址
	绿色 LED 闪烁	指示设备工作正常
连接	KNX/EIB	总线连接端子连接
感应距离	直径	4～5 m（高灵敏度）、5～7 m（低灵敏度）

续上表

环境温度	操作温度	-5℃ ~ +45 ℃
	存储温度	-25℃ ~ +55 ℃
	运输温度	-25℃ ~ +70 ℃
环境条件	湿度	<93%，结露除外
安装方式	吸顶式安装方式	用 Sensor 上的左右弹片固定
尺寸规格	91 mm×74 mm×76 mm	
重 量	0.05 kg	

二合一传感器感应范围如图 18 -8 所示。

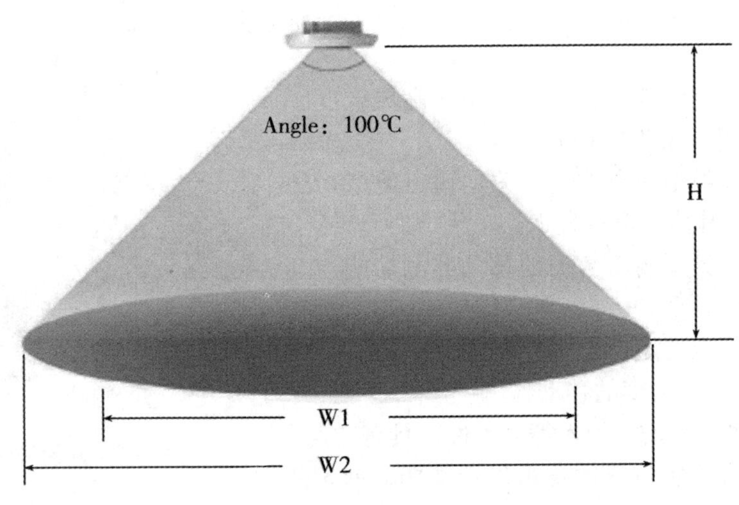

图 18 -8 二合一传感器感应范围

感应范围说明：

H：范围大小 2.5 ~3m，推荐值：2.7m。

W1：范围：4 ~5m，灵敏度高的范围。

W2：范围：5 ~7m，最大感应范围。

安装要求：

(1) 远离空调、冰箱、火炉等空气温度变化较大的地方。

(2) 在温度一定的情况下，风速对传感器的影响不是很大。

(3) 当环境温度接近人体温度的时候，传感器反应不是很灵敏，甚至会失灵。

(4) 传感器和被探测的人体之间不得间隔家具、大型盆景、玻璃、窗帘等其他物体。

(5) 传感器不能直对门窗及有阳光直射的地方（照度和移动），否则窗外的热气流扰动和人员走动，会使传感器误报，光线的剧烈变化也会使传感器误报。

18.2　KNX IP 接口配置

(1) 熟悉 ETS 配置软件的安装。

(2) 熟悉 KNX IP 接口的配置。

1. 安装 ETS 程序

ETS 程序是对 KNX（K－BUS）配置的专业软件。启动 ETS3ProSetup. exe 程序，开始安装。安装完成后，再次启动安装软件，可选择中文。首次运行软件的时候，点击“许可证”后再点击“申请许可证钥匙”，选择“用文件激活”，找到许可证钥匙文件（文件后缀名为 . lic）后，打开，点击“解除锁定”即可。

2. 配置 KNX IP 接口

由于 IP 接口跟 RS 485 转换器使用的是同一个数据库，因此在配置 IP 接口参数之前，须先选择设备，如图 18－9 所示。

“IP settings” 参数设置界面如图 18－10 所示。

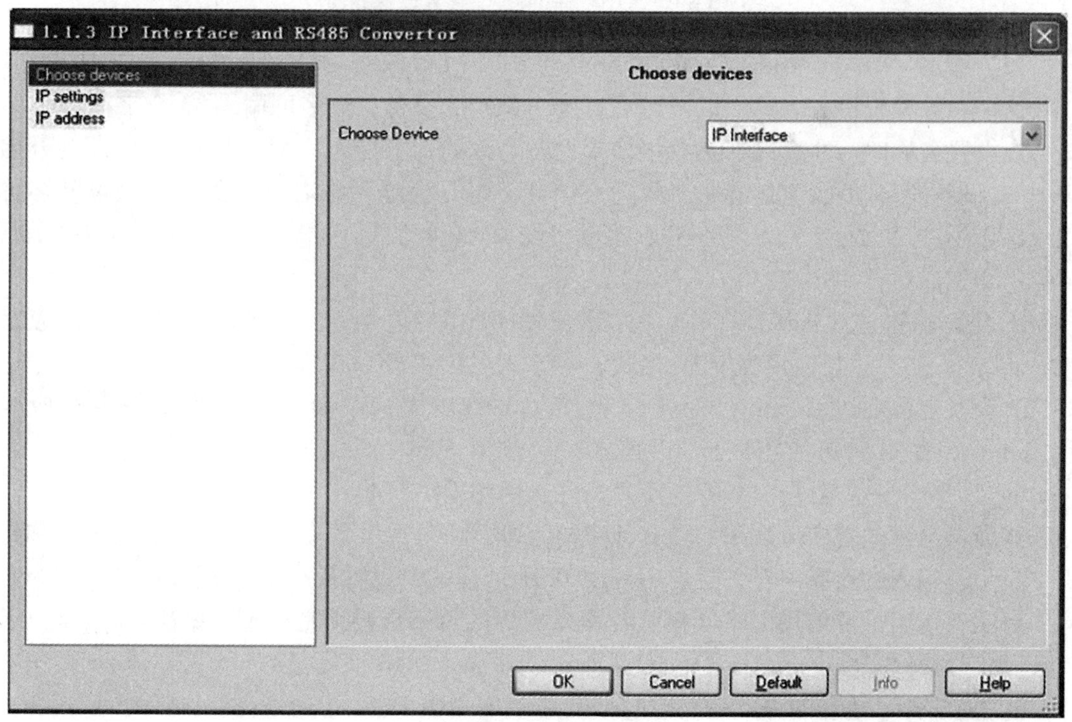

图 18－9　选择设备

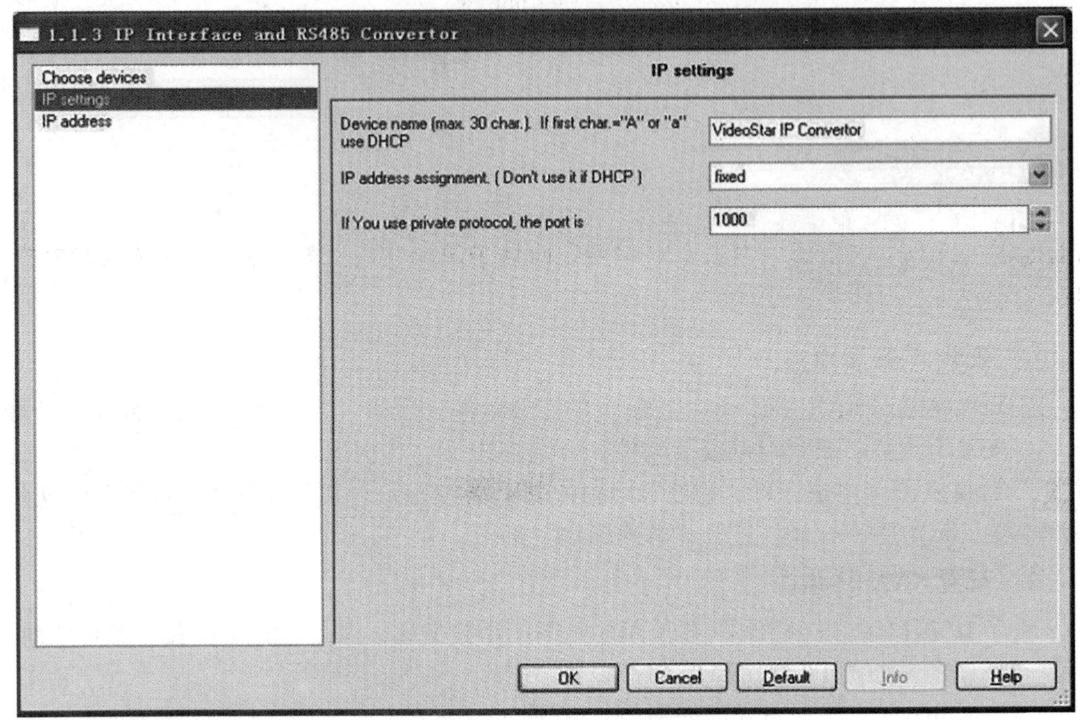

图 18－10　“IP settings”参数设置界面

（1）参数“Device name（max. 30 char.），if first char. ＝“A” or “a” use DHCP”。

这个参数设置设备名称，以便在局域网中识别此设备，最多可输入 30 个字符。

在设置名称时，注意以下几点：如果设备名称的首字母为“A”或者“a”即为开启 DHCP，设备能自动获得 IP 地址，并且这个首字母是会显示在名称中的；如果设备名称的首字母为“F”或者“f”即为开启手动分配 IP 地址方式，且这个首字母也不会显示在名称中；例如：

①设备名称是“Family”，而且你想使用 DHCP 模式，参数输入的设备名称应是“AFamily”，如果你想使用固定 IP 模式，应输入名称“FFamily”。

②设备名称是“Audio”，而且你想使用 DHCP 模式，参数输入的设备名称应是“AAudio”，如果你想使用固定 IP 模式，应输入名称“FAudio”。如果你是直接输入“Audio”，那么设备名称将显示“udio”，并且启用 DHCP 模式。

③设备名称的首字母使用的是其他字符（非“A”“a”“F”“f”），那么设备名称将直接显示你输入的所有字符，且启用固定 IP 地址模式，尽管没有以“F”或“f”作为名称的首字符。但是要启用 DHCP 模式，设备名称的首字母必须是“A”或者“a”。

（2）参数“IP address assignment（Don't use it if DHCP）”。

这里注明 IP 地址的分配是固定的，但是如果 DHCP 模式启用，这个参数是无效的。如果 DHCP 模式未启用，那么可以通过以下参数设置界面“IP address”给设备分配 IP 地址。

（3）参数“If you use private protocol，the port is”。

如果设备是作为 IP 接口使用，这个参数是无效的，因为 IP 接口的端口号指定为 3671。如果此设备你采用的是自定义协议，而非 KNX 协议，那么端口号可通过这个参数设置，但此设备将不作为 IP 接口使用，而是作为一个转换器来使用，仅起到一个报文转换的作用，参见产品 BTIC－01/00.1。

当这个设备作为 IP 转换器来使用时，它的功能跟产品 BTIC－01/00.1 是相同的，那么通过这个参数来设置 IP 转换器的端口号，而且 TCP 客户端的设备端口号必须与转换器的端口号相同，否则不能进行相互通信。

（4）参数设置界面“IP address”。

“IP address”参数设置界面如图 18－11 所示，这里用于设置网络连接信息，如 IP 地址、子网掩码、默认网关。如果 IP 接口使用的是 DHCP 模式，此界面的参数设置是无效的。

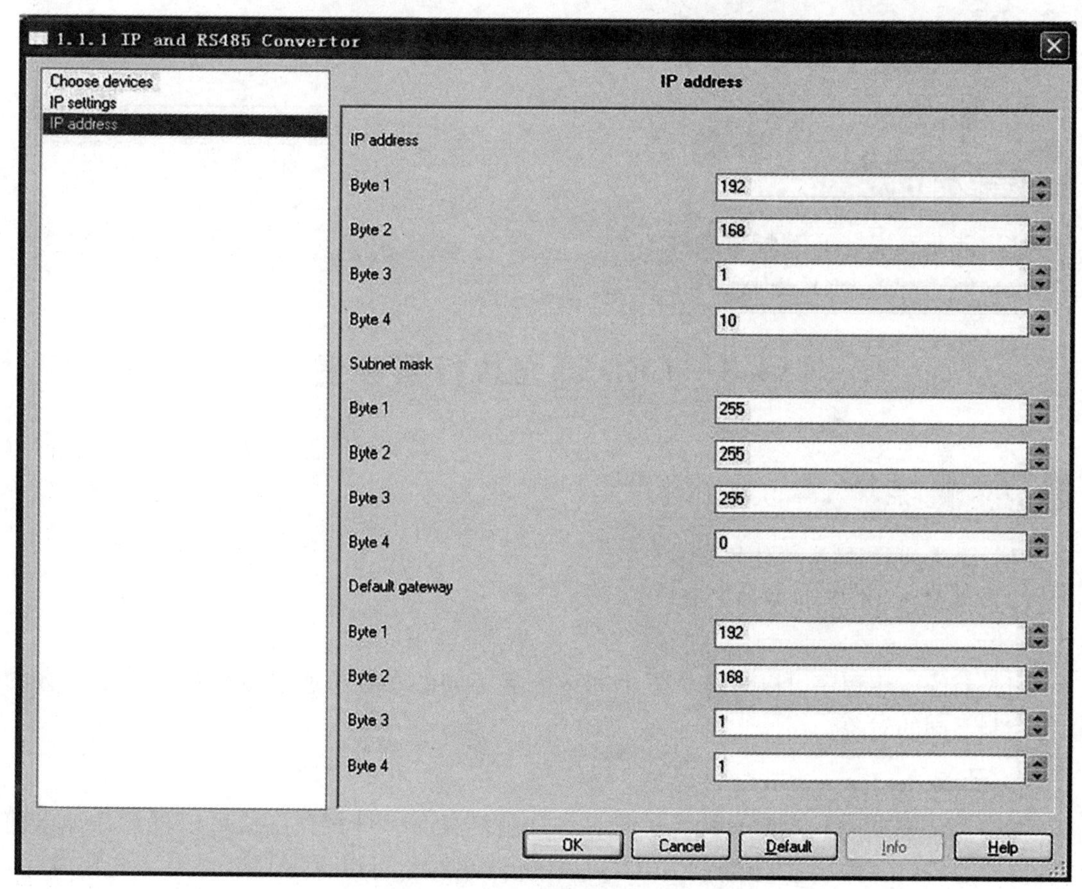

图 18－11　“IP address”参数

（5）设置界面参数“IP address”。

这个参数定义设备的 IP 地址，在局域网中这个 IP 地址是唯一的，否则会导致 IP 之间的冲突。可选项：

Byte x：0…255。

IP 地址的输入方式如下（例：192.168.1.10）：

Byte1：192；Byte2：168；Byte3：1；Byte4：10。

（6）参数“Subnet mask”。

这里定义设备的子网掩码，子网掩码的设置必须能反应子网的结构和数量。可选项：Byte x：0…255。

子网掩码的输入方式如下（以一个最简单的小型网络子网掩码 255.255.255.0 设置为例）：

Byte1：255；Byte2：255；Byte3：255；Byte4：0。

（7）参数“default gateway”。

这里定义设备的默认网关，默认网关必须跟 IP 地址在同一个网段中。可选项：Byte x：0…255。

默认网关的输入方式如下（例：192.168.1.1）：

Byte1：192；Byte2：168；Byte3：1；Byte4：1。

考核评价

（1）能正确安装 ETS 配置软件。

（2）熟练配置 KNX IP 接口。

18.3 LED 调光执行器配置

学习目标

（1）熟悉 ETS 配置软件的安装。

（2）熟悉 KNX IP 接口的配置。

调光器的应用程序可以为每个输出通道配置不同的参数，通过改变程序内部参数的设置控制不同的对象。

1. 开关

通过 1bit 数据位控制灯具的开关状态，开启灯具时，灯具亮度值可以设置为掉电前亮度值，也可以设为预定义值（1～100）。调光开启时，可以设定延迟时间（变化时间）或是默认变化时间里逐渐变亮；接收到关闭报文时，调光器立即关闭，或者不管是在设定延迟时间（变化时间）里还是在默认变化时间里却逐渐变暗。

2. 相对调光

4bit 数据位控制相对调光表示调光器在设定的调光阈值范围内，可以往上调或往下调，以达到自己所需要的灯光亮度。当亮度值低于低阈值时，往上调才有效；当亮度值高于高阀值时，往下调才有效。调光器还可以设置当相对调光后小于等于低阈值时的动作是关闭灯光还是继续维持低阈值时的亮度，同时还可以设置在输出亮度为 0 的状态下，能否通过相对调光“往上调某个亮度值”的报文来开启灯。相对调光通过 4bit 数据位控制亮度的相对变化。低三位为控制位，最高一位为“1”表示往上调光，“0”表示往下调光。

相对调光设置（1 ~7，亮度下调；0、8 保持不变（停止调光）；9 ~15 亮度上调）见表 18 –7。

表 18 –7　相对调光设置

参数值	0	1	2	3	4	5	6	7
下调亮度	不变/停止调光	255	128	64	32	16	8	4

参数值	8	9	10	11	12	13	14	15
上调亮度	不变/停止调光	255	128	64	32	16	8	4

3. 亮度

调光器通过改变亮度参数达到所需亮度值。亮度参数的设置类似于相对调光，也可以设置亮度范围，一个低阀值，一个高阀值，亮度只能在所设定的范围内改变，最大可调范围为 0 ~255。调光器通过亮度开启灯光时，可以设定延迟时间或默认时间里逐渐变亮至设定的亮度目标；关闭时，可设定延迟时间里或默认时间里逐渐变暗至输出为 0 状态。

亮度的高低阈值限制了调光器总的输出高低值，不在这个阈值范围内的任何亮度将不被输出（强制在这个范围内）。

调光器也可以通过设置亮度参数来设定在亮度为 0 的时候灯具是关闭状态，还是维持在低亮度值。还可以设定在输出亮度为 0 的状态下，能否通过接收到的“亮度”报文来开启灯。

4. 状态报告

调光器可以设定在输出亮度值改变后，是否把目标对象的最新亮度值报告给总线；开关状态的更改报告也可设定，在开关状态更改后，是否会发送一个帧到总线。

5. 场景

调光器提供了 15 个场景。可以对每个场景设一亮度值，及每个场景开启的渐变时间。设置完后，可以随时调用喜欢的场景。当场景命令的最高位为 1 时，是存储命令，把当前亮度更新到相应的场景亮度里去。

6. 预设值

调光器可事先进行预置场景，对象直接通过 1bit 数据位调用预设场景，同时也可通过 1bit 的数据位把喜欢的场景替换为预设的场景，即保存新的场景到预设场景中。调光器每一路可设置 2 个预设值，每个预设值有两个亮度值可调用。如在影院里，进场的时候我们需要一个比较明亮的灯光效果，这个效果我们可通过调用第一个亮度值来实现；当电影开始播放时，需要的是一个比较暗的灯光效果，这个效果我们可通过调用第二个亮度值来实现；当电影结束我们又可以返回到上一亮度。

7. 楼梯灯

调光器除了用于普通的照明外，还可用于楼梯的照明。

调光器用于控制楼梯灯时，开关开启，输出持续一段时间后，亮度逐渐下降至20%就关闭灯光。灯的亮度、灯亮的持续时间、亮度下降至20%的时间都可分别进行设定。

在楼梯的照明中，调光系统可把楼梯灯的输出设为一个永久的固定的亮度，用1bit数据位直接对对象进行控制。

开关控制过程：如果开关对象接收到一个“1”的报文后，调光器就驱动楼梯灯持续亮一段时间（时间可设定），如果在这段时间里又接收到一个“1”的报文，开关重新启动，当这段时间过后，灯逐渐变暗至20%的亮度值时才关闭（下调时间可以设定），也可以直接通过开关对象接收到一个“0”的报文来关闭楼梯灯，接收到“0”报文后灯逐渐变暗至20%的亮度值时才关闭（下调时间可以设定）。如果固定开关对象接收到一个“1”的报文后，楼梯照明可一直保持某一亮度值（亮度值可设定），直到接收到“0”的报文时，灯才逐渐变暗至20%的亮度值（下调时间同上）。把系统内“在接收到开关对象为0时开关关闭”这一项功能时，可以用开关去关闭固定亮度状态下的输出，也可以由开关运行模式转换成固定亮度状态下的永久照明模式。（报文“1”表示开启，报文“0”表示关闭）

8. 总线复位

在总线断电的情况下，调光器关闭所有输出，当前的亮度值被保存到调光器的存储器内。总线通电恢复后，当前亮度状态可能是最后的亮度值，也可能是预定义的亮度值。总线断电，可能出现下列情况：正常模式情况下，总线复位后的动作，选掉电前的亮度，或者是指定的亮度。

楼梯模式情况下，总线复位后的动作，关闭或打开，关闭时无输出，打开则执行“switch = 1”动作。

9. 错误报告

用来报告系统的错误状态，数据类型为1byte，分布如表18-8至表18-10所示。

表18-8 通用调光器错误报告

数据位	Bit0	Bit1	Bit2	Bit3	Bit4	Bit5
目标名称	通道1	通道2	通道3	通道4	—	—
功能	短路、过载	短路、过载	短路、过载	短路、过载	散热器温度超过70℃	散热器温度超过90℃

表 18－9　350 mA LED 调光器错误报告

数据位	Bit0	Bit1	Bit2	Bit3	—	—
目标名称	B、C 通道	B、C 通道	A、D 通道	A、D 通道	—	—
功能	散热器温度超过 75℃	散热器温度超过 90℃	散热器温度超过 75℃	散热器温度超过 90℃	—	—

表 18－10　4A LED 调光器错误报告

数据位	Bit0	Bit1	Bit2	Bit3	Bit4	Bit5
目标名称	A 通道	B 通道	C 通道	D 通道	设备	设备
功能	过载	过载	过载	过载	过压，设备的输入电压 >26V DC	过温，设备温度 >70℃

10. 设备正常运转标志

1bit 数据位，当调光器运行正常时，这个标志将周期性的向总线发送报文，报告调光器运行正常。

考核评价

（1）能正确安装 ETS 配置软件。

（2）熟练配置 KNX IP 接口。